Ralf Gréus

Entdeckertouren mit dem Wohnmobil

Ligurien

Die Anleitung für
einen Erlebnisurlaub

WOMO®
Der Wohnmobil-Verlag

Die Deutsche Bibliothek – CIP-Einheitsaufnahme

Bibliografische Information der Deutschen Bibliothek

Die Deutsche Bibliothek verzeichnet diese Publikation in der Deutschen Nationalbibliografie.
Detaillierte bibliografische Daten sind im Internet über <http://dnb.ddb.de> abrufbar.

Titelbild: Dolcedo (Tour 2)
Bild vordere Klappe: Vernazza (Tour 8)
Bild Seite 10: Sestri Levante – Baia delle Favole (Tour 7)

Karten: Ralf Gréus
Fotos: Bildnachweise Seite 272

Herzlichen Dank an Florentine Zeun für die Ausdauer bei der Suche nach Fehlern

4. vollständig neu bearbeitete Auflage – 2023

Reihen- und Umschlaggestaltung:
www.martinveicht.de

Druck:
Beltz Grafische Betriebe GmbH, 99947 Bad Langensalza

Vertrieb:
GeoCenter GmbH, 70794 Filderstadt

Herausgeber:
WOMO-Verlag, OT Mittelsdorf, 36452 Kaltennordheim
GPS: N 50°36'38.2" E 10°07'55.6"

0049 (0) 36946-20691
verlag@womo.de
www.womo.de

MIX
Papier aus verantwortungsvollen Quellen
FSC® C089473

Autoren-E-Mail: Greus@womo.de

ISBN 978-3-86903-744-8

EINLADUNG

Eine der malerischsten Regionen am nördlichen Mittelmeer ist zweifellos Ligurien. Passend bunt sind die Fotos dieses Buches und entsprechend erwartungsfroh können Sie damit zu Ihrer Wohnmobilreise starten.

Freuen Sie sich auf die Küste von der französischen Grenze bis zur Toskana und lassen Sie sich auch von den Reizen des schmalen Hinterlandstreifens überraschen. Genua, eine ehemalige Kulturhauptstadt Europas, steht ebenso auf dem Programm wie die klassischen italienischen Ferienorte mit klangvollen Namen aus der Zeit des frühen Individualtourismus, allen voran Portofino, Rapallo und Sanremo.

Fast keine Wanderstrecke am Rand des Mittelmeers ist spektakulärer und bekannter als der Weg zwischen den Dörfern der Cinque Terre – und in diesem Buch wird Ihnen verraten, auf welche Weise Sie das abgelegene Gebiet dieser Fünf Dörfer vom Wohnmobil aus erreichen, was, wie der Insider weiß, ohne kenntnisreiche Anleitung leider nicht selbstverständlich ist.

Dabei wünsche ich Ihnen viel Freude.

Ihr

Ventimiglia – Freitagsmarkt

Bei jeder Ligurienreise besuchen wir einen der größten Wochenmärkte Italiens, den Freitagsmarkt in Ventimiglia, und die verwinkelte Altstadt darüber.

Tour 1, Seite 18

Dolcedo

Das Dorf ist einer der liebenswertesten Ferienorte hinter der Küste, ohne die es unseren Reiseführer nicht gäbe. Und es ist mit dem Wohnmobil gut erreichbar.

Tour 2, Seite 59

Cervo

Kein anderer *Borgho* in Ligurien erstreckt sich gleichermaßen malerisch vom Strand und mehreren Campingplätzen zu einer Barockkirche am Hang.

Tour 3, Seite 69

Albenga – Baptisterium

Die spätantike Taufkirche aus dem 5. Jahrhundert verdankt das Überdauern dem Schlamm des Flusses, aus dem sie erst nach tausend Jahren ausgegraben worden ist.

Tour 4, Seite 85

Zuccarello

Der Ortskern und die mittelalterliche Brücke des kleinen Dorfes im Hinterland sind einer der schönsten Ausgangspunkte unserer Wanderungen.

Tour 4, Seite 88

Genova – Acquario

Das zweitgrößte Aquarium Europas, einer der Publikumsmagnete Italiens, ist viel mehr als der Lückenfüller eines Regentages und für Kinder ganz großes Kino.

Tour 5, Seite 114

Camogli

Der Hafen, die Kirche, der Strand daneben und die bunten Hochhäuser hinter diesem komponieren eine der auffälligsten Fotoansichten am nördlichen Mittelmeer.

Tour 6, Seite 131

Sestri Levante

In der lebhaften Kleinstadt kann man in zwei grundverschiedenen Buchten baden, die Wanderstrecken beginnen direkt daneben und der Bahnhof liegt supergünstig.

Tour 7, Seite 152

Levanto

Fünf Campingplätze und ein Stellplatz in dem Badeort am breiten Sandstrand sind unentbehrlich für fast alle Touren zu den Cinque Terre, dem beliebtesten Ziel in Ligurien.

Tour 8, Seite 178

Tellaro

Das Dorf in der Bucht der Dichter kann problemlos mit den Cinque Terre konkurrieren und zählt mit Recht zu den schönsten Dörfern Italiens.

Tour 9, Seite 219

Inhaltsverzeichnis

Tipps und Infos

Wissenswertes (im beigen Kasten)

Reisegebiet

Trotz seiner wunderbaren und farbenfrohen Orte ist der lang gezogene, schmale Bereich zwischen dem Meer und dem Apennin keines der führenden Wohnmobilreiseziele, weil es hier Problemzonen gibt. Allen voran Genua und östlich davon die Halbinsel von Portofino, obwohl gerade diese zu den malerischsten Bereichen am nördlichen Mittelmeer zählt. Auch die Cinque Terre sind schwierig zu erreichen. Ich darf Ihnen versprechen, dass gerade deshalb in diesem Buch so viel wie in keinem anderen meiner Reiseführer dafür getan wird, dass Sie zwischen den teilweise traumhaft schönen Buchten und Stränden trotz geringer Stell- oder Campingplatzangebote erlebnisreich urlauben können.

Bedenken Sie, dass die Küste westlich von Genua direkt hinter dem Strand stark zersiedelt ist, dass streckenweise die Städte ineinander übergehen und dass Hoch-, mehr noch als Gewächshäuser Sie verdrießen. Jene sind nicht Behausungen eines gigantischen Massentourismus, sondern Produktions-, Arbeits- und Wohnstätten ganzjährig Sesshafter. Beachten Sie, dass zwischen Bergen, Häusern und dem Strand die Fernstraßen und zumeist auch die Eisenbahnlinie verlaufen.

Ligurien ist besser als sein Ruf. Viel besser, wenn man die richtigen Aktivitäten zur richtigen Zeit am richtigen Ort durchführt. Dann findet man ein Ligurien mit italienischer Lebensfreude an wohlgedeckten Tischen unter zitronenschweren Bäumen!

Bei einem solchen Mangel an Fläche bleibt kaum Raum für ausgedehnte Stellplätze und nur für wenige Campingplätze gewöhnlichen Ausmaßes und Zuschnitts. Bevor Sie an die ligurische Küste fahren, müssen Sie sich darüber im Klaren sein, welche Aktivitäten Sie dort planen. Sind Sie beispielsweise mit kleineren Kindern unterwegs und suchen Sie Anfang August eine Bleibe direkt an einem Sandstrand, sei es auch ohne Vorbuchung auf einem Campingplatz, werden Sie keinen Erfolg haben. Dasselbe Ziel drei Wochen später oder mit einem anderen Anspruch wird Sie stattdessen womöglich bewegen, Ihr Mietmobil kaufen zu wollen.

Bisweilen tadeln mich Leser, meine Reiseführer seien zu kritisch. Ich antworte dann, dass es ausreicht, wenn manches meiner Fotos trügerisch ist. Meine Tourenbeschreibungen hingegen sollen Ihnen einen Eindruck von der Wirklichkeit vermitteln, die Sie nach meiner Mutmaßung vor Ort erwartet. Ich könnte stattdessen für alle Leser passend mit Floskeln und dem blumigen Wortschatz der Branche das gesamte Gebiet gefällig beschreiben und Sie fragen: Wollten Sie solch einen WOMO-Führer?

Karten, Symbole und Kilometerangaben

Alle WOMO-Reiseführer sind nach Touren untergliedert, die mit den wichtigsten Ortschaften auf der **Übersichtskarte** im hinteren Bucheinband dargestellt sind. Einzelheiten zu diesen Touren, insbesondere die dort empfohlenen Stell- und Campingplätze, finden Sie in den jeder Tour vorangestellten **Tourenkarten**, deren verwendete **Symbole** auf der hinteren Einbandklappe erläutert sind.

Die **Kilometerangaben** neben den Tourenüberschriften erlauben nur eine erste Orientierung über die Länge der jeweiligen Tour und betreffen die Entfernung ab dem letzten Stell- oder Campingplatz der vorhergehenden Tour, soweit diese an die beschriebene Tour unmittelbar angrenzt (ansonsten von dem im Text beschriebenen Touranfang), bis zum letzten Stell- oder Campingplatz der aktuellen Tour.

Stellplätze, Farben und Nummern

Die Stellplatzsymbole zeigen auf den ersten Blick, ob es sich um einen **Campingplatz** (Zelt), einen übernachtungsgeeigneten **WOMO-Parkplatz** (vollfarbiges Oval) oder um einen **Offiziellen WOMO-Stellplatz** (Wohnmobilzeichen) handelt. Letzterer betrifft Flächen, die von privater oder amtlicher Hand für Reisemobile – meistens über eine Preisangabe oder ein Wohnmobilsymbol – ausgewiesen sind.

Auch die **Farbe** eines Stellplatz-Symboles hat eine Bedeutung: **Blau** steht für eine nahe Bademöglichkeit in natürlichen Gewässern, einer Therme oder einem besonders interessanten Schwimmbad. **Grün** kennzeichnet einen Platz, an dem typischerweise Wanderungen beginnen und dort meistens beschildert sind. **Hellgelb** sind alle Plätze bei Winzern, Bauernhöfen oder Gaststätten, die nicht öffentliche Parkplätze sind. **Orangegelb** sind die Plätze ohne die vorgenannten Merkmale. Nur Plätze, die eine durchlaufende **Nummer** tragen, sind zur Übernachtung geeignet oder dafür zugelassen. Diese Plätze werden im Text entsprechend ihrer vorgenannten Eignung farbig unterlegt und stehen meistens in einem **Stellplatzkasten** mit den wichtigsten Informationen. **Olivgrün** sind dort die Campingplätze.

Zum Verständnis der **GPS-Daten**, der Geräteeinstellung und dem Bezug der Daten erfahren Sie genaue Einzelheiten hinten bei den Tipps.

Max. WOMOs meint die Kapazität von Stellplätzen, bei öffentlichen Parkplätzen die geschätzte Anzahl, die man der Bevölkerung noch zumuten kann oder die Wohnmobilen mittlerer Größe zur Verfügung steht. Diese Angaben hängen von der Größe anderer Wohnmobile, von den Dimensionen Ihres eigenen Fahrzeuges und von dem Parkverhalten anderer ab. Selbst auf offiziellen Plätzen, auf denen durch feste Einzeichnungen oder Buchten die Parzellen definiert sind, besteht bisweilen die Möglichkeit, mehr Fahrzeuge unterzubringen. Nicht alle in diesem Buch erwähnten Stellplätze kommen für Wohnmobile im Lastwagenformat infrage, zumal die Geeignetheit für **große Reisemobile** zum einen davon abhängt, ob schon andere Großfahrzeuge dort parken, aber auch, ob man lange Wagen beispielsweise mit dem Heck über eine Grünfläche ragen lassen kann, was ebenfalls situations- und fahrzeugabhängig ist. Maßangaben sind daher nur eine grobe Schätzung. Ich bitte um Verständnis, dass ich auch einige Plätze erwähne, auf die ausschließlich kleinere Fahrzeuge passen. Etwa die Hälfte aller Neuzulassungen betrifft heute Kastenwagenausbauten.

Bei Campingplätzen und offiziellen Stellplätzen nenne ich immer die **Öffnungszeiten**.

Ich vermittle Ihnen die **Ausstattung** der Plätze, insbesondere mit Ver- und Entsorgung, Strom (wobei nicht zwingend jeder Benutzer einen Steckdosenzugang findet), Toilette, Dusche und Müllgefäßen, bei Campingplätzen vor allem mit Pool oder Einkaufsmöglichkeit. Unter **Beschreibung** wird Ihnen Näheres zur Beschaffenheit, der Lage, der Nutzungseignung und meiner eigenen Beurteilung mitgeteilt. Es wird Ihnen verraten, wenn ich Stellplätze für **klappstuhlgeeignet** halte, wenn Sie also außerhalb Ihres Fahrzeuges sitzen und essen können. Niemand zwingt Sie aber, dort Ihre Campingmöbel vor die Tür zu stellen, falls sich meine Einschätzungen als zu unsensibel erweisen. Kein WOMO-Parkplatz in diesem Buch ist dafür geeignet, sich tagelang wie auf einem Campingplatz aufzuhalten, mit Markise, Stühlen und Grill. So gut wie kein Stellplatz eignet sich dafür, Campingmöbel über Nacht vor der Tür zu belassen und nur wenige Stellplätze sind Grillplätze, – wobei kein WOMO-Autor jemals verspricht, dass man irgendwo auf der Welt noch auf eigener Kohle grillen darf.

Das angegebene **Preisniveau** ist nur eine Orientierung und bezieht sich bei den Campingplätzen auf ein WOMO mit zwei Erwachsenen in der preiswertesten und in der teuersten Zeit – ohne Strom (falls er nicht im Grundpreis enthalten ist), Kurtaxe und Hund; bei den Stellplätzen ohne Kurtaxe, Strom und Wasser.

Der letzte Stichpunkt in den Tourenkästen ist die Beschreibung der **Zufahrt**. In Zeiten der GPS-Navigation halte ich die Darstellung möglichst knapp, – es sei denn, die Anfahrt zu einem Platz mithilfe des Navis bereitet Probleme.

Wanderungen

Ich schildere Ihnen die Streckenführung, nenne deren Länge oder die benötigte Wanderzeit sowie die erforderliche Wanderkarte (und meistens eine sinnvolle App). Damit die gehfaulen Leser entspannt weiterlesen können, sind die Beschreibungen von Wanderstrecken grün unterlegt.

Restaurants

Meine Restauranttipps beziehen sich überwiegend auf Ristoranti und Pizzerien, die ich bezüglich der Essensqualität oder der Stimmung für überdurchschnittlich, nicht unbedingt außergewöhnlich halte und die mehr bieten als Durchschnitt. Sonst wäre die Empfehlung letztlich nur eine Warnung vor dem Reinfall anderswo. Aber diese Hinweise erweisen sich leider als immer kurzlebiger. Sie müssen also die Augen und die Nase offenhalten. Angeführte Ruhetage gelten meistens nicht an Feiertagen.

Top Ten, Sehenswürdigkeiten, Tipps und Infos

Mit den Seiten vier und fünf dieses Reiseführers soll Ihre Neugier geweckt werden. Dort haben wir aber nicht unbedingt die größten Sehenswürdigkeiten des Zielgebietes aufgezählt, sondern zehn Kleinode oder Knüller, die uns persönlich besonders gut gefallen haben und die wir nicht nach einem Ranking, sondern nach ihrer Reihenfolge in den Touren beziffert haben.

Bei den Öffnungszeiten von Sehenswürdigkeiten nenne ich, soweit bekannt, die Kassenöffnungszeiten und gebe in der Regel die nicht ermäßigten **Preise** an.

Die **Tipps und Infos** am Ende des Buches machen Sie mit den Besonderheiten der Reiseregion vertraut.

Reiseführer und der Zahn der Zeit

Bei den Stellplätzen und allen anderen Angaben kommt es im Laufe der Lebensdauer einer gedruckten Auflage immer wieder zu Veränderungen. Es lohnt sich deshalb stets ein kurzer Blick ins Forum des WOMO-Verlages (www.womo.de). Ich versorge Sie dort mit weiteren aktuellen Informationen. Sie können dabei helfen, Hinweise für alle Leser aktuell zu halten, indem Sie selbst dort melden, wenn sich irgendetwas (Ristorante, Wanderweg u. a.) verändert hat, vor allem, wenn ein Platz nicht mehr existiert oder verboten ist, oder wenn Sie etwas Neues entdeckt haben. Sie erreichen mich jedoch auch direkt über die Mailadresse greus@womo.de.

Ich freue mich über jede Zuschrift!

Tour 1: Der äußerste Westen 83 km

Ventimiglia – Dolceacqua – Baiardo – Perinaldo

Stellplätze: in Olivetta San Michele, in Dolceacqua, in Isolabona, in Pigna, in Baiardo, in Perinaldo

Campingplätze: in und bei Ventimiglia, bei Isolabona

Besichtigen: Botanische Gärten der Villa Hanbury, Museen von Balzi Rossi, Markthalle in Ventimiglia, Freitagsmarkt in Ventimiglia, Dolceacqua, Pigna, Baiardo, Perinaldo

Wandern: von Baiardo zum Monte Bignone, von Perinaldo nach Dolceacqua

Essen: Ristoranti *Marco Polo* oder *La Caravella* in Ventimiglia, *A Viassa* in Dolceacqua, *Au Gaggian* in Perinaldo

Wir beginnen mit unseren Touren, wo auch Ligurien beginnt, und es lässt sich dabei nicht ganz verheimlichen, dass der Tourenstart im äußersten Westen aus einem Vorgängerbuch übernommen worden ist, wo jener notwendig war, weil wir damals zuvor das Piemont bereist hatten und aus den sogenannten Westtälern über Cuneo geradewegs nach Süden weitergefahren waren. Vielleicht machen Sie das genauso, nur eben jetzt mit zwei Büchern.

Und am besten noch mit einem dritten, denn Sie durchqueren auf einem kurzen Stück sogar Frankreich und die Region der Côte d'Azur, wo Sie frühzeitliche Ritzzeichnungen entdecken können. Ich möchte hier nicht zu sehr vom Thema abkommen und auch nicht den Eindruck impertinenter Werbung erwecken. Dennoch: Die Strecke durch den Tunnel de Tende (Tenda-Tunnel) und das Tal des Flusses Roia (Roya) ist eindeutig langwieriger als die Autobahnstrecken von Westen (Côte d'Azur) oder als Ihr normaler Weg von Osten, aber sie lohnt sich – allerdings möglicherweise nicht vor Mitte 2025! Bis zur Drucklegung konnte ich nicht klären, ob im Lauf des Jahres 2023 wenigstens wieder eine Tunnelröhre der Allgemeinheit zur Verfügung steht oder ob der Individualverkehr erst wieder mit der Fertigstellung des neuen Stollens zugelassen wird.

Der **Tenda-Straßentunnel** ist der älteste prinzipiell noch befahrene Alpentunnel. Er wurde nach neun Jahren Bauzeit schon 1882 (!!) eröffnet und war mit 3.182 Meter bis zum Jahr 1964 auch der längste. Wahrscheinlich war er wegen nur 5 Meter Breite einer der gefährlichsten, solange noch Gegenverkehr möglich war. Und es kam knüppeldick:

Der neue Tenda-Tunnel – ein Bauskandal und *Alex*

Die Strecke durch den Tenda-Tunnel (Tunnel de Tende) ist eine wichtige und beliebte Route, um von Turin oder Cuneo ans Meer zu gelangen. Deshalb hat man nach sechs Jahre dauernden Planungen schon im Jahr 2014 mit dem Neubau einer zweiten Röhre begonnen, nach deren Fertigstellung der Oldie aufgefrischt werden sollte, sodass in Zukunft nebeneinander zwei verbundene und damit sicherere Tunnelröhren verfügbar sein würden.

Die Maßnahme für den **Nuovo Tunnel Colle di Tenda**, wie das Projekt offiziell heißt, wurde europaweit ausgeschrieben, den Zuschlag erhielt ein italienisches Großunternehmen. Als Bauzeit waren fünf Jahre veranschlagt.

1.300 Meter von insgesamt 3.200 Meter waren bereits gegraben, und die so hergestellte Röhre war mit Stahlbeton ausgekleidet, als im Mai 2017 entdeckt worden ist, dass 200 Tonnen des für die bisherigen Arbeiten vorgesehenen Stahls an andere Baustellen verkauft und dort wohl auch schon eingebaut waren. Bewehrungsstahl, der folglich in dem bereits betonierten Teil nur fehlen konnte. In diesem Zusammenhang muss man wissen, dass Stahl ein wesentlicher Kostenfaktor bei Betonbauwerken ist. 17 Personen wurden von der italienischen Staatsanwaltschaft angeklagt. Und der Bau musste eingestellt werden – zunächst für fünf Monate, aus denen viereinhalb Jahre geworden sind, weil zunächst nicht eindeutig geklärt werden konnte, ob und in welchem Umfang das bereits Betonierte seinerseits wieder ausgebaut werden musste.

Bis zum **2. Oktober 2020** durfte der kostenlose alte Tunnel weiterhin aus Sicherheitsgründen abwechselnd nur in einer Richtung durchfahren werden, dabei aber gleichzeitig von Pkw und leichterem Schwerverkehr, also auch von Wohnmobilen. **Dann aber kam *Alex***!

An jenem Freitag im Oktober 2020 stieß wieder einmal kühle, feuchte Atlantikluft auf die vom noch ungewöhnlich warmen Mittelmeer nach Norden ziehenden Luftmassen, die sich in der Staulage der Alpen schnell abgekühlt und orkanartige Winde und außerordentliche Niederschlagsmengen entwickelt hatten. Dieses Wetterphänomen der zusammentreffenden Luftströmungen tritt in den französischen Seealpen und in Ligurien in jedem Herbst auf, weil hier die Berge besonders nahe an die Küste heranreichen und die warme Mittelmeerluft sich bis zur Kaltluft am Alpenstau besonders wenig abgekühlt hat. Die Meteorologen warnen schon länger vor einer Zunahme der Heftigkeit und der Regenmengen infolge der Klimaerwärmung.

Im Oktober 2020 hat sich dieses Tiefdruckgebiet, das in Frankreich ***Alex***, in Deutschland und Italien hingegen ***Brigitte*** genannt worden ist, besonders intensiv ausgewirkt. Im französischen Saint-Martin-Vésubie fiel in zehn Stunden eine Regenmenge von 500 Liter/m². Das ist der Niederschlag, der in Berlin in einem ganzen Jahr gemessen wird. Durch den heftigen Regen kam es zu verheerenden Überschwemmungen, durch die auch die südliche **Rampe der Tunnelzufahrt** in Frankreich weggespült worden ist. In einer aufwendigen Rettungsaktion mussten die in der Röhre stecken gebliebenen Fahrzeuge geborgen werden, und seitdem ist der Tunnel für den Individualverkehr nicht mehr erreichbar. Das wird sich erst ändern, wenn eine geplante Stahlbogenbrücke am südlichen Tunnelausgang montiert ist. Mit der Straßenreparatur hat man im Frühjahr 2022 begonnen, und schon seit November 2021 wird im Tunnel wieder gebohrt – knapp 3 Meter am Tag.

Auch in Ligurien, vor allem in Ventimiglia, kam es zu Schäden (siehe weiter unten auf dieser Tour).

Die auf Geheiß Napoleons gebaute **Passstraße**, unter Motorradfahrern das Ziel einer Reise, ist wegen der engen Kehren und weil sie auf der Südrampe teilweise nur geschottert ist für Wohnmobile nicht befahrbar. Es gibt übrigens noch einen legendären zweiten Tunnel, der sogar 8.099 Meter lang ist und im Jahr 1899 für die Eisenbahn in Betrieb genommen werden konnte und durch das Unwetter weniger tangiert worden ist.

Wenn Sie südlich des Tunnels ein wenig in *Band 38* der *WOMO-Reihe* schmökern, wo ich mich mit dem schönen Roia-Tal, den Seitentälern und unglaublich sehenswerten Fresken beschäftige, werden Sie nach der Wiedereröffnung des Tunnels vielleicht erst mit etwas Verspätung die Küste erreichen, was nicht schlimm wäre, weil Ihnen auf den ersten Metern in

Italien, wenn auch ziemlich abgelegen, ein Stellplatz zur Verfügung steht:

(001) Offizieller WOMO-Stellplatz: Olivetta San Michele
Remoliparc

GPS/Kontakt: N 43°53'02" E 7°30'47", SP 73 / D 93, Tel. 0184 20257; www.remolidays.it/en/remolipark-3/. **Max. WOMOs**: 10.
Öffnungszeit: Ganzjährig.
Ausstattung: Entsorgung, aber nur beschränkt Frischwasser, Mülleimer, Picknickbank.
Beschreibung: Das abgelegene, privat betriebene, klappstuhlgeeignete Gelände zwischen Olivenbäumen und in schöner Lage ähnelt einem kleinen Campingplatz und ist für sehr große Wohnmobile ungeeignet. Das Dorf ohne Infrastruktur ist etwa 400 m entfernt; dort Verkauf von Oliven und anderen Agrarprodukten bei den Betreibern *(Bruno)*.
Preis: 10 €, möglicherweise mit France Passion-Ausweis oder beim Kauf von Produkten weniger.
Zufahrt: Der Platz liegt an der Straße, die in Italien als SP 73 und in Frankreich als D 93 bezeichnet ist, etwa 400 m östlich der Landesgrenze und 400 m oberhalb von Olivetta.

Fast am westlichsten Küstenzipfel von Italien hingegen, bei den **Botanischen Gärten** der **Villa Hanbury**, kann ich mit einem Stellplatz nicht dienen. Ich bin schon froh, wenn ich auf der abschüssigen Straße unweit des Eingangs für die Zeit der Besichtigung des überaus lohnenden Gartengeländes eine Parklücke finde. Sir Thomas Hanbury hat nämlich nicht verkehrsgerecht geplant. Er war ein englischer Adliger, der, wie es im offiziellen Prospekt so schön heißt, *»als steinreicher Mann aus dem fernen Osten zurückgekehrt war«*. Gerade zu einer Zeit, als andere wohlhabende Engländer die Côte d'Azur

Botanische Gärten der Villa Hanbury

und die italienische Riviera zu entdecken begonnen haben. Hanbury, dessen Lebenswerk von Sohn und Schwiegertochter später vollendet worden ist, erweiterte eine prächtige Villa am Abhang über dem Meer und begann mit dem Ausbau eines Parks, der heute zu den berühmtesten botanischen Gärten der Welt zählt. 1883 wurden 600 verschiedene Gewächse erfasst, 1889 waren es schon 3.500 Arten, und der Katalog des Jahres 1912 enthielt 5.800 Zitrusfrüchte, Kakteen, Agaven, Kiefern, Heilpflanzen, allein mehr als 120 verschiedene Salbeiarten.

Sogar an einem blassgrauen, völlig verregneten Karfreitag haben uns die vielfältigen Pflanzen genauso wie die zu diesem Zeitpunkt teilweise zugängliche Villa und die wunderbare Lage begeistert. Wobei das Gelände zudem den unschätzbaren Vorteil hat, dass es überschaubar ist und man nicht einen halben Urlaubstag nur für den Rundgang opfern muss. Die ***Giardini Botanici Hanbury*** liegen zwischen Ventimiglia und der französischen Grenze bei der Ortschaft Mortola an einer parallel zur SS 1 verlaufenden Nebenstraße und sind nicht zu verfehlen *(auf die Schilderung weiterer Einzelheiten kann ich hier verzichten, da im Eintrittspreis ein hervorragender deutschsprachiger Prospekt enthalten ist, der Ihnen alle Stationen des empfohlenen Rundweges und die dort anzutreffenden Pflanzen genauestens erklärt; 9 €, Ragazzi von 6 – 14 Jahren 7,50 €, es gibt auch Familienermäßigung; das ganze Jahr über geöffnet, 1.11. – 28.2. Mo. geschlossen, in der Zeit vom 1.3. bis Ende Oktober von 9:30 – 17 Uhr, von Mitte Juni bis Mitte September auch bis 18 Uhr über Winter bis 16 Uhr geöffnet, wobei man sich eine Stunde nach Ende der offiziellen Öffnungszeit im Garten noch aufhalten darf; sehr schlechte Parkmöglichkeiten)*.

Giardini Botanici Hanbury

Leser haben berichtet, sie seien von dem westlich von Ventimiglia und fast am Meer liegenden *Camping Por la Mar* zu den *Giardini Botanici Hanbury* gegangen, was keine schlechte Idee sein dürfte und auf der einfachen Strecke entlang der Straße knapp 30 Minuten dauert (1,5 Kilometer). Nur kann man vom Campingplatz nicht auch mal eben in die Innenstadt von Ventimiglia spazieren, was, wie Sie gleich erfahren werden, ebenso erwünscht wäre:

(002) WOMO-Campingplatz: Ventimiglia/Latte
Camping Por la Mar

GPS/Kontakt: N 43°47'35" E 7°33'49", Ventimiglia, Corso Nizza 107, Tel. 0184 229626; www.campingporlamar.com/. **Öffnungszeit**: Ganzjährig.

Ausstattung: Campingplatzüblich; Shuttle nach Menton, Monaco, Ventimiglia, Sanremo.

Beschreibung: Ihr Wohnmobil steht eher wie auf einem privaten Stellplatz, d. h. relativ eng und auf Kies, aber man kann noch Markisen ausfahren. 180 m Fußweg sind es zum Kiesstrand, 200 m zum Supermarkt, auch ein Restaurant ist fußläufig erreichbar. Das Zentrum von Ventimiglia ist 3,7 km entfernt, das von Menton etwa 6 km.
Viele Leser waren mit dem Platz zufrieden. **Preise**: 21 – 35 €.

Zufahrt: Der Platz ist an der SS 1 von Ventimiglia nach Menton (Frankreich) beschildert.

Hinweise: Der Radius der Platzeinfahrt von Westen (Menton) ist eng; fahren Sie bis zum nächsten Kreisverkehr und reisen Sie auf diese Weise von Osten an.

Höhlen von Balzi Rossi

Während der Hanbury-Garten fast jeden anspricht, muss das Interesse an den **Höhlen von Balzi Rossi** auf die Urgeschichte gerichtet sein und hierbei in erster Linie nicht auf elf frühgeschichtliche Wohnhöhlen, sondern auf die beiden Museen, besonders das größere, neue, das ***Museo Nuovo***, in dem die sogenannte *'Dreierbestattung'* ausgestellt ist, die Gerippe eines vor Ort gefundenen Erwachsenen und zweier Jugendlicher aus der Zeit von etwa 30.000 v. Chr. Im weiter hinten gelegenen, alten Museum hingegen sind hauptsächlich Werkzeuge und Grabbeigaben zu sehen *(8:30 – 19 Uhr; 4 €; die Museen und die Höhlen liegen an der unteren der beiden Küstenstraßen direkt vor der französischen Grenze; diese Straße zweigt schon in Latte gleich nach dem vorerwähnten Camping-*

platz meerwärts ab, Wegweiser ‚Francia, Mentone'; von dem Hanbury-Garten, dessen Eingang an der oberen Küstenstraße liegt, wenden Sie notfalls nach einem kurzen Schlenker in Frankreich; auf dem Parkplatz vor den Museen sind WOMOs verboten; Sie müssen das missachten oder zwischen Grenze und Parkplatz, notfalls sogar nach einem Tunnel, auf dem Seitenstreifen stehen; falls die französischen Grenzkontrollen jemals wieder eingestellt werden, können Sie am Grenzübergang parken und sogar hinter den Balzi Rossi baden).

Ventimiglia - Markt

Meistens verbindet man den Besuch der Gärten mit einer Fahrt nach **Ventimiglia** (XXmiglia, weil *venti* = 20 = XX). Diese Idee hätten Sie vielleicht auch ohne uns gehabt. Aber dass Sie die Stadt (24.000 Einwohner) an einem **Freitag** bereisen sollten, muss Ihnen erst mal gesagt werden. Idealerweise ist es der Karfreitag, weil dann der **Markt** von Ventimiglia, ohnehin schon einer der größten Italiens, wegen der bevorstehenden Ostertage besonders gut bestückt ist. Das Angebot östlich der Flussmündung umfasst jeden erdenklichen Ramsch, aber auch gute Kleidung und hochwertigere Gebrauchsgegenstände. Wenn Sie Lebensmittelstände vermissen, gehen Sie in die

nahe **Markthalle**, Sie finden diese in der Via Roma nördlich einer Grünanlage und werden auch dort überwältigt sein *(7 – 13 Uhr, So. geschlossen).* Schon diese Markthalle lohnt eine Fahrt nach Ventimiglia. Sie und der Markt stehen auf der Liste unserer persönlichen **Top Ten**.

Ventimiglia – Markthalle

Das Verkehrschaos in der lebhaften Grenzstadt ist freitags noch größer. Viele Leser kommen daher mit einem öffentlichen Bus, der Sie ab Vallecrosia oder Sanremo alle 15 Minuten nach Ventimiglia befördert (siehe dazu beim Stell- und Campingplatz von Sanremo – Tour 2).

Wenn Sie mit dem WOMO anreisen, ist es nicht sinnvoll, freitags erst im Laufe des Vormittags eine Abstellmöglichkeit zu suchen, weil zu dieser Zeit verschärfte Parkplatznot herrscht und weite Fußwege angesagt sind. Wir sind daher für die Recherchen zu diesem Buch mehrfach bereits donnerstags angereist (und hätten, wenn wir nicht zweimal dort gewesen wären, vorher den Hanbury-Garten besichtigt). Und wir haben uns für den lauten, aber absolut zentralen **Campingplatz** entschieden, der in Ventimiglia an der Straße zum französischen Menton, nördlich des Altstadthügels, beschildert und einem Stellplatz ähnlicher ist als einem herkömmlichen Campinggelände. Wir durften zuletzt am Markttag ohne Aufpreis sogar bis 12 Uhr (statt bis 10 Uhr) bleiben. Sie können den Straßenmarkt aber bis 18 Uhr besuchen, weshalb auch eine Anreise erst am Freitag sinnvoll ist:

Ventimiglia

(003) WOMO-Campingplatz: Ventimiglia
Camping Roma

GPS/Kontakt: N 43°47'39" E 7°36'05", Via Freccero 9, Tel. 0184 23900; www.campingroma.it/index.php/de/. **Öffnungszeit**: Februar bis Oktober.
Ausstattung: Pizzeria.
Beschreibung: Sie stehen auf Schotter und teilweise im Schatten, es gibt viele feste Behausungen, die nicht stören. Wir wurden gegen Morgen vom Verkehr der nahen Straße geweckt, aber wir fanden die Nacht in Ventimiglia und die Nähe zu Altstadt und Markt (unterhalb des *Centro storico* auf dem östlichen Flussufer) trotzdem lohnend; Ortszentrum 150 m, zentraler geht nicht; 300 m zum Strand.
Lebensmittel in der Nähe (östlich der Brücke in der 2. Straße rechts).
Preise: 23 – 37 €.
Zufahrt: Folgen Sie in Ventimiglia dem Wegweiser *'Francia'* (Frankreich). Der Campingplatz liegt gleich westlich der Flussbrücke.

Genau genommen gibt es zu diesem Campingplatz keine vernünftige Alternative. Ein Parkplatz vor dem Campingplatz von Ventimiglia wurde früher als Stellplatz von Menschen benutzt, die offenbar mit der Gnade eines besonders tiefen Schlafs verwöhnt sind und Verbotsschilder notorisch missachten. Wegen des Halteverbots habe ich diesen Platz endgültig gestrichen und verweise auf die Plätze bei Vallecrosia und Camporosso (siehe Campingplatz Nr. 12 und Stellplatz Nr. 13 bei Tour 2) mit Fußwegstrecken von 1,9 bis 2,5 Kilometer zum Freitagsmarkt.

Vom Campingplatz *Roma* ist ein Besuch der **Altstadt** auf dem benachbarten Hügel unvermeidlich. Diese ist ein selten

Ventimiglia – in der Altstadt

gutes Beispiel für eine vollständig untouristische Ansiedlung von Menschen, die sich den Wegzug in ein besseres Stadtviertel, in hellere und trockenere Häuser nicht leisten können. Der Bummel durch die teilweise dunklen Gassen, die aus der Nähe längst nicht mehr so bunt strahlen wie das Gesamtbild der Altstadt von unten, ist trotzdem nicht bedrückend und deshalb lohnend, weil wir hier, gleich am Anfang von Ligurien, ein Stück überraschend unverfälschtes Italien kennenlernen. Dass dabei die sehenswerte romanische **Kathedrale** aus dem 11. Jahrhundert (!) am Weg liegt, ist nicht einmal ausschlaggebend.

Das von Altertumfreaks gesuchte archäologische **Ausgrabungsgelände** mit einem nicht zu besichtigenden Theater (man sieht es aber gut von der Straße aus) liegt ganz woanders, im östlichen Teil der Neustadt, an der SS 1. Auf dem Weg nach Sanremo fahren Sie direkt daran vorbei.

Hochwasserschaden – nach zwei Jahren

Zwischen dem Altstadthügel und den neueren Bezirken konnte man den Fluss Roia auf einem Fußgängersteg, der *Passerella Squarciafichi*, überqueren, bis das Unwetter vom Oktober 2020 den größeren Teil weggerissen hat. Die Umwege sind nicht so groß, dass Sie sich nicht unsere beiden folgenden Gastroempfehlungen östlich und westlich der Mündung anschauen könnten. Stellplatzmäßig werden Sie nämlich nicht gut in Ligurien eingeführt. Essen Sie deshalb nicht auch noch in einem lauten und unruhigen Umfeld und gönnen Sie sich für den ersten ligurischen Abend ein beschauliches Fischlokal: Wir haben bei ***Marco Polo*** ausgezeichnet gespeist *(Passegiata Cavalotti 2, Tel. 0184 1952500; Mo. geschlossen; an der Strandpromenade vor der Neustadt, also östlich des Flusses, leicht gehobene Preise).* Weil wir bei den Recherchen für Neuauflagen gerne auch mal was Neues ausprobieren, haben wir zuletzt am stadtseitigen Beginn der westlichen Promenade das ebenfalls fischlastige **Ristorante *La Caravella*** getestet und

Ventimiglia - Strand

in Dolceacqua

können es gleichermaßen empfehlen *(Passegiata G. Marconi 13, Tel. 0184 239567; Mo. geschlossen, mittleres bis ganz leicht gehobenes Preisniveau; Foto Seite 256).*

Strandmäßig spielt XXmiglia eher in den unteren Ligen (aber man kann trotzdem gut baden), weshalb hier vermutlich niemand länger als eine Nacht bleibt. Deshalb empfehle ich für die Nacht nach dem Markt und/oder dem botanischen Garten einen kleinen Abstecher landeinwärts. Schon nach wenigen Hundert Metern lassen wir die Hektik der Grenzstadt und der Küste hinter uns. Erst recht in **Dolceacqua** (1.700 Einwohner), einem liebenswerten Nest, dessen malerische Altstadt fotogen hinter einer kühnen **Brücke**, einer sogenannten Esels-

Dolceacqua

rücken-Brücke, an einer Biegung des Flüsschens Nervia den Hang emporwächst, nur noch überragt von der stattlichen Ruine des **Castello Doria**. Sie werden erstaunt feststellen, dass in schmalen, teilweise überbauten Treppengassen noch richtige Einwohner leben, dass es dort sogar noch einen kleinen Laden für den täglichen Bedarf gibt und dass der Ort, obgleich so dicht an der Küste und derart pittoresk, noch nicht von echten und nicht einmal von vermeintlichen Künstlern vereinnahmt worden ist, die im Hinterland der nahen Côte d'Azur im Verein mit den Zweithausbesitzern vergleichbaren Orten die Urwüchsigkeit gestohlen haben. Sicher werden auch in Dolceacqua und den nacherwähnten Dörfern die Uhren nicht stehen bleiben, umso mehr sollten Sie sich mit einer Reise in diesen wirklich schönen Teil hinter der Küste beeilen und dabei unten am Fluss und an einer gepflasterten Piazza auch einen Blick in die **Pfarrkirche Sant'Antonio Abate** werfen. Hinter der klassizistischen Fassade hätten Sie nicht einen Flügelaltar von Ludovico (Louis) Brea aus dem 15. Jahrhundert erwartet. Der Name kommt Ihnen bekannt vor? Dann waren Sie schon in Genua oder an der Côte d'Azur. Der Meister wurde in Nizza geboren und starb dort auch um 1522.

In Dolceacqua steht wenig Raum für Parkplätze zur Verfügung, viel zu wenig, um an manchen Sommertagen dem Ansturm zu genügen. Dementsprechend dürfen Sie auch kein großzügiges Stellplatzangebot erwarten, was ebenso für den Rest dieser Tour gilt, im bergigen Hinterland sogar für fast das gesamte Buch. In Dolceacqua ist unser Stellplatztipp zugleich die Parkplatzempfehlung:

(004) WOMO-Parkplatz: Dolceacqua – Trimmgeräte

GPS: N 43°50'47" E 7°37'31". **Max. WOMOs**: 4-5. **Ausstattung**: Trimmgeräte. **Beschreibung**: Sie stehen (abends) klappstuhlgeeignet am Rand einer so gut wie nicht befahrenen Straße (siehe Foto) außerhalb der Bebauung. Auf einer Strecke von etwa 300 m kommen mehrere Möglichkeiten infrage. Gaststätten und Geschäfte finden Sie im etwa 500 m entfernten Ort, dort auch Wanderwege. **Zufahrt**: Fahren Sie von der SP 64 über die Brücke auf das historische Zentrum zu, am Ende der Brücke rechts, an den Tennisplätzen vorbei halb rechts bis Sie Platz zwischen Gärten, Straße und Flussbett finden. Der Wegesrand ist stellenweise als **P 6** ausgewiesen.

(005) WOMO-Parkplatz: Dolceacqua – Via Roma

GPS: N 43°50'46" E 7°37'28", Via Roma (SP 64). **Max. WOMOs**: 5-7. **Ausstattung**: Keine. **Beschreibung**: Der Asphaltplatz liegt innerhalb der Bebauung unterhalb der Durchgangsstraße und leidet unter diversen abgestellten Wohnmobilen und unter Straßengeräuschen. Außerdem sind die eingezeichneten Parkbuchten zu klein. Nicht für WOMOs über 7,50 m Länge. Das historische Zentrum mit Gaststätten, Geschäften und Wanderwegen ist etwa 550 m entfernt. **Zufahrt**: Südlich des Zentrums kommen Sie auf dem Weg von Ventimiglia bei einer Tankstelle an dem unterhalb des Straßenniveaus liegenden Parkplatz vorbei.

Sie werden in Dolceacqua auf keinen Fall verhungern. Zu groß ist die Anzahl verlockender Lokale. Wir haben uns für das kleine **Ristorante *A Viassa*** entschieden, weil wir derjenigen Köchin besonders vertraut haben, die in der hintersten, kaum zu findenden Ecke der Kleinstadt ihren Speisesaal füllen konnte *(Via Liberazione 13, biegen Sie von der Durchgangsstraße an der ersten Straße nördlich des großen Platzes nach links ab, gehen Sie danach die zweite Straße rechts und noch zweimal rechts; Tel. 0184 1893184; Mo. geschlossen; recht preiswert).*

Der Parkplatz in **Isolabona**, etwa drei Kilometer weiter nördlich, einem ähnlich malerischen Dorf, ist ebenfalls nicht riesig und bisweilen zugeparkt. Dafür finden Sie in fußläufiger Entfernung einen netten Campingplatz:

(006) WOMO-Parkplatz: Isolabona

GPS: N 43°52'51" E 7°38'25", SP 63. **Max. WOMOs**: 4-5.
Ausstattung: Mülleimer.
Beschreibung: Das ist ein weitgehend schattenloser Asphaltparkplatz für die reine Übernachtung direkt neben der Altstadt mit Gaststätten und Geschäften; für WOMOs über 7 m Länge ungeeignet.
Zufahrt: Der Platz ist in Isolabona an der Einmündung der SP 63, der Straße nach Apricale, in die SP 64, der Straße nach Pigna, nicht zu verfehlen.

Einige Hundert Meter weiter nördlich finden Sie außerhalb des Ortes und oberhalb der Straße nach Pigna bei einem blauen ‚P' und einer Kapelle einen geräumigen **weiteren Parkplatz**.

(007) WOMO-Campingplatz: Isolabona
Camping delle Rose

GPS/Kontakt: N 43°53'40" E 7°38'49", SP 64, Tel. 0184 208130; www.campingdellerose.eu/de/. **Öffnungszeit**: April bis Oktober.
Ausstattung: Pool, Pizzeria, kleiner Laden, der Wanderweg nach Isolabona benötigt etwa 45 Minuten.
Beschreibung: Das teilweise schattige, gepflegte Gelände liegt oberhalb der Durchgangsstraße. **Preise**: 25 – 36 €.
Zufahrt: 1,9 Kilometer nördlich von Isolabona liegt der kleine Platz direkt an der Straße nach Pigna.

Pigna

Ein Abstecher ins etwa neun Kilometer nördlich gelegene **Pigna** (990 Einwohner) ist fahrtechnisch absolut unproblematisch. Der mittelalterliche Ortskern steht dem von Dolceacqua nicht nach, denn die Gassen des verschachtelten Altstadtkerns ähneln einem Tunnelsystem. *Pigna* heißt auf Deutsch *Tannenzapfen* oder *Stapel* und widerspiegelt die Bauweise der Häuser, die wie die Schuppen eines Zapfens übereinandergeschichtet scheinen. Eine ähnliche Altstadt, die auch *La Pigna* heißt, finden Sie in Sanremo (siehe Tour 2). Sie können hier wie dort viele schöne Winkel und Brunnen entdecken. Versäumen Sie nicht die **Chiesa San Michele** mit einem Flügelaltar von Giovanni Canavesio aus dem Jahrhundert. Ein seltsamer Fremdkörper ist in Pigna das moderne Grand-Hotel über einer warmen Schwefelquelle. Der nahe Stellplatz könnte Sie, eher Ihre bessere Hälfte, zu einer Urlaubstätigkeit animieren, der unsere Väter niemals nachgegangen wären, Wellness vor der WOMO-Tür:

(008) WOMO-Parkplatz: Pigna

GPS: N 43°55'53" E 7°39'58".
Max. WOMOs: 5.
Ausstattung: Wasserbrunnen, Toilette (unter der benachbarten Tankstelle), Mülleimer, Spielplatz.
Beschreibung: Der schattenlose, gepflasterte Platz unterhalb der Bebauung mit Gaststätte und Geschäft ist ebenfalls nicht für ein längeres Verweilen geeignet. Sie können hier wandern. Das Gelände ist für WOMOs über 8 m Länge ungeeignet und teilweise etwas abschüssig (siehe Foto S. 241).
Zufahrt: Biegen Sie in Pigna bei der Tankstelle von der SP 64 abwärts (sieht steiler aus als es ist) ab und fahren Sie bis zu zwei kleineren Parkplätzen zwischen den Häusern und Sportanlagen.

Castell Vittorio

Sie sollten allenfalls mit einem schmalen Fahrzeug ins benachbarte **Castell Vittorio** (300 Einwohner), das hoch über Ihnen thront, weiterfahren, auch wenn Sie dessen weithin sichtbarer Lage kaum widerstehen.

Theoretisch können Sie von Pigna 30 Kilometer weiter nordöstlich Triora erreichen. Die Straße ist auf 10 Kilometer sehr schmal und bis zur Colla di Langan (1.130 m) für Fahrzeuge mit über 3,5 Tonnen Gesamtgewicht gesperrt. Nach meiner Recherche für diese Auflage rate ich eher ab.

Die Fahrbahn wird erst östlich der kleinen Passhöhe deutlich breiter, weshalb wir sie bei unserer 2. Tour ab Badalucco ansteuern und jetzt in Pigna wenden, um in Isolabona einen kaum weniger abenteuerlichen Abstecher zu wagen. Diese Fahrt nach **Apricale** (600 Einwohner), einem der fotogensten Bergdörfer Liguriens, ist unproblematischer als das Parken. Nur oberhalb des Dorfes finden Sie einen engen Parkplatz (aber keinen Stellplatz, Leser haben auch unterhalb geparkt). Idealerweise kommen Sie wegen des Sonnenstandes am Nachmittag. In dem sich über einen steilen Hang erstreckenden bunten Fassaden-Puzzle stören neuerdings wieder Baukräne, seit die Einwohnerzahl von Apricale, das vor nicht allzu langer Zeit beinahe entvölkert war, wieder zunimmt. Zwar nicht überwiegend von Menschen, die dort das ganze Jahr wohnen, aber das Dorf ist keineswegs eine außerhalb der Saison verwaiste Geistersiedlung. Und gehört zu Recht zu den *Borghi più belli d'Italia,* den *Schönsten Ortskernen Italiens,* von denen auf den folgenden Touren noch öfter die Rede sein wird (Näheres bei der 3. Tour).

Apricale

Wenn Sie von hier weiterfahren, was wir mit einem WOMO von 2,30 Meter Breite erfolgreich getestet haben, sollten Sie Übung auf engen Bergstraßen besitzen. Denn hinter Apricale schraubt sich die schmale Straße allmählich immer höher. Sie drücken beharrlich vor jeder unübersichtlichen Kurve auf die Hupe und freuen sich, wenn Sie in Baiardo angekommen sind, ohne dass Ihnen ein Bus oder Laster begegnet ist. Andererseits ist die Strecke nicht so schwierig, dass Sie auf dem ganzen Weg unablässig bereuen müssten, das eigentlich zu breite Wohnmobil mit der Heckgarage gekauft oder gemietet zu haben, in der die Bierkästen aus dem heimischen Getränkemarkt in jeder Kurve scheppern. Etwas einfacher ist die Strecke von Sanremo über San Romolo nach Baiardo.

Baiardo

Baiardo (350 Einwohner) liegt auf 900 Metern, was Sie im Sommer zu schätzen wissen. Wir hatten uns früher einmal einen wettermäßig instabilen Ostersamstag ausgesucht und waren unversehens aus dem Frühsommer in den Vorfrühling geraten, sodass wir unseren Plan aufgaben, hier oben zu übernachten. Die Entscheidung wurde uns mit Baumaterial, ein wenig Unrat und einem Reststück von Zaun auch leicht gemacht. Ich hatte daher den Stellplatz gestrichen, aber für die Vorauflage nochmals nachgesehen, nachdem Leser hier wieder übernachtet haben. Ein wenig Schrott liegt immer noch herum, aber der atemberaubende Blick ins Tal und nach Perinaldo gebietet eine weitere Erwähnung in vorliegendem Buch. Der Hauptparkplatz des Ortes kann nicht mithalten und ist für WOMOs mit langem Radstand (und deshalb großem Wendekreis) nur zum Teil rückwärts zu erreichen:

(009) WOMO-Parkplatz: Baiardo Sportplatz (mit Fernsicht)

GPS: N 43°53'57" E 7°43'38", 900 m. **Max. WOMOs**: 2.
Ausstattung: Keine.
Beschreibung: Sie stehen klappstuhlgeeignet mit schöner Sicht, außerorts und einsam, wenngleich Häuser angrenzen. Es liegt immer irgendetwas herum, bei unserem letzten Besuch waren es Netze; Sie müssen ein kleines Stück ins Gras fahren und brauchen Unterlegkeile; das Haus gegenüber ist unbewohnt, im nächsten kläfft ein Hund. Das ist ein Platz für geübte, unerschrockene Urlauber, die sich am Blick erfreuen und die sonstige Umgebung ausblenden.

Zufahrt: Den Platz finden Sie östlich von Baiardo, Richtung San Romolo. Suchen Sie den Wegweiser *,Campo Sportivo' ,Cimitero'*, es geht bergauf, vor einem ehemaligen Bunker rechts; bald fahren Sie am örtlichen Bauhof und am Sportplatz vorbei und hinter der Umkleidekabine und einem weiteren Sportfeld rechts auf eine kleine Fläche am Hang.

(010) WOMO-Parkplatz: Baiardo Hauptparkplatz

GPS: N 43°54'13" E 7°43'15", Via Martiri Liberta, 850 m. **Max. WOMOs**: 5.
Ausstattung: Wasser (nur plätschernd und an der Oberseite an der nahen Bushaltestelle).
Beschreibung: Der geschotterte Hauptparkplatz des Dorfes ist abends klappstuhlgeeignet und wirkt ganz leicht einsam, obwohl er im Bereich der Bebauung liegt. Eine Gaststätte und einen Lebensmittel erreichen Sie nach wenigen Schritten. Wanderwege sind hier markiert.
Auf der Abfahrt kriegen nur die wenigsten WOMOs die Kurve. Fahren Sie deshalb ab der letzten Spitzkehre ein paar Meter rückwärts auf den Platz. Beim Verlassen am nächsten Morgen fahren Sie erst rückwärts ein Stück bergauf, beides funktioniert problemlos.
Zufahrt: In Baiardo stößt die Straße von Apricale, die SP 63, auf eine Querstraße. Etwa gegenüber zweigt eine kurze, steile, abwärts führende und beschilderte Parkplatzrampe ab.

Ein einziges Wohnmobil kann auch an der Straße vor einem Denkmal geparkt werden.

Blick auf Perinaldo und zum Meer

Baiardo ist eigentlich eine neue Ansiedlung am Fuß der alten, die im Februar 1887 von einem Erdbeben zerstört und seitdem nur unvollständig wieder aufgebaut worden ist. Erst in den letzten Jahren haben sich Kenner gefunden, die liebevoll die eingestürzten Mauern restaurieren, aber die Kirche noch nicht restauriert haben. Das Erdbeben hat deren Dach einstürzen lassen und 200 Menschen begraben, die am frühen Vormittag gerade an einer Messe teilnahmen. Eine unglaublich große Anzahl, gemessen an der Winzigkeit des Dorfes. Es gibt in der Gegend noch weitere Kirchen, in denen sich der Herrgott gleichermaßen ungnädig gezeigt hat (zum Beispiel in Bussana Vecchia – Tour 2).

Erdbeben an der Riviera

Das Erdbeben vom 23. Februar 1887 gilt zwar als das bekannteste schwere Beben an der Riviera, aber es war keinesfalls das letzte. Beispielsweise im September 2006 erzitterte nachts die Erde, wenn auch nur mit einer Schwere von 3 auf der Richterskala. Das Epizentrum lag wohl bei Dolceacqua. Zwischen 1999 und 2014 wurden jährlich etwa sechs Erschütterungen gemeldet mit einer Stärke von bis zu 4. Ligurien ist allerdings längst nicht so gefährdet wie die Bereiche in der Mitte Italiens, in den Abruzzen, bzw. dem südöstlichen Umbrien. Infolge des Bebens von 1887, das sich ausgerechnet am Morgen des Aschermittwochs ereignet hat, starben insgesamt über 600 Menschen. Auch oberhalb des französischen Menton, in Castillon, sind heute noch Schäden zu sehen.

Baiardo – eingefallene Kirche

Auf der Terrasse hinter dem Gotteshaus beweist das kühle Osterwetter seine Vorzüge, es ermöglicht nämlich einen klaren, weiten Blick auf tief verschneite, zum Greifen nahe Gipfel der Seealpen, die auch bei unserem letzten Besuch im Juni noch teilweise weiß waren.

Unsere Wanderung, eher ein Wanderversuch, scheitert allerdings nach etwa einer Stunde. Wir erwähnen ihn trotzdem, weil Ausgangspunkt und Ziel für eine Ligurien-Wanderung wie geschaffen sind, zumal man sie auch im Sommer gut gehen kann:

Von Baiardo zum Monte Bignone

Unser Ziel sollte der 1.299 m hohe **Monte Bignone** sein, wozu wir uns in Baiardo (siehe oben beim Stellplatz Nr. 009) links des ersten Wohnhauses auf den ansteigenden Weg gemacht haben, der sich nach zwei weiteren Gebäuden zu einem Pfad verengt und auf einer Art Kamm verläuft. Wir erreichten auch noch einige Felsen, nach denen sich die Wegspuren allerdings mehrmals geteilt haben und samt der grünen Markierung nur noch schwer zu erkennen waren. Außerdem mussten wir über unzählige querliegende Baumstämme steigen. Die Orientierung wäre womöglich auch ohne durchgehend sichtbaren Pfad gar nicht so schwierig gewesen, wenn nicht plötzlich Nebelwolken den Berg eingehüllt

und uns mit österlichen Graupelschauern überschüttet hätten. Auf halber Strecke mussten wir deshalb umkehren.

Wer gleichermaßen scheitert, vertraut lieber der *Kompass-Karte* und dem rot-weiß markierten Weg, der in Baiardo am Kriegerdenkmal beginnt und später seitlich der wenig befahrenen SP 56, der Straße nach San Romolo, verläuft. Zumindest auf dem Rückweg würden wir dann auf dem rot markierten Weg an den Ferienhäusern beim Sportplatz rauskommen, wie das auf der Karte ebenfalls eingezeichnet ist.

Und wenn wir nicht bis zum Monte Bignone gehen würden, nähmen wir nur diesen **wunderschönen Hangweg**, der markiert beim Sportplatz beginnt, wo Sie an den Ferienhäusern vorbei spazieren und, falls Sie keine Karte dabeihaben, irgendwann wieder zurück schlendern, wenn es Ihnen reicht. Der Weg ist so schön, dass man ihn zweimal gehen kann *(Kompass-Karte Nr. 640, Nizza – Sanremo oder die App).*

In Baiardo

Von Baiardo kurven wir über San Romolo nach **Perinaldo** (830 Einwohner und ebenfalls eines der *Schönsten Dörfer Italiens*). Außer uns macht das, wie die Leserzuschriften zeigen, in neuerer Zeit fast niemand, was wir für einen Fehler halten, was wir aber wegen der schmalen Straßen verstehen (schreiben Sie doch mal, falls Sie hierher gefahren sind). Im Zweifel sollten Sie die Zufahrt ab Vallecrosia (das liegt an der Küste) wählen, die sich sogar WOMO-Anfänger zutrauen dürfen, wenn sie in der Lage sind, ein paar Spitzkehren zu meistern (die Strecke ab Vallecrosia ist auf etwa elf Kilometer normal breit und erst auf den letzten drei Kilometern so schmal, dass man bei Gegenverkehr von einem ähnlich breiten Fahrzeug an manchen Stellen etwas rangieren muss). Perinaldo ist eines der am schönsten gelegenen Dörfer in Ligurien, und selbst am Ostermontag haben wir ausreichend Raum zum Übernachten

Perinaldo

gefunden. Im Sommer sollten Sie allerdings nur hochfahren, wenn Sie die Frustration ertragen, mangels Parkraum wieder umkehren zu müssen (was wir nur in der Theorie befürchten, weil wir im Juli/August noch nicht hier oben waren):

(011) WOMO-Parkplatz: Perinaldo

GPS: N 43°52'01" E 7°40'29", Via San Romolo. **Max. WOMOs**: 4-5.
Ausstattung: Toilette (auf dem Fußweg ins Zentrum, seitlich der Fahrstraße), Mülleimer.

Beschreibung: Dieser kleine Parkplatz innerhalb der Bebauung ist kein Stellplatz, auf dem man sich lange aufhalten kann, sondern nur eine Möglichkeit zu wandern und zu übernachten. Gaststätten und ein Lebensmittelgeschäft finden Sie in der Nähe. Auffahrkeile sind erforderlich.

Zufahrt: Die meisten Leser nähern sich von Vallecrosia, also von Süden. Wenn Sie den hoch liegenden Ort erreicht haben, dürfen Sie nicht bis ins Zentrum (und zu einer großen Mauer, wo man in stillen Zeiten vielleicht auch einmal übernachten könnte) vorstoßen, sondern Sie fahren vorher rechts, an der Südseite unterhalb des Ortes nach Osten leicht bergauf, Richtung *'San Romolo'*.
Bei den *Carabinieri* zeigt ein blaues Parkplatzschild nach links, dem Sie folgen. Nach etwa 250 m müssen Sie nun scharf links bergauf, was län-

gere Fahrzeuge nur mit Rangieren schaffen (hinter zwei Häusern gibt es eine bessere Wendemöglichkeit; Kenner fahren ein paar Meter geradeaus und das Stück nach der Spitzkehre einfach rückwärts). Nach besagter Spitzkehre gelangen Sie auf eine kurze Rampe, die an einem Haus endet; links vor diesem Haus gibt es einen Platz, dahinter finden Sie für kürzere Wohnmobile ebenfalls zwei bis drei Möglichkeiten und gegenüber können auch größere Fahrzeuge stehen.
Wer hier nicht fündig wird, kann noch einmal um eine nicht mehr ganz so spitze Biegung eine weitere Etage bergauf fahren und findet nun geräumigere, aber teilweise leicht abschüssige Parkplätze.
Alternative: Größere Wohnmobile hätten auch zum Zeitpunkt unserer neueren Recherche außerhalb der Bebauung Platz gefunden, wenn sie – von Vallecrosia kommend – unterhalb von Perinaldo nicht nach rechts Richtung *'San Romolo'*, sondern nach links Richtung *'Apricale'* gefahren wären. Damals war an der Abzweigung des Sträßchens nach Dolceacqua viel Platz.
Hinweise: Wir wissen nicht, ob es in Perinaldo viele Zweithausbesitzer gibt, die im Sommer den relativ knappen Parkraum beanspruchen. Sie sollten auch mit einem Wohnmobil von unter 7 m Länge nicht zu spät anreisen und darauf gefasst sein, keinen Platz zu finden, erst recht nicht mit einem Fahrzeug von über 8 m Länge. Diverse Leser haben seit unserer Erstveröffentlichung auf einem der Plätze übernachtet.

In Perinaldo

Die begrenzten Stellplatzmöglichkeiten schildere ich Ihnen nur wegen der fantastischen Lage des Dorfes, das sich auf einem 572 Meter hohen Bergrücken streckt, fast einem Grat, von dem Sie eine wunderbare Sicht nach beiden Seiten genießen. Im Süden reicht der Blick zum Meer und im Norden zu den bis weit ins Frühjahr hinein schneebedeckten Gipfeln der Seealpen. Ihnen zu Füßen liegt Apricale, was, als Sie von Isolabona angereist kamen, als Bergdorf über Ihnen thronte. Kein Wunder, dass in Perinaldo im Jahr 1625 Domenico Cassini geboren wurde, den vielleicht die freie Lage inspiriert hat, ein berühmter Astronom zu werden.

An solcher Stelle schnürt man gerne die Wanderstiefel, zumal in der Nähe unseres Parkplatzes das Wanderzeichen nach Apricale weist. Aber wir konnten uns nicht zu dieser Strecke aufraffen, bei der uns abgeschreckt hat, dass sie erst einmal steil bergab führt. Außerdem wollten wir auf dem Wanderweg die Höhenlage von Perinaldo auskosten:

Blick von Perinaldo auf Apricale

Von Perinaldo nach Dolceacqua

So vertrauen wir lieber der Wegmarkierung nach San Romolo, deren Streckenführung auf der ersten halben Stunde alle Erwartungen übertrifft. Danach lässt der Wald aber keine Fernsicht mehr zu, sodass wir umkehren, um in entgegengesetzter, westlicher Richtung mit durchgehend freiem Blick zu spazieren, auf einer im Frühjahr wunderschönen Strecke:

Der Anfang des Weges ist in **Perinaldo** gar nicht leicht zu finden: Gehen Sie durch die Hauptstraße des Ortes, vom Parkplatz aus gesehen also zunächst hoch zur Kirche, dann immer geradeaus abwärts bis zu einer hohen Mauer, wo die **Via Acquadolce** einmündet. Beim Haus mit der Nr. 16 steigen Sie auf den Stufen hinab, halten sich rechts und stoßen auf die Asphaltstraße nach Apricale sowie die Abzweigung nach Dolceacqua. Nun wandern Sie auf dieser Straße ohne Schatten und auf Asphalt, aber mit tollen Blicken (siehe unser folgendes Foto), leicht bergauf.

Auf dem Weg von Perinaldo Richtung Dolceacqua

Nach einer knappen Stunde haben Sie die **Passhöhe** erreicht und stiefeln nun durch eine Villengegend bergab, der Blick ist kaum weniger schön. Irgendwann windet sich die Asphaltstraße nach links, während Ihre Fußstrecke auf einer Art Kreuzweg mit wunderbarem Blick steil nach **Dolceacqua** abfällt.

Für den **Rückweg** sollten Sie dieselbe Strecke wählen, um dann doch noch steil aufsteigen zu müssen. Sie bringen es so insgesamt auf unter 15 km (5 Stunden ohne den oben genannten Abstecher in die entgegengesetzte Richtung, aber mit Rückweg). Die Kompasskarte Nr. 640 beruhigt, aber sie ist schon wegen der rot-weißen Markierung entbehrlich.

Perinaldo – Ristorante Au Gaggian

Zum Essen empfehlen wir Ihnen in Perinaldo das **Ristorante *Au Gaggian***, auch wenn Sie den Namen an der Hausfassade vergeblich suchen. In dem schlichten Gasthaus kocht die *Mama* auf überraschend hohem Niveau, und die *Ravioli al Ragu* waren (vor ein paar Jahren) eine kleine Sensation *(Tel. 0184 672006; in solchen Häusern reserviert man nicht per Telefon; Mo. Ruhetag; Sie finden die Hausmacherküche an der Hauptstraße, der Fahrstraße, schräg gegenüber der Post).*

Wir haben auch die Straße nach Dolceacqua getestet. Sie ist befahrbar, wenngleich sehr schmal. Man kam aber mit einem 2,30-Meter-Mobil gut durch (für diese Auflage nicht neu ausprobiert).

Besser nehmen Sie für den Rückweg die Strecke nach Vallecrosia und damit zur 2. Tour.

TOUR 2
nach Savona
nach Pieve
S. Bartolomeo
Diano Marina
Tour 3
IMPERIA
San Lorenzo al Mare
Dolcedo
Valloria
Civezza
Linguegliatta
Tavole
Badalucco
Roi
Taggia
Santo Stefano al Mare
Bussana
Bussana-Vecchia
SANREMO
Aurelia
Molini di Triora
Triora
Giovanni dei Prati
Monte Ceppo
1627 m
Ceriana
Monte Bignone
1299 m
Colla di Langan
Castel Vittorio
Baiardo
Apricale
Perinaldo
San Romolo
Pigna
Tour 1
Isolabona
Dolceacqua
Vallecrosia
Bordighera
VENTIMIGLIA
Giardini Botanici Hanbury
MENTON
zum Tenda-Tunnel
Breil-sur-Roya
Band 38 WOMO-Reiseführer Provence Teil 2: Der Osten
F
10 km

Tour 2: Die Blumenriviera mit Hinterland 150 km

Camporosso – Sanremo – Triora – Taggia
San Lorenzo al Mare – Imperia – Dolcedo

Stellplätze:	in Sanremo, in Camporosso, in Badalucco, in Triora, in Molini di Triora, bei der Kapelle San Giovanni di Prati, an der Passhöhe Colla di Langan, in Arma di Taggia, bei Santo Stefano al Mare, bei Lingueglietta, in San Lorenzo al Mare, bei Imperia, in Dolcedo
Campingplätze:	in Camporosso, in Sanremo, bei San Lorenzo al Mare, in Imperia
Besichtigen:	Sanremo, Bussana Vecchia, Badalucco, Triora, Taggia, Dolcedo, Valloria
Wandern:	von Dolcedo nach Valloria und Tavole
Essen:	Ristoranti *Spaghetteria Il Mulattiere, Da Vittorio* oder *Tortuga* in Sanremo, *Osteria Cian de Bià* in Badalucco, auf Camping *Il Persiano* bei Lorenzo al Mare, *Osteria del Olio Grosso* in Imperia, Ristorante *da Tunu* in Dolcedo

In **Camporosso** (5,200) und in **Vallecrosia** (7.200 Einwohner) treffen wir wieder auf die Küste. Ich erwähne die beiden Städte hauptsächlich deswegen, weil Sie hier einen Campingplatz am Meer finden, der nicht in der Nähe einer Durchgangsstraße liegt und nur durch eine Sackgasse vom breiten Strand getrennt wird. Es gibt schönere Plätze auf dieser Welt, die weniger zwischen Gärtnereibetriebe gequetscht sind. Aber es gibt in Ligurien nicht so viele meernahe Campingplätze ohne Dauercamper, weshalb ich in diesem Buch alle mir bekannten Plätze direkt am Meer erwähne. Und würde es sich hier bei den relativ kleinen, meist schattigen Parzellen um die Aufteilung eines freien Stellplatzes handeln, würde dieser zu den schönsten am nördlichen Mittelmeer zählen. Man misst bei Camping- und Stellplätzen mit sehr unterschiedlichen Maßstäben (man hat zugegebenermaßen auch unterschiedlich hohe Kosten). Der Campingplatz gehört noch zur schmalen Gemeinde Camporosso, die zwischen Vallecrosia und Ventimiglia liegt:

(012) WOMO-Campingplatz: Camporosso
Camping Vallecrosia

GPS/Kontakt: N 43°47'03" E 7°38'01", Via Giosue Carducci 149, Tel: 0184 295591; www.campingvallecrosia.com/.
Öffnungszeit: Mitte April bis Mitte Oktober. **Ausstattung**: Bar, Pizzeria.

Beschreibung: Der Platz ist vom breiten Kiesstrand nur durch eine Sackgasse getrennt, enge Parzellen, Sie finden Gaststätten und Geschäfte in der Nähe, das Ortszentrum von Vallecrosia ist etwa 0,4 km entfernt. Man kann am Strand nach wenigen Metern auf die Uferstraße von Ventimiglia

gehen oder radeln und ist auf diese Weise nach etwa 1,9 km im Zentrum des dortigen Freitagsmarktes.
Preise: 31 – 51 €.
Zufahrt: Die Zufahrt ist in Vallecrosia beschildert.

Um die Ecke, ebenfalls in Strandnähe liegt ein **weiterer Campingplatz** mit vielen Dauercampern.

Weiter nördlich gab oder gibt es in Flussnähe zwischen SS 1 und Autobahn einen privat betriebenen Stellplatz, der aber zuletzt nur teilweise in Betrieb, vernachlässigt und deutlich zu teuer war. Ich erwähne ihn nur noch der Vollständigkeit halber: [**013**: N 43°47'43" E 7°37'50", Via Primo Maggio 28, *Camper Park Nervia*].

Nur gut zehn Kilometer weiter östlich erreicht man den Stadtrand von **Sanremo** (inzwischen wird statt ‚*San Remo*' fast nur noch die neue Schreibweise mit einem Wort verwendet), der mit 55.000 Einwohnern größten Stadt der Provinz, die nur deshalb nicht deren Hauptstadt ist, weil der spätere Diktator Mussolini Imperia, dem Ort, in dem er bis 1909 als Schullehrer tätig war, ein Denkmal setzen wollte. Sanremo, ein traditionsreicher und lebhafter Ferienort, hat für Wohnmobilreisende an Attraktivität eingebüßt, seit auf der großen Fläche am Meer der Bau einer Sporthalle begonnen worden ist. Wenigstens hat man in der Nachbarschaft für einen Ersatz gesorgt:

(014) Offizieller WOMO-Stellplatz: Sanremo

GPS: N 43°48'20" E 7°44'58", Corso G. Marconi 124. **Max. WOMOs**: 30.
Öffnungszeit: Ganzjährig. **Ausstattung**: Ver- und Entsorgung.

Beschreibung: Das geschotterte, im Prinzip klappstuhlgeeignete, schattenlose Gelände liegt leider ziemlich dicht an der SS 1. Einen großen, an 7 Tagen geöffneten Supermarkt sehen Sie gegenüber der Ausfahrt. Eine Badebucht mit freiem Strandabschnitt finden Sie stadteinwärts nach 400 m. Ins Zentrum sind es 2,6 km. Eine Bushaltestelle entdecken Sie westlich, Richtung Campingplatz (die Haltestelle für die Rückfahrt liegt ein Stück weiter westlich; Sie müssen heimwärts aussteigen, wenn Sie die Flutlichtmasten des nahen Sportplatzes sehen; Tickets – 1,50 € – im Tabakladen rechts der Campingplatzausfahrt oder an der nahen Campingplatzrezeption, der Bus fährt tagsüber alle 15 bis 20 Minuten und bis nach Mitternacht), zum Radweg siehe im folgenden Text.

Zufahrt: Der Platz ist westlich der Stadt an der SS 1 bei Stadion zu erkennen. Die Zufahrt ist etwas verwinkelt.

Hinweis: An der wesentlich schöner gelegenen Straße zwischen Stadion und Meer und nahe der eben beschriebenen Badebucht ist das Parken verboten. Die Polizei verteilt öfters Strafzettel (42 €).

Besser gelegen ist der beinahe benachbarte Campingplatz mit sehr schönen Standplätzen oberhalb des Meeres, einer der empfehlenswertesten Meerplätze in diesem Buch:

(015) WOMO-Campingplatz: Sanremo
Villaggio dei Fiori

GPS/Kontakt: N 43°48'08" E 7°44'43", Via Tiro a Volo 3, Tel. 0184 660635; www.villaggiodeifiori.it/. **Öffnungszeit**: Ganzjährig.

Ausstattung: Pool, schöne Lage direkt am Meer, aber nur eine kleine Feinkiesbucht sowie eine zusätzliche Einstiegsleiter bei den Felsen, Restaurant.

Beschreibung: Der überwiegend schattige, gut gelegene Campingplatz verfügt über relativ kleine Parzellen, weil er sehr gut besucht ist. Das ganze Gelände ist gepflastert, aber dennoch reichlich bewachsen. Nach 30 Minuten sind Sie zu Fuß in der Innenstadt; siehe nähere Angaben zum Busverkehr beim vorstehenden Stellplatz (aber Haltestelle für die Fahrt in die Stadt links der Campingplatzausfahrt) und zum Radweg im nachfolgenden Text. Einen großen, an 7 Tagen geöffneten Supermarkt sehen Sie rechts der Ausfahrt auf der anderen Straßenseite. Keine Tiere.

Preise: 27 – 79 € je nach Lage, Größe und Zeitpunkt.

Zufahrt: Der Platz ist an der SS 1 etwa 2,5 km westlich von Sanremo beschildert.

Ein neuer Bahnhof unter der Erde hat auch Vorteile, wie Sie selbst als Stuttgarter in Sanremo zugeben müssen. Nachdem im September 2001 Gleise und Haltepunkte unter die Altstadt verlegt worden waren, konnte man auf der alten Trasse direkt hinter dem Strand einen **veritablen Radweg** bauen, der gleich östlich des Campingplatzes beginnt und alle Radfahrer (auch Fußgänger!) durch die Innenstadt bis weit östlich aus der Stadt hinaus, vorbei an der Villa Nobel, von jeglichem Autoverkehr trennt. Der mit ***Cycling Riviera – Parco Costiero Lígure*** großzügig beschilderte Radweg verläuft von Ospedaletti bis San Lorenzo al mare (im Sommer 2022 hat man sogar an einem weiteren Abschnitt bis Imperia gearbeitet) direkt am Meer und ist damit etwa 23 km lang. An mehreren Stellen kann man Räder mieten, so auf dem vorerwähnten Campingplatz oder am Radweg etwa 800 m Richtung Innenstadt (nahe beim Stellplatz).

Sanremo – Casino

Bus und Rad, notfalls auch die eigenen Füße, sind ideale Mittel, um Sanremo zu entdecken: Sinnvollerweise steigt man beim ehemaligen Bahnhof aus dem Bus oder vom Stahlross, um sich gegenüber die **Spielbank** anzuschauen. Das imposante Gebäude erinnert an goldene Zeiten, als im Jahr 1906 ein Casino das beste Zugpferd war, um Reiche aus Europa und Russland ans Mittelmeer zu locken. Aber in den siebziger und Achtzigerjahren des letzten Jahrhunderts konnte Sanremo mit der Konkurrenz aus dem nahen Monaco nicht mehr mithalten, und der Glanz verflog allmählich, wie man an den großen Hotels sieht – oder daran, was davon noch übrig ist. Der Niedergang konnte auch durch das jährliche **Schlagerfestival** nicht verlangsamt werden, das im Februar im Teatro Ariston, am Ende des nachgenannten Corso Giacomo Matteotti, stattfindet und Hits wie *Volare* und Stars wie Adriano Celentano, Eros Ramazotti oder – jetzt können auch die Jüngeren wieder mitreden – wie Zucchero hervorgebracht hat, aber sowohl von einem Schmiergeldskandal erschüttert, wie auch vom ehemaligen Ministerpräsidenten Berlusconi des politischen Liedes beraubt worden ist bzw. werden sollte.

Die **orthodoxe Kirche**, die Chiesa San Basilio, schätzt man älter, als sie ist. Sie wäre ohne das benachbarte Casino und die dadurch ausgelösten winterlichen Ferienaufenthalte reicher Russen nicht im Jahr 1907 gebaut worden. Russisch war in Sanremo übrigens am Anfang des 21. Jahrhunderts wieder auf dem Vormarsch und in den Immobilienbeschreibungen von Maklern unverzichtbar geworden, es ist aber neuerdings aus bekannten Gründen wieder rückläufig.

Am Casino beginnt die Haupteinkaufsstraße, der **Corso Giacomo Matteotti**, der an die Einkaufsmeile einer wohlhabenden mitteleuropäischen Großstadt erinnert, mit edlen Läden und quirligen Seitenstraßen. Dieses Stadtviertel endet in der Nähe des Domes, der **Cattedrale San Siro**, von 1250.

Unbedingt sehenswert ist der schräg dahinter und jenseits eines Platzes aufsteigende **Altstadthügel**, genannt *La Pigna* (zur Wortschöpfung siehe in Tour 1 bei der gleichnamigen Ortschaft). Erwarten Sie hier keine touristische Folklore. Man ist von der Enge und Armut fast ein wenig bedrückt (und froh über die Videoüberwachung), bevor man am oberen Ende des *Centro storico* in eine schattige Anlage mit unvorstellbar gigantischen Gummibäumen tritt. Wer noch Kraft hat, steigt bis zur Spitze des Berges, zur Wallfahrtskirche **Santuario della Madonna della Costa**, und bestaunt barocke Kuppelfresken aus dem frühen 18. Jahrhundert.

Sanremo – orthodoxe Kirche

Sanremo – Altstadt

Schon etwas weiter außerhalb an der Via Aurelia, der SS 1, östlich der Innenstadt (bzw. am Radweg) liegt die **Villa Nobel**, in der Alfred, der Dynamit-Erfinder, 1896 starb. Zu sehen ist noch ein Teil der Originaleinrichtung, darunter ein Schreibtisch, auf dem das handgeschriebene Testament liegt, als habe der Verblichene darin gerade erst seine Geld- und Ehrenpreise an die

Wissenschaft ausgelobt. Interessanter ist der Ausstellungsteil im Untergeschoß, wo einem die Erfindung des Dynamits erklärt, sein Nutzen für die zivile Wirtschaft erläutert und, wenn ich es richtig verstanden habe, die militärischen Folgen eher verschwiegen werden *(9:30–12:30 Uhr, Mo. geschlossen, 5€)*.

Alfred Nobel

Alfred Nobel (Betonung auf der zweiten Silbe) wurde am 21.10.1833 in Stockholm geboren und hatte dank des Reichtums seines Vaters, der in Russland unter anderem durch die Lieferung von Rüstungsgütern im sogenannten Krimkrieg reich geworden war, gute Startbedingungen und eine vortreffliche Ausbildung. Anlässlich einer Reise nach Frankreich lernte er Ascanio Sobrero kennen, der 1847 das Nitroglyzerin entdeckt hatte, ein hochexplosives, aber nicht praxistaugliches Sprengmittel. Bis zu diesem Zeitpunkt kannte man für alle militärischen und zivilen Aufgaben, bei denen Sprengstoff gefordert war, im wesentlichen nur Schwarzpulver, das nach heutiger Beurteilung eine lächerlich geringe Sprengkraft besessen hat (und inzwischen nur noch in der Pyrotechnik, beispielsweise bei frei erhältlichen Knallkörpern, verwendet wird).

Sanremo - Villa Nobel

Bald nach dieser Bekanntschaft richtete Nobel seine Interessen darauf, Nitroglyzerin als Sprengstoff in der Technik einzuführen, was deshalb schwer war, weil Nitroglyzerin überaus druckempfindlich ist. Man konnte und kann es daher nur schwer transportieren, ohne sich der ständigen Gefahr einer unkontrollierten Explosion auszusetzen. Andererseits explodiert es nur bei Druck. Man konnte aber schlecht einen Menschen beauftragen, mit einem Hammer oder auf ähnliche Weise eine Explosion auszulösen. Alfred Nobel erfand daher die sogenannte Initialzündung, bei der mittels Zündschnur eine kleine Schwarzpulverladung zur Sprengung gebracht wurde, die wiederum den erforderlichen Schlag zur Explosion des Nitroglyzerins auslöste.

Das Transport- und Lagerrisiko hatte man damit aber noch nicht im Griff. Nobel forschte deshalb weiter und gab nicht einmal auf, nachdem im September 1864 125 Kilogramm Nitroglyzerin und sein Laborschuppen in die Luft geflogen und dabei fünf Personen ums Leben gekommen waren, unter anderem Nobels jüngster Bruder. Obwohl man die Lagerung und den Transport weiterhin in keiner Weise beherrschte und sich weltweit immer wieder tödliche Unfälle ereigneten, war es Nobel offenbar schon zu dieser Zeit gelungen, Nitroglyzerin erfolgreich zu vermarkten.

Für den entscheidenden Durchbruch kam ihm aber ein purer Zufall zu Hilfe: Um das Nitroglyzerin beim Transport gegen Stöße zu schützen, wurde es in Kieselmehl (Kieselgur) gelagert. Eines Tages war flüssiges Nitroglyzerin aus einem leckenden Transportgefäß ausgetreten und hatte sich mit jenem Kieselgur zu einer breiigen Masse vermischt. Arbeiter informierten Nobel davon, der die Chance erkannte und das Mischungsverhältnis von Nitroglyzerin und Kieselgur optimierte. Nobel nannte das nun nicht mehr druckempfindliche Gemisch *Dynamit* und ließ es 1867 patentieren. Vor allem bestritt er bis zu seinem Lebensende den Zufall der Entdeckung.

Das »Sicherheitspulver« fand reißenden Absatz, und Nobel gründete Dynamitfabriken in der ganzen Welt. In den besten Zeiten waren es über 90, die ihm ein unermessliches Vermögen bescherten.

Die Entwicklung war aber noch nicht am Ende, und erneut ist strittig, ob Zufall oder Forschergeist dafür verantwortlich waren, dass Nitroglyzerin mit Kollodium vermischt worden ist, einem Desinfektionsmittel, das Nobel angeblich auf einen wunden Finger appliziert hat und das sich mit Nitroglyzerin zu einer geleeartigen Masse vermischt, der sogenannten »Sprenggelatine«, die noch stoßunempfindlicher, aber gleichermaßen sprengstark war wie Dynamit. Schließlich entdeckte Nobel das sogenannte *Ballistit*, eine Weiterentwicklung der »Sprenggelatine«, das vor allem als Sprengmittel für Geschütze eingesetzt worden ist.

Es ist umstritten, welchen Einfluss diese Erfindungen – Nobel wurden insgesamt 355 Patente zugesprochen – auf die Militärtechnik hatten. Für Handfeuerwaffen und Gewehre wurden offenbar die von ihm erfundenen Sprengmittel nicht verwendet, jedoch für großkalibrige Kanonen, erstmals im Deutsch-Französischen Krieg von 1870/71. Sicher ist, dass die österreichische Pazifistin Berta von Suttner, später die erste Trägerin des Friedensnobelpreises, für wenige Tage Nobels Privatsekretärin war. Und dass Nobel, der die Bedeutung seiner Erfindungen für die Waffentechnik kannte und der (für einen Fabrikanten, wie ihn, naheliegenden) Auffassung war, Hochrüstung verhindere Kriege, von Berta Suttner erheblich beeinflusst worden ist. Sicher ist

Schreibtisch von Alfred Nobel

auch, dass weite Bereiche der technischen Entwicklung ohne Dynamit nicht denkbar wären, der Kanal von Korinth beispielsweise sowie der erste Eisenbahntunnel durch den Sankt Gotthard.

Nobel blieb kinderlos und tat, was auch heute noch viele Kinderlose tun, er verfügte, dass sein Vermögen nach seinem Tod in eine Stiftung überführt werden sollte. Die Zinsen sollten alljährlich für die nach ihm benannten Preise verwendet werden. In seinem berühmten Testament vom 27. November 1895 legte er in Sanremo, bevor er am 10. Dezember 1896 starb, die Regeln fest, nach denen die Preise zu vergeben sind. Er wurde bei der Abfassung des Testamentes von Freunden unterstützt, er hielt aber den Beistand eines Rechtsanwaltes nicht für erforderlich.

Sanremo bietet unzählige Gelegenheiten für ein Abendessen und das Vorabendprogramm mit Cocktails oder Bittergetränken (wenn man sich umsieht, müssen die letzten Jahre für den Hersteller von *Aperol* Traumjahre gewesen sein, der übrigens in Deutschland mehr Alkohol in die Flasche füllt als in Italien, um nicht unter die Flaschenpfandverordnung zu fallen – 15 Prozent statt 11 Prozent). Wer ein authentisches Lokal sucht und die Altstadt nicht scheut, geht in die ***Spaghetteria Il Mulattiere*** *(Via Palma 11, man kommt, wenn man den Altstadthügel hochsteigt, fast von allen Richtungen daran vorbei, Tel. 0184 502662; Mi. geschlossen; sehr preiswert und urig)*. Nach unserem Geschmack gibt es aber im Sommer, wenn im Freien gedeckt wird, keine Alternative zu den Restaurants an der mit Orangenbäumen bestandenen Piazza Brescia, zwischen Via Roma (zu erkennen an den Oberleitungen) und dem alten Hafen. Hier findet sich ein **Ristorante** für jeden Geldbeutel. Wir haben für eine Vorauflage im ***Da Vittorio*** das Essen ebenso genossen wie die beschauliche Atmosphäre auf jenem Platz *(Piazza Brescia, Tel. 0184 501924; Mi. Ruhetag; gehobene Preise)*. Bei der letzten Reise und regnerischem Wetter fanden wir auch preislich das Essen im Tiefgeschoss des **Ristorante *Tortuga*** mindestens so gut

Sanremo - Piazza Brescia

(Via Nino Bixio 93/A, von der Piazza Brescia zur Küstenstraße beim Hafen und etwa 100 m nach Osten, das Lokal liegt dann links östlich und unterhalb einer Brücke, Tel. 0184 840307; Mo. und Di. geschlossen; noch mittlere Preise, kleine Karte).

Bussana Vecchia

Gleich östlich von Sanremo biegen wir zum Ruinendorf **Bussana Vecchia** ab (drei Kilometer lange, aber schmale Straße). Wie Baiardo (Tour 1) wurde auch Bussana am Aschermittwoch des Jahres 1887 vom Erdbeben so zerstört, dass die überlebenden Einwohner das Dorf aufgegeben und weiter unten neu errichtet haben. Auch in Bussana Vecchia sind erst in neuerer Zeit wieder Künstler sesshaft geworden und haben einen Teil der Ruinen notdürftig repariert. Das zog Touristen an und diese wiederum Gastwirte, sodass heute eine pittoreske Mischung aus Vergänglichem, Alternativem und Geschäftigem zu sehen ist. Ganz stark ist die Kirchenruine ohne Dach, aber fast intaktem Turm. Man muss sich nach meinem Eindruck beeilen, denn es wurde zuletzt beängstigend viel gehandwerkt. Parken Sie beim Friedhof vor dem Ortsschild, 600 Meter vor

Bussana-Vecchia – zerstörte Kirche

dem Ruinendorf. Leider gibt es auch hier kaum Parkplätze (Achtung bei der engen Parkplatzzufahrt, ein Leser hat sich hier die Trittstufe beschädigt – ein Stück weiter gibt es eine weitere Einfahrt). Mit einem WOMO von über 7,50 m Länge würde ich schon wegen zwei engen Serpentinen nicht bis ganz hinauf fahren, sondern im neuen Dorf auf halber Strecke (wo ich noch sicher wenden könnte, spätestens vor der Abzweigung bei N 43°49'47" E 7°50'00") irgendwo parken (jener Leser hat dort zu meiner Überraschung nichts gefunden) und musste in schätzungsweise 30 Minuten den Rest zu Fuß gehen. Es lohnt sich trotzdem!

Badalucco

Vor einigen Jahren, an einem grauen Ostersamstag, es lag uns nichts ferner, als auf einem Parkplatz am grauen Meer in Sanremo zu stehen, haben wir die Straße über Taggia (das wir gleich näher beschreiben werden) landeinwärts gewählt und sind noch am Nachmittag in **Badalucco** (1.500 Einwohner) oberhalb des Flüsschens Argentina gelandet. Das war eine reine Zufallsaktion. Neben uns standen nur noch zwei andere Wohnmobile, der Himmel war auch hier grau, aber im Café des Ortes bereitete man sich gerade auf Ostern vor: Man hob die

In Badalucco

Prosecco-Gläser, stillte den nachmittäglichen Hunger mit kleinen Schinkenhäppchen und besprach die Aktivitäten des langen Wochenendes. Seitdem besuchen wir das Dorf auf jeder Ligurienreise, auch wenn es außer dem sehenswerten Ortsbild, ein paar Wanderwegen und einem lohnenden Ölproduzenten keinen Grund für die Fahrt hierher gibt, seit im Ristorante *Il Ponte* Pizza oder gar nichts mehr aufgetragen wird. Mehrere Leser waren von den Kochkünsten und den Preisen in der kleinen Gaststube der ***Osteria Cian de Bià*** begeistert, die wir noch nicht überprüfen konnten. Es wird dort die Sitte des ligurischen Menüs wiederbelebt, mit neun Gängen, besonders Vorspeisen *(das Menü kostet 35 Euro – eine Karte gibt es nicht – und lohnt nach genannten Zuschriften alleine die Reise nach Badalucco; Via Silvio Pellico, das ist die Gasse südlich der großen Brücke nördlich des Zentrums; Tel. 320 6622079 oder 338 8930343; Mo. und Mi. geschlossen, Sie sollten rechtzeitig reservieren).*

Unser Übernachtungsplatz ist ein Parkplatz am Rand des Flüsschens Argentina, auf dem man das Wasser rauschen hört:

(016) WOMO-Parkplatz: Badalucco – südlich

GPS: N 43°54'48" E 7°50'43".
Max. WOMOs: 2-3.
Ausstattung: Keine.

Beschreibung: Der Asphaltplatz innerhalb der Bebauung ist in den letzten Jahren durch den Bau eines Parkhauses weiter geschrumpft und kommt nur noch für Fahrzeuge bis 6,50 m Länge, die ihr Heck etwas über die Rabatte ragen lassen können, infrage. Toilette und Wasser finden Sie an der alten Brücke, Gaststätten und Geschäfte sind wenige Schritte entfernt. Sie können hier wandern.
Zufahrt: Überqueren Sie am südlichen Ortsrand den Fluss und fahren Sie auf eine Parkfläche beim Sportplatz.

(017) WOMO-Parkplatz: Badalucco – nördlich

GPS: N 43°55'01" E 7°50'43", Via Ugo S. Partigiano. **Max. WOMOs**: 2-3.
Ausstattung: Keine.
Beschreibung: Der Asphaltplatz zwischen Häusern und Fluss ist ebenfalls nur für kleinere Fahrzeuge (vermutlich unter 7 m) geeignet und ist womöglich von Anwohnern belegt. Gaststätten und Geschäfte sind auch von hier nur wenige Schritte entfernt.

Ich biete Ihnen in diesem Nest zwei beengte Plätze an, weil wir uns irgendwann in das Dorf verliebt haben und weil Sie Lokale wie das oben empfohlene nur noch selten finden.
Zufahrt: Der Platz ist im nördlichen Ortsteil nördlich der breiten Brücke beschildert.

Das Dorf Badalucco ähnelt vielen anderen Ortschaften des ligurischen Hinterlandes. Man wundert sich, dass es noch derart geschlossen bewohnt ist, trotz Enge und mittelalterlicher

Anmutung. Irgendjemand hat sich mal darüber Gedanken gemacht, wie man den deutlich alternden Bewohnern Reize zum Bleiben bieten kann. Mit *Kunst am Bau zum* Beispiel. So werden anrührende Verschönerungsstücke an den Fassaden der Häuser präsentiert, hier ein keramischer Teller, beim Nachbarn eine bemalte Kachel, dann eine Vase, wieder ein Teller usw. Verwegene Künstler haben sich an den Fassaden versucht, mit Illusionsmalerei und *al fresco*. An allem nagt längst wieder der Zahn der Zeit. Um die Vorzüge dieses im Grunde völlig unbekannten Nestes zu vervollständigen, wollen wir noch eine prominente Adresse erwähnen: Nicht die **Kapelle Santa Lucia** aus dem 16. Jahrhundert, das kleine Bauwerk auf der unübersehbaren alten Brücke, sondern den **Olivenöl-Hersteller *Roi***, dessen Spitzenprodukt, das *Roi Carte noir Olio extra vergine di Oliva*, in guten Jahren eines der weltbesten Olivenöle, ist mild und hoch gelobt vom *'Feinschmecker'* und seinen europäischen Brüdern *(in der edelsten Qualität 18 € pro ½ Liter-Korbflasche, es gibt auch halb so teure Sorten und andere Köstlichkeiten; Via Argentina 1, das ist die Durchgangsstraße südlich des südlichen Stellplatzes; www.olioroi.com; wenn Sie vor dem Haus keinen Parkplatz finden, können Sie nach 500 m südlich des Ortes rechts der Straße vor einer Mauer parken).*

Illusionsmalerei in Badalucco

Taggiasca-Oliven

Bei *Olioroi* werden ausschließlich die sogenannten Taggiasca-Oliven verarbeitet, die nach der Kleinstadt Taggia benannt sind, welche Sie im weiteren Tourverlauf kennenlernen werden. Die Taggiasca-Olive ist die Olive Liguriens, sie ist unscheinbar klein und wird nicht nur zur Ölherstellung verwendet, sondern auch in Gläsern oder sogar lose verkauft.

Der Geschmack des Öls ist mandelsüß und zart, aber er enttäuscht den unerfahrenen Verkoster, der die bei uns gebräuchlichen kräftigen und bittereren Öle aus der Toskana oder gar aus Griechenland in seinem Geschmacksregister gespeichert hat. Sie müssen das Öl daher richtig einsetzen: Braten Sie damit kein Fleisch an, sondern nehmen Sie es (mit wenig Essig) zu Salat, tropfen Sie es über Fisch oder dippen Sie es einfach mit Weißbrot.

Die Bäume dieser Sorte wurden im 12. Jahrhundert von Benediktinermönchen eingeführt und wahrscheinlich erstmals im Tal der Argentina kultiviert. Ebenso wie im Gebiet der angrenzenden Côte d'Azur, denn die für den Nizza-Salat so typischen Niçoises-Oliven entsprechen von ihrer Größe und dem Geschmack den ligurischen Schwestern.

Gerüchteweise haben wir gehört, im vom Unwetter des Oktober 2020 teilweise beeinträchtigten **Tal der Argentina** fände man nördlich von Badalucco im Sommer verschiedene Badestellen. An Ostern tendiert unsere Vorstellungskraft eher zu Wintersport, denn oberhalb von **Triora** (400 Einwohner, Mitglied der *Borghi più belli d'Italia* – siehe 3. Tour) sind die Gipfel noch tief verschneit. Auf 765 Höhenmetern kommen wir bis weit in den April hinein den weißen Gipfeln erstaunlich nahe und wundern uns deshalb nicht über den

Triora

Leerstand der Häuser an der höchsten Stelle des Dorfes, wo der Wind an Ruinen nagt. Dennoch wohnen erstaunlich viele Menschen in diesem abgeschiedenen Teil Liguriens, und ein Teil von ihnen hat sich auf die Touristen eingestellt. Wo früher Gemüse verkauft wurde, sind es heute Hexen in allen Größen und Kitschformen. Das geht zurück auf Hexenprozesse während des Mittelalters und der Renaissance. Die Gemeinde hat einen Stellplatz eingerichtet:

(018) Offizieller WOMO-Stellplatz: Triora

GPS: N 43°59'42" E 7°45'39", Corso Bonfanti. **Max. WOMOs**: 10.
Öffnungszeit: Ganzjährig.
Ausstattung: Ver- und Entsorgung, Toilette und kalte Dusche (ohne Tür) quasi im Untergeschoß des Fußballplatzes.
Beschreibung: Sie übernachten klappstuhlgeeignet auf gewachsenem, mit Schotter befestigtem Untergrund und unter schattigen Rändern. Es sind Wohnhäuser in der Nähe, aber Sie stehen doch eher am Rand der Bebauung über einem leer stehenden Gebäude. Bäcker und Gaststätten sind etwa 350 m entfernt, der historische Ortskern gut 600 m.

Zufahrt: Das Gelände liegt nordwestlich oberhalb des Zentrums neben dem (großen) Sportplatz. Wenn Sie auf unserer Strecke auf den Ort zufahren, folgen Sie erst dem Wegweiser ins Zentrum und biegen dann bei merkwürdigen Terrassenhäusern und einer Mauer nach links Richtung *'Goina'* ab. Sie sehen ab hier einen blauen Parkplatzwegweiser.

Auf dem Weg nach Triora haben Sie **Molini di Triora** durchquert, das einen Stellplatz bereithält, auf dem die Besitzer größtmöglicher Wohnmobile ein Klubtreffen veranstalten könnten. Bis hierher ist die Straße auch ausreichend breit. Das letzte Stück hinauf nach Triora ist schon deutlich schmaler, wenngleich auch hier Wohnmobile normaler Größe nur dann ein wenig rangieren müssen, wenn der Linienbus entgegenkommt. Wer nichts

Molini di Triora

riskieren will, wandert in einer guten Stunde schweißtreibend hinauf nach Triora und hat sein WOMO häufig im Blick. Vom Stellplatz blicken Sie auf eine historische Eselsrückenbrücke, die das Unwetter vom Oktober 2020 überstanden hat:

(019) WOMO-Parkplatz: Molini di Triora

GPS: N 43°59'12" E 7°46'35", SP 65. **Max. WOMOs**: 15.
Ausstattung: Spielplatz.
Beschreibung: Sie stehen außerhalb der Bebauung teilweise im Schatten überwiegend auf Schotter und können Klappstühle benutzen. Das Gesamtgelände leidet unter den Hochwasserfolgen des Unwetters vom Oktober 2020 (siehe Tour 1). Bei unserer letzten Nachschau fanden Bauarbeiten am Flussbett und seitlich desselben statt, weshalb der Platz weniger attraktiv war. Ins Zentrum mit mindestens einer Gaststätte sind es 600 m.
Zufahrt: Das unübersehbar große Gelände am Flussufer liegt seitlich der Straße, im Bereich der Abbiegung nach Pigna und unterhalb einer Tankstelle.

Molini di Triora ist bekannt wegen seiner stillgelegten Wassermühlen und wegen der Schnecken. Das feuchte Terrain bot einst ideale Bedingungen, weshalb man noch heute am ersten Sonntag im September das Schneckenfest feiert. Die dann verspeisten Weichtiere werden allerdings nicht mehr vor Ort gesammelt (oder gefangen?).

Von Molini di Triora fahren wir hinauf zum Pass **Colla di Langan** (1.130 m), dessen Zufahrt von Westen ich bei der 1. Tour als schmal und weniger empfehlenswert beschrieben habe. Von Osten ist die Straße breiter. Und ab und zu loben mich Leser, wenn ich einsame Stellplätze empfehle. Diese Minderheit bekommt nun Gelegenheit zu einer weiteren Mutprobe:

(020) WOMO-Parkplatz: San Giovanni di Prati

GPS: N 43°57'19" E 7°45'09", SP 75, 1.000 m.
Max. WOMOs: 5-8.
Ausstattung: Picknick-Bänke, Wanderwege.
Beschreibung: Sie stehen außerorts und sehr einsam auf einer klappstuhlgeeigneten, schönen Wiese am Waldrand bei einer Kapelle. Wanderwege sind beschildert.
Zufahrt: Wählen Sie in Molini di Triora die Straße nach Pigna. Kurz vor Erreichen des Passes Colla di Langan zweigt nach links ein schmales Sträßchen Richtung Baiardo ab. Noch vor Erreichen des 1.600 m hohen Monte Ceppo kommen Sie an der idyllischen Wiesenlichtung bei einer Benediktinerkirche vorbei.

Wir haben keine eigenen Erfahrungen mit diesem Stellplatz, den wir nur bei Tag betrachtet (und für diese Auflage nicht nachrecherchiert) haben. Die Straße diente ursprünglich militärischen Zwecken, genauso wie vermutlich die in der Nähe der Kirche nicht mehr bewohnten Häuser, deren heutigen Zweck wir nicht kennen. Am 24. Juni versammeln sich Gläubige auf der Wiese im Gedenken an Johannes den Täufer.

400 Meter westlich des Passes **Colla di Langan** Richtung Pigna zweigt die beschilderte Zufahrt zu einem hoch gelegenen Agriturismo ab:

(021) WOMO-Stellplatz: Colla di Langan
Agriturismo Il Rifugio

GPS/Kontakt: N 43°58'03" E 7°43'22", Castelvittorio, Loc. Langan, 1.125 m, Tel. 0184 241661; www.agriturismoilrifugio.it/index.htm.
Max. WOMOs: 10. **Öffnungszeit**: Unbekannt.
Ausstattung: Toilette, solarbeheizte Dusche, Gaststätte mit lokalen Gerichten und einem Menü.
Beschreibung: Sie urlauben abgeschieden auf einer Bergwiese inmitten verschiedener Bauernhoftiere, darunter einem Esel und verweilen in einem Wanderrevier. Der Blick reicht an klaren Tagen bis zum Meer.
Preis: 25 €.
Zufahrt: Der Platz ist an der SP 65 Richtung ‚*Pigna*' nicht zu übersehen. Ab der Passhöhe ist die Weiterfahrt nur für Fahrzeuge bis 3,5 t erlaubt. Mit einem schwereren Fahrzeug müssen Sie das Verbot auf 400 m missachten, was hier niemand ahndet.

Ich habe Ihnen, wie erwähnt, bei der 1. Tour von der Strecke nach Pigna abgeraten. Theoretisch können Sie alternativ ab San Giovanni di Prati auf sehr schmaler, aber auch wenig befahrener Strecke nach Baiardo (Tour 1) weiterfahren, was wir im April nicht ausprobieren konnten. Die Straße war nach der Kirchenwiese noch wegen Schneeresten gesperrt (Leser haben von in die Straße ragenden Ästen berichtet).

So kehren wir am Pass um und gelangen auf der Route des Hinwegs über Badalucco zurück nach **Taggia** (1.500 Einwohner, Mitglied der *Borghi più belli d'Italia* – siehe 3. Tour), wo wir schon am Vortag einen flüchtigen Blick auf die flache, bestens erhaltene **mittelalterliche Bogenbrücke** geworfen haben, die ein breites Flusstal quert. Dieser Blick nach Norden stellt einen vortrefflichen Kontrast zu der nahe dahinter aufragenden, dasselbe Tal, jedoch in neuzeitlichen Dimensionen überspannenden Autobahnbrücke her. Als wir in Taggia parken, um uns alles in Ruhe anzusehen, um unseren Fuß auf die Kieselsteinpflasterung des alten

Taggia

Brückenbauwerks zu setzen, bemerken wir südlich noch eine dritte Brücke über die Argentina, die normale Straßenbrücke, und wir finden, dass dieses Hintereinander der drei Übergänge eine seltene, literarisch wenig beachtete Sehenswürdigkeit ist. Wie überhaupt der alte Kern von Taggia mit angegammelten Palästen, schönen Arkaden und anderen mittelalterlichen, ordentlich beschilderten Überresten liebens- und sehenswert ist.

Wobei es fast zum ligurischen Pflichtprogramm gehört, den **Convento San Domenico** zu betrachten. Zunächst suchen wir in der Altstadt vergeblich nach diesem ehemaligen Kloster, weil uns niemand verraten hat, dass es am Hang außerhalb der Stadt liegt. Spazieren Sie durch die südlichen Altstadtbereiche ein paar Schritte bergauf, und Sie werden dort einen Wegweiser zu einem angenehmen Weg entlang des Hangs nach Süden finden. Die Entfernung ist kein Problem, Sie brauchen etwa 15 Minuten, um sich einen **Kreuzgang** mit Fresken, die das Leben des Heiligen Domenicus darstellen, anzusehen, vor allem aber den berühmten **Flügelaltar** der sogenannten *Schutzmantelmadonna (Madonna della misericordia)* von Ludovico alias Luis Brea. Die *Taufe Jesu* in der linken Seitenkapelle stammt vom selben Künstler, der dabei möglicherweise von seinem Bruder Antonio, alias Antoine, unterstützt worden ist. Sogar in den Wandnischen sind Tafelbilder der Brea-Brüder gehängt. Während der Ostermesse treten wir arglos in die Kirche, gerade rechtzeitig, um von zahlreichen Mitgliedern der Gemeinde, dem Pfarrer und den Messdienern die Ostergrüße entgegenzunehmen; per Handschlag und wie unter alten Freunden *(9 – 11:30 und 15 – 17:30 Uhr; Mo. geschlossen).*

Taggia – Flügelaltar

In Strandnähe wurde in der Nachbarschaft von Mehrfamilienhäusern ein Großparkplatz angelegt, auf dem wir im Sommer keine Ferientage verbringen würden, auf dem man aber gut übernachten kann, wenn man sich dort tagsüber nicht länger aufhält:

(022) Offizieller WOMO-Stellplatz: Arma di Taggia

GPS: N 43°49'59" E 7°51'29", Argine Destro.
Max. WOMOs: 40.
Öffnungszeit: Ganzjährig.
Ausstattung: Mülleimer.
Beschreibung: Theoretisch können Sie Ihre Klappstühle auf Schotter in die Sonne stellen, Spaß macht das hier aber nicht, von der nahen Baustelle ganz abgesehen. Den Badestrand erreichen Sie nach 150 m, ein Supermarkt grenzt an, Gaststätten sind ebenfalls nicht weit. Das Gelände liegt am Radweg nach Sanremo und Imperia, man kann von hier auch wandern, beispielsweise nach Bussana Vecchia oder Taggia.
Preis: 15 €, zuletzt meistens kostenlos.
Zufahrt: Der Stellplatz liegt direkt westlich der Flussbrücke am Rand des Hafens. Biegen Sie westlich der Brücke bei einer Verkehrsinsel von der SS 1 ab *('Stazione')*, dann aber rechts (!) am Fluss entlang und vor dem Hafen erneut rechts.

Auf dem weiteren Weg nach Westen können Sie in **Santo Stefano al Mare** (2.100 Einwohner), das im Gegensatz zu seinem modernen Jachthafen ein touristisch noch nicht hochgerüstetes Dorf geblieben ist, unter einem privat betriebenen, aber vom Meer abgelegenen Stellplatz und einer Alternative direkt am Meer wählen:

(023) Offizieller WOMO-Stellplatz: Santo Stefano al Mare *Camper Village*

GPS/Kontakt: N 43°50'40" E 7°54'31", Strada Porsani, Tel. 331 2660633; www.campervillage.it/index.php. **Max. WOMOs**: 40.
Öffnungszeit: Ganzjährig.
Ausstattung: Ver- und Entsorgung, Toilette, Dusche, Strom, Pool, Mülleimer, Shuttle zum Strand
Beschreibung: Das überwiegend schattenlose Gelände außerhalb der Bebauung ist eher ein Campingplatz, allerdings stehen Sie dichter. In den Ort mit Gaststätten und Geschäften sind es etwa 1,2 km, im Ort gibt es neben dem Bezahlstrand auch einen schmalen freien Strand.
Preise: Im Sommer 25 € sonst 20 €.
Zufahrt: Der Platz ist an der SS 1 im östlichen Ortsteil Cavi beschildert.

(024) Offizieller WOMO-Stellplatz: Santo Stefano al Mare *Marina degli Aregai*

GPS: N 43°50'13" E 7°54'21", Lungomare G. D'Albertis.
Max. WOMOs: 15.
Öffnungszeit: Ganzjährig.
Ausstattung: Mülleimer.
Beschreibung: Sie übernachten klappstuhlgeeignet, schattenlos auf Asphalt, aber direkt am Meer. Zum Strand muss man allerdings ein Stück nach Westen ge-

hen (der Strand direkt am Platz ist steinig und von Seegras verunreinigt). In das Zentrum mit Geschäften und Gaststätten sind es 600 m. Sie stehen direkt am Radweg nach Sanremo und Imperia. An der Parkplatzeinfahrt befindet sich eine Höhenbarriere, die nach unseren Erfahrungen seit Jahren offensteht, aber sicher einen Sinn hat. Der Platz ist wegen der guten Lage häufig belegt; höchstens 48 Stunden.
Preis: 15 €/Tag per Parkschein oder App, es wird häufig kontrolliert.
Zufahrt: Biegen Sie östlich des Zentrums von der SS 1 zum Hafen ab *(‚Marina degli Aregai')*. Und fahren Sie dann auf die unterste Terrasse.

Lingueglietta

Bald nach diesem Stellplatz schickt Sie ein erster Wegweiser von der SS 1 landeinwärts auf die SP 77 über Cipressa nach **Lingueglietta** (120 Einwohner im Dorf selbst), und wenn man Ihnen verrät, dass der Ort zu den *Borghi più belli d'Italia* gehört, werden Sie hinfahren. Die Strecke ist problemlos, und das Parken scheint nur so lange schwierig, bis Sie bemerken, dass Sie Ihr WOMO nicht auf dem Dorfplatz abstellen sollten, sondern diesen in einem Linksbogen umrunden müssen, um westlich der Häuser einem Parkplatzschild bergab vor ein kleines Fußballfeld zu folgen. Wenn der Ort mehr als nur ein Ristorante bieten würde, hätte es uns gereizt, hier sehr ruhig, wenngleich ein wenig abgelegen zu übernachten [**025**: N 43°52'05" E 7°55'38"; kleine Mülleimer, klappstuhlgeeignet]. Das Dorf wird von Zweitwohnungsbesitzer dominiert, interessant sind besonders der Blick zum Meer und die bemalten Stromverteilungskästen.

Seitdem der kleine Parkplatz über dem Meer bei Piani Paorelli, westlich von Santo Stefano al Mare, mit Steinen verrammelt ist, bietet es sich an auf der östlichen Zufahrt von Lingueglietta ans Meer bei **San Lorenzo al Mare** (1.500 Einwohner) zurückzufahren. Ein privat betriebener Stellplatz liegt dann an der Strecke:

(026) Offizieller WOMO-Stellplatz: San Lorenzo al Mare
Il Pozzo

GPS/Kontakt: N 43°51'18" E 7°57'38", Via Gaetano Savemini, Tel. 339 3326961; www.campeggioilpozzo.it/. **Max. WOMOs**: 25. **Öffnungszeit**: Ganzjährig. **Ausstattung**: Ver- und Entsorgung, Toilette, Dusche, Spülbecken, Strom, Mülltonnen, klappstuhlgeeignet, kleiner Pool. **Beschreibung**: Die Einrichtung nennt sich *Campeggio*, was Ihnen sagt, dass Sie mehr Camping- als Stellplatz erwarten dürfen. Zum Meer, dem Zentrum und dem Radweg nach Sanremo sind es ca. 650 m. Einen Supermarkt finden Sie in der Nähe. **Preise**: 18 – 35 € je nach Jahreszeit. **Zufahrt**: Die Zufahrt ist ab der SS 1 beschildert, auf unserem Weg von Norden kommen Sie am Platz vorbei.

Noch weiter vom Meer entfernt ist der familiäre Campingplatz, der nur etwa zehn Parzellen bereithält, weil ein größerer Teil seiner Flächen mit festen Behausungen belegt ist. Wir wollten eigentlich nur mal vorbeischauen, um unsere Pflicht gegenüber den Lesern* zu erfüllen – und sind zwei Nächte geblieben, was für unsere Verhältnisse fast schon eine Ewigkeit ist:

(027) WOMO-Campingplatz: San Lorenzo al Mare
Il Persiano

GPS/Kontakt: N 43°51'57" E 7°57'50", Via Civezza 133, 32, Tel. 0183 91994; https://campingilpersiano.com/it/campeggio. **Öffnungszeit**: Ganzjährig. **Ausstattung**: Pool, sehr nettes, gutes und preiswertes Restaurant, Brotverkauf.

Beschreibung: Sie stehen oberhalb des Schwimmbeckens unter uralten Olivenbäumen am Hang. Ein erstaunlich gut sortierte Supermarkt an der Zufahrt ist 650 m entfernt. An den Strand und in den Ort sind es etwa 1,7 km bergab. Und die Freundlichkeit der Betreiber übertrifft alles. Reservieren

Sie oder reisen Sie am Vormittag an. Interessenten müssen reihenweise weggeschickt werden. Es gibt auch einen Nachteil: Je nach Windrichtung hören Sie Geräusche von der nahen Autobahn, wenn Laster über die Fugen am Beginn einer Brücke brettern. **Preise**: 33 – 39 €.
Zufahrt: Der Platz an der Straße nach Civezza ist an der SS 1 beschildert.

Früher konnte man westlich von Imperia in Meernähe übernachten. Der Platz wurde aber gesperrt. Dessen Ersatz weiter landeinwärts hat noch Entwicklungspotenzial:

(028) Offizieller WOMO-Stellplatz: Imperia

GPS: N 43°52'24" E 7°59'46", Via Maurizio Caprile 5. **Max. WOMOs**: 20.
Öffnungszeit: Ganzjährig.
Ausstattung: Ver- und Entsorgung, Strom, Mülleimer.
Beschreibung: Ihre Klappstühle stehen am Rand der Bebauung auf Schotter und nur im Schatten der eigenen Markise. Der öffentliche Badestrand ist 700 m entfernt (gehen Sie zu Camping Eukalyptus; Näheres siehe dort). Der Fußweg in die Altstadt misst 1,8 km. Nach meinem Eindruck stört die nahe Autobahnbrücke nicht, aber wir haben hier nicht übernachtet (und würden das auch nur im Notfall tun). **Preis**: 12 € für 36 Stunden.
Zufahrt: Der Stellplatz liegt westlich von Porto Maurizio an der Straße nach Dolcedo links eines Kreisverkehrs.

Besser ist der Campingplatz am Hang des Stadtteils Porto Maurizio, der so gut wie am Strand liegt. Ich hätte schon längst mal genauer nachsehen müssen, um zu bemerken, dass dem vorderen Platzteil – direkt an der Straße und mit dichtstehenden Dauercampern – weiter hinten ein schönes Gelände für Urlauber folgt:

(029) WOMO-Campingplatz: Imperia
Camping Eucalyptus

GPS/Kontakt: N 43°52'15" E 8°00'16", Via d'Annunzio, 32. Tel. 0183 61534; www.campingeucalyptus.com/de/.

Öffnungszeit: Ganzjährig.
Ausstattung: Campingplatzüblich.
Beschreibung: Sie urlauben im ehemaligen Park einer Villa mit schönem alten Baumbestand und Oleanderbüschen. Der Strand liegt direkt jenseits eines Kreisverkehrs, der durch zwei Unterführungen untergangen wird (gehen Sie auf dem Campingplatz rechts um die Ecke an der Rezeption vorbei). Einem kleinen steinigen Strand folgt 150 m weiter westlich ein breiter öffentlicher Sandstrand.
Geschäfte und Gaststätten finden Sie in der Nähe, einen Supermarkt nach etwa 200 m westlich. Zu Fuß in die Altstadt sind es 1,2 km, wenn Sie die Strandpromenade benutzen (am Campingplatz durch die Unterführung)! An dieser Promenade entdecken Sie nach 200 m einen guten Bäcker. Keine ernsthaft störenden Straßengeräusche! **Preis**: 33 €.
Zufahrt: Der Platz ist an der SS 1, direkt westlich des Stadtteils Porto Maurizio, also westlich von Imperia, beschildert. Fahren Sie auf den hinteren Teil!

Imperia-Porto Maurizio – Strand bei Camping Eucalyptus

Imperia (42.600 Einwohner) wirkt wie zwei Städte, denn die beiden erstaunlich weit voneinander entfernt liegenden Stadtteile **Porto Maurizio** und **Oneglia** wurden im Jahre 1923 vom Diktator Mussolini zwangsvereint und mit dem Namen Imperia versehen – nach dem Fluss Impero. Gemeinhin gilt Porto Maurizio wegen seines harmonischen Altstadthügels mit vielen Aussichtspunkten als schön und besuchenswert und das östliche Oneglia wegen seiner Industrie eher als hässlich. Wir teilen diese Auffassung so nicht, jedenfalls nicht an einem geschäftigen Werktagmorgen im Frühjahr, wenn wir in Oneglia unter den für das Piemont und Ligurien so typischen Arkaden ein buntes Treiben und vielfältige Schaufenster entdecken.

Imperia-Porto Maurizio

Oder wenn wir gar am Samstag über den Markt schlendern und in einem klassischen Café hängen bleiben. Mussolini war in Oneglia Volksschullehrer, bevor er in Rom die Macht übernommen hat. Wahrscheinlich wollte er der Stadt seiner ehemaligen Wirkungsstätte durch Vergrößerung mehr Bedeutung verschaffen. So wurde Imperia und nicht Sanremo Provinzhauptstadt. Auch dem Gebäude der Provinzverwaltung sieht man Ideologie und Baualter sehr gut an.

Falls Sie ein abendliches Restaurant suchen und oberhalb des (westlichen) Strandes auf Porto Maurizio zugehen, ist die Versuchung groß, in einem der Uferlokale hängen zu bleiben – es muss ja nicht das michelinbesternte sein. Glücklicherweise haben wir bis zu den obersten ältesten Häusern des Stadthügels durchgehalten, um auf dem öffentlichen Pflaster vor der ***Osteria del Olio Grosso*** das regionale, bodenständige Fünfgangmenü zu probieren – für 35 Euro einschließlich Wein und Wasser *(Via Parasio 36, orientieren Sie sich möglichst mit Google Maps; Tel. 0183 60815; Mi. geschlossen; Sie können auch preiswerte Einzelgerichte bestellen; Foto S. 256).*

Es lohnt sich, von Imperia (Einmündung bei *Camping Eucalyptus*) etwa acht Kilometer landeinwärts nach **Dolcedo** (1.300 Einwohner) zu fahren, in ein außergewöhnlich malerisches Dorf, Zierde unseres **Titelbildes** und Teil unserer persönlichen **Top Ten**, mit dezenter touristischer Infrastruktur und

vielen deutschen Zweithausbesitzern. Ein ehemaliges Tennisgelände dient als Parkplatz und eignet sich für die Nacht. An der Dauerhaftigkeit dieses Tipps habe ich früher gezweifelt, aber über die Jahre hat sich nichts verändert (nur die beengende Einzäunung des früheren Tennisplatzes ist weggefallen und der ehemals rote Belag hat sich gelöst):

(030) WOMO-Parkplatz: Dolcedo

GPS: N 43°54'20" E 7°57'09", Via Giovanni Boine. **Max. WOMOs**: 5.
Ausstattung: Keine.
Beschreibung: Sie stehen auf betoniertem Untergrund am Rand der Bebauung. In das Zentrum zu Bäcker, Metzger und Lebensmittelladen sind es 200 m. Das ist ein relativ gut gelegener Platz, auf dem man sich nicht tagsüber aufhält, sondern von dem man loswandert, danach vielleicht essen geht, übernachtet und am nächsten Tag weiter fährt.

Zufahrt: Der Platz liegt am Ortseingang seitlich der süd-westlichen Zufahrt nach Dolcedo. Achtung: Wenn Sie von Imperia kommen und die nordöstliche der beiden Zufahrtsstraßen von Imperia gewählt haben, müssen Sie über die Flussbrücke fahren und danach links, aber im Tal bleiben; der Stellplatz liegt dann am Ortsausgang.
Sinnvollerweise fahren Sie nach Dolcedo, indem Sie schon am ersten Kreisverkehr nach dem Kreisverkehr der Autobahnabfahrt *Imperia-Ovest* den Fluss überqueren (weiter im Landesinnern ist die Brücke ziemlich schmal).
Hinweis: Die Fahrbahn auf den eigentlichen Parkplatz könnte für Fahrzeuge über 7,50 m Länge schwierig sein, wenn (vor allem gegen Abend) zu viele Autos ungeschickt parken. Das Verlassen des inneren Parkplatzes wird für größere WOMOs schwer, falls an der Zufahrt Pkw im Halteverbot stehen.

Bei der Gastroempfehlung werden wir hier profund beraten: Ein Freund, der in Dolcedo seit Jahrzehnten ein Ferienhaus besitzt, hat eine Vorauflage mit spitzen Fingern zur Seite gelegt, weil ich ein von der einheimischen Bevölkerung gemiedenes Lokal empfohlen hatte. Das soll nicht wieder vorkommen, und ich rate zum **Ristorante *da Tunu***, das sich seit einem Betreiberwechsel höchster Beliebtheit erfreut *(vor der Brücke, Tel. 0183 280002; schöne Terrasse nach hinten; preiswert)*. Immerhin hat jener Freund unsere positive Beurteilung des örtlichen Olivenölproduzenten *Pietrantica* geteilt. Wir haben den 5-Liter-Kanister eingepackt und das nicht bereut, denn auch die Alteingesessenen loben das Fehlen zugekaufter Provenienzen aus dem Tanklaster. Der Laden liegt rechts vor der überbauten **Piazza Doria**, in der Sie leicht die an einer Hauswand stehenden steinernen Hohlmaße für Öl und Wein aus dem 17. Jahrhundert übersehen und wo wir auch loswandern:

Von Dolcedo nach Valloria und Tavole

Gehen Sie in **Dolcedo** über die überbaute **Piazza Doria** und durch den Hof der Kirche San Tommaso in die *Via dei amici*, spazieren Sie am Bach entlang und sodann über eine **große Steinbrücke** bergauf. Danach wandern Sie links, an einer weiteren kleinen Kirche vorbei, geleitet von einer roten, stellenweise auch blauen Markierung, stets bergauf nach Norden. Der Weg verläuft beinahe schnurgerade und steigt stetig an.

Nach 45 bis 60 Minuten sehen Sie rechts ein letztes Haus, der Weg wird für ein kurzes Stück etwas steiler und steinig und endet an einem Strommast. Dort gehen Sie ein kurzes Stück links bis zur bald folgenden, nächsten Gabelung, wo Sie nicht den rechten Weg aufwärts wählen, sondern den linken Weg, auf dem Sie zunächst nicht weiter ansteigen müssen (Sie dürfen niemals deutlich abwärts gehen und niemals auf Wege gelangen, die kurz nach ihren Abzweigungen auf Häuser stoßen). Auf der Westseite des Hangs gewinnt der Weg bald doch wieder etwas an Höhe, er geht auf Beton über und endet am **Paso della Valle**.

Valloria

Ein kleines Holzschild zeigt Ihnen die Passhöhe an, und ein kluger Wanderer hat vermerkt, dass der Weg nach Valloria nach rechts abzweigt. Ganz anders als Sie das bei der Lektüre der Kompasskarte, die Sie für diese Wanderung vergessen können, vermuten (die Karte – jedenfalls unsere Auflage – schickt Sie nach links, wo Sie nach unseren Erfahrungen scheitern). Wenn Sie am braunen Holzschild artig rechts gegangen sind, werden Sie bald bequem an einem Brunnen vor den ersten Häusern von **Valloria** ankommen. Wandern Sie weiter geradeaus und erst dann nach links über eine Treppe (!) hoch ins Dorf, das wir Ihnen weiter unten als Geheimtipp beschreiben.

An dem kleinen Dorfplatz und gegenüber der Kirche leitet Sie der Wegweiser ‚*Santuario San Giuseppe*' bergauf zu einer freistehenden Kapelle, an der Sie rechts vorbei stiefeln. Zunächst halten Sie nach dem Santuario die Höhe und wenden sich erst 100 m bis 200 m später beim Wegweiser ‚*Tavole*' nach links auf einem alten Pflasterweg bergauf. Nun können Sie sich nicht mehr verirren, weil der Weg im Bergdorf **Tavole** endet, wo unterhalb der Kirche in einem kleinen Lokal eine Erfrischung wartet.

Heimwärts nehmen Sie dieselbe Strecke. Vielleicht fällt Ihnen erst jetzt kurz hinter Tavole und hinter einer Kirche, die an einer grünen Wiese steht, ein **besonderes Ferienhaus** auf, ein beliebtes Wanderziel von Architekturstudenten, denen aber nur ein Blick aus der Entfernung vergönnt ist. Architekten jener Immobilie, der *Casa de Piedra*, waren zwischen 1982 und 1988 Jacques Herzog und Pierre de Meuron, die Planer der Allianz Arena in München, des Nationalstadions in Peking und der Elbphilharmonie in Hamburg.

Für die überaus lohnende Wanderung, die bei heißem Sommerwetter nicht empfehlenswert ist, benötigen Sie **4 bis 5 Stunden**.

Valloria ist ein Dorf in den Bergen. Wie so viele andere in Ligurien und trotzdem ein kleiner Geheimtipp, weil man sich dort alle Mühe gegeben hat, touristisch reizvoll zu werden. Legendär, von uns allerdings noch nicht getestet, sind die beiden Feste

an den ersten Wochenenden im Juli und August. Damit aber das ganze Jahr über nicht nur die Wanderer den kleinen Ort besuchen (siehe unsere obige Wanderung), kam vor einigen Jahren jemand auf die Idee, die alten **Haustüren** zu verschönern. Jedes Jahr werden bis zu fünf neue Pforten ausgewählt, die laienhaft, aber auch von namhaften Künstlern mit den verschiedensten Motiven bemalt werden. Es hat den Anschein, als würde es bald schwer werden, noch eine unbehandelte Pforte zu finden. Diverse Publikationen haben sich mit den inzwischen 108 bemalten Türen beschäftigt. Neuerdings gibt es sogar Wartelisten, weil es zum guten Ton unter Italiens Künstlern gehört, sich auf einer Tür in Valloria verewigt zu haben. Und der vor 20 Jahren nahezu verlassene Ort blüht immer mehr auf – wenn auch in der Hand von Zweithausbesitzern.

Valloria – bemalte Haustüren

Wenn Sie schon auf den Spuren unbekannter Sehenswürdigkeiten wandeln, können Sie noch in das nächst höher gelegene Dorf fahren oder wandern, nach **Tavole**, wo Sie wenigstens von Ferne betrachten dürfen, dass berühmte Architekten auch in der Lage sind, ein **beeindruckendes Ferienhaus** zu planen (Näheres dazu siehe am Ende der vorstehenden Wanderung).

Einigen Quellen zufolge endet bei Imperia die sogenannte Blumenriviera, bzw. es beginnt die Palmenriviera. Wir konnten dafür keine Anzeichen entdecken. Ebenso wenig wie für die begriffliche Differenzierung der beiden Küstenabschnitte. Wir greifen das dennoch gerne auf: Wo könnte unsere nächste Tour besser beginnen als dort, wo auch die Palmenriviera ihren Anfang nimmt?

Tour 3: Die Palmen- und Strandriviera – Der Westen 45 km

Diano Marina – Cervo – Laigueglia – Alassio

Stellplätze: in Diano Marina, in San Bartolomeo al Mare, in Alassio

Campingplätze: in Diano Marina, in Cervo

Besichtigen: Cervo, Laigueglia, Alassio

Wandern: bei Cervo, oberhalb von Alassio

Essen: Pizzeria *Fradiavolo* oder Ristorante *Tavernazero* in Diano Marina, Ristorante *Serafino* in Cervo

Westlich von Imperia beginnt also die Palmenriviera, zumindest inoffiziell (offiziell beginnt sie bei Alassio). Aber die Palmen werden nicht merklich mehr (und schon gar nicht gesünder), genauso wenig wie die Blumen weniger würden. Die Strände hingegen werden breiter und sandiger, endlich so, wie sie sein sollen. Und die Stellplätze am Meer oder in dessen Nähe werden deutlich besser. Vor allem werden sie zahlreicher. Leider ist der Strand nahezu flächendeckend in der Hand von privaten Vermietern:

Strandbäder

Wer ein und denselben italienischen Strand zu unterschiedlichen Jahreszeiten besucht, wird sich verdutzt die Augen reiben: Wo das gesamte Strandgelände an Ostern noch für alle

Welt frei zugänglich war, wurden mit dem Beginn der Badesaison säuberlich Liegestühle aufgereiht. Und wer glaubt, sich auf dem schmalen Stück des Sandes zwischen der vordersten Stuhlreihe und dem Meer niederlassen zu können, wird schnell enttäuscht. Nur vorbeigehen ist erlaubt, nicht einmal stehen bleiben.

Dabei sind die Liegen den größten Teil des Sommers über vorwiegend unbenutzt, während sich auf den übrig gebliebenen Strandabschnitten, dem sogenannten öffentlichen Strand, die Badegäste drängen. Erst ab Beginn der Feriensaison, dann aber bis weit in den September, werden die Sonnenstühle deutlich in Anspruch genommen. Wer angesichts solcher Bedingungen mal eben das unbequeme Handtuch mit der behaglichen Strandliege tauschen möchte, wird beim Betrachten der Preisliste schnell Abstand nehmen: Bis zu über 30 Euro kann der Spaß am Tag kosten – nicht für die ganze Familie, sondern pro Person, und kürzere Mietzeiten von wenigen Stunden werden nicht überall angeboten (stellenweise wird aber differenziert zwischen reinem Eintritt, Liegestuhl, Sonnenschirm etc.).

Das ist ein Missstand, der von den bisweilen bereit gehaltenen Umkleidekabinen der *Stabilimenti* und den aufgestellten Sonnenschirmen bei Weitem nicht aufgewogen wird, und leider hat die öffentliche Hand mehr und mehr Privatlizenzen vergeben. Wundern Sie sich also nicht, wenn einer Ihrer früheren Lieblingsstrände oder ein von uns empfohlener Abschnitt plötzlich privatisiert worden ist. Seit dem Jahr 2001, in dem die Zahl privat betriebener Strände noch unter 5.600 gelegen hat, ist jene auf über 30.000 angestiegen.

Man geht inzwischen davon aus, dass mehr als 50 Prozent aller italienischen Strände privaten Lizenznehmern überlassen worden sind (in Diano Marina und ähnlich frequentierten Badeorten sind es gefühlte 90 Prozent). Zu Bedingungen, die oftmals keiner ausreichenden öffentlichen Kontrolle unterliegen. Man vermutet, dass größere Strandabschnitte in der Nähe von Rom fest in der Hand der Mafia sind, und wundert sich nicht, dass die EU-Kommission schon im Jahr 2012 die italienische Regierung unmissverständlich und unter Fristsetzung aufgefordert hat, ab dem Jahr 2016 die Konzessionen für die *Stabilimenti* alle vier Jahre auszuschreiben oder zu versteigern, jedenfalls einen fairen Wettbewerb unter den Konzessionsnehmern zuzulassen. Grund und Boden der Strände gehören nämlich dem Staat, der es bislang ohne korrekten Wettbewerb zugelassen hat, dass italienische Strandpächter rund 15 Milliarden Euro im Jahr umsetzen. Manche Konzessionäre zahlen angeblich nur einen Euro pro Quadratmeter und Jahr!

Sciopero! (Streik), lautete darauf die Antwort der Betreiber – in der besten Reisezeit, Anfang August des Jahres 2012. Und man fragt sich, ob die Wettbewerbshüter aus Brüssel bei ihrem Bestreben um einen gerechten Wettbewerb nicht die Mietpreise weiter anheizen, wenn eines Tages derjenige Pächter eine Lizenz erhält, der am meisten für sein Recht bezahlt hat.

In Italien regt sich schon länger Widerstand gegen das Strandgeschäft. Aber nicht alle hoffen, dass den Umweltschützern derselbe Erfolg gelingt wie im Jahr 2011, als die Regierung Berlusconi die Lizenzen, an Stränden Waren verkaufen zu dürfen, auf 90 Jahre vergeben wollte, was dem Bau massiver Strandanlagen und Betonburgen unweigerlich Vorschub geleistet hätte, was aber von den Bürgern verhindert werden konnte. Anfang 2022 wurde ein Gesetz verabschiedet, wonach alle Strandabschnitte ab dem 1. Januar 2024 neu ausgeschrieben werden müssen. Dagegen gab es sofort heftige Proteste, vor allem von den rechtsgerichteten und populistischen Parteien, und bei der dauerhaft instabilen politischen Konstellation in Italien geht niemand davon aus, dass sich die Lage in absehbarer Zeit ändert.

Bei dem Gelände von *Angolo di Sogno* müssen Sie sich allerdings für viel Geld noch auf Steinen sonnen, die Lage auf einer Landzunge direkt am Meer ist jedoch einmalig:

(031) Offizieller WOMO-Stellplatz: Diano Marina *Angolo di Sogno*

GPS/Kontakt: N 43°53'52" E 8°04'44", Viale Torino 53, Tel: 351 7292200.
Max. WOMOs: Etwa 30. **Öffnungszeit**: Ganzjährig.
Ausstattung: Ver- und Entsorgung, Toilette, Dusche, Strom, Mülleimer.
Beschreibung: Auf der schattenlosen, geschotterten Fläche eines ehemaligen Platzes von Dauercampern wurde 2022 mit der Einrichtung eines Stellplatzes begonnen. Bei unserer Besichtigung war die Aufteilung nur durch gekalkte Markierungen vorgenommen, der Umbau der Sanitäranlagen war nicht fertig.
Sie stehen direkt am Grobkiesstrand, nach etwa 550 m finden Sie auch einen kostenpflichtigen Sandstrand; in das Ortszentrum sind es rund 1,2 km; Radweg nach Imperia. **Preise**: 10 – 25 € pro Person.
Zufahrt: Die steile, schmale, aber für alle Fahrzeuge machbare Zufahrt westlich von Diano Marina übersieht man leicht, da sie unauffällig beschildert ist. Biegen Sie in Diano Marina bei der westlichsten Gelegenheit vor einer Mauer und bei Verkehrsinseln von der SS 1 nach Westen ab (hier befindet sich schon ein weißes Hinweisschild); die Zufahrt liegt bei den letzten Häusern gegenüber einer noch höheren Mauer.

So wie man sich bemüht, den ehemaligen Campingplatz *Angolo di Sogno* in einen Stellplatz umzubauen, versucht man

Diano Marina

Oasi-Park als Campingplatz umzubenennen. Es ist in Wirklichkeit ein Campingplatz im Gewande eines privaten Parkplatzgeländes. Aber dass **Diano Marina** (6.000 Einwohner) den ersten richtig schönen Sandstrand seit der französischen Grenze vorzuweisen hat, scheint unstrittig. Man darf daher in Ufernähe keine himmlische Ruhe erwarten und sollte nicht allzu sehr bedauern, dass *Oasi-Park* landeinwärts liegt, 550 Meter vom Strand entfernt, an einem schattigen Terrassenhang unter Oliven- und Eukalyptusbäumen. Das Gelände scheint geschrumpft zu sein und wirkt zunächst nicht einladend, zumal man nicht neben allen dort anzutreffenden Nachbarn und den dazugehörigen Autos seinen Urlaub verbringen möchte. Man findet aber schöne Plätze in der Natur, wenn man ein Stück weiter in das Areal hineingefahren ist. Wir empfehlen alternativ zwei weitere Plätze:

(032) WOMO-Campingplatz: Diano Marina
Oasi Park

GPS/Kontakt: N 43°54'27" E 8°04'25", Via Sori 5, Tel. 347 1345756; www.oasi-diano.it/.
Öffnungszeit: Ganzjährig.
Ausstattung: Niedriges Campingplatzniveau mit schlichter Sanitärausstattung.
Beschreibung: Angeblich gibt es 50 Parzellen. Aber schon das Luftbild der eigenen Internetseite zeigt zum Zeitpunkt des Entstehens dieser Zeilen mehr als 100 relativ eng stehende Fahrzeuge, wobei diejenigen, die unter den Olivenbäumen parken, gar nicht zu sehen sind. Ich habe aber den Eindruck, dass das Gelände verkleinert worden ist. Auf jeden Fall sind hölzerne Bungalows dazugekommen. Eigentlich ist es ein schönes Gelände, auf dem inzwischen Markisen und Klappstühle toleriert

werden (vermutlich, weil man inzwischen eine Campingplatzlizenz besitzt). Zum **Meer** nach 550 m gehen Sie vom Platz aus rechts, danach nochmals rechts über den Bahnübergang und dann geradeaus. Der größte Teil des Strandes ist von *Bagni* in Beschlag genommen. Sie kommen kaum umhin, dort Eintritt zu bezahlen oder sich auf einem der schmalen öffentlichen Bereiche zu stapeln. Das Zentrum ist ähnlich weit entfernt.
Preise: 15 – 30 € für 4 Personen.
Zufahrt: Der Platz liegt im westlichen Teil von Diano Marina und ist an der SS 1 nachhaltig beschildert.

(033) WOMO Campingplatz: Diano Marina *Camping Marino*

GPS/Kontakt: N 43°54'23" E 8°04'36", Via A.S.Novaro 15; Tel: 0183 498288; www.campingmarino.it/. **Öffnungszeit**: Ganzjährig.
Ausstattung: Pool. Es gibt keine Entsorgungsstation.
Beschreibung: Sie stehen akkurat parzelliert auf Kies in der Nachbarschaft einiger Dauercamper (nach meinem Eindruck weniger als früher). Das ist trotzdem für ligurische Verhältnisse ein gut geeigneter Campingplatz. Die schönsten Parzellen liegen im oberen Bereich beim Pool.

Gaststätten und Geschäfte finden Sie in der Nähe, zum Sandstrand sind es etwa 350 m (aus dem Campingplatz links und gleich rechts über den Bahnübergang, dann geradeaus), ins Zentrum etwa 500 m. Wegen des Strandes siehe die Hinweise zum vorerwähnten Platz.

Preise: 30 – 63 €, je nach Platzgröße und Saison.

Zufahrt: Der Platz liegt im westlichen Teil von Diano Marina und ist an der SS 1 beschildert.

(034) WOMO Campingplatz: Diano Marina *Camping Eddy*

GPS/Kontakt: N 43°54'32" E 8°04'12", Via Diano Calderina 9, Tel: 0183 497040; www.campingedy.it/. **Öffnungszeit**: Ganzjährig.
Ausstattung: Pool, zumindest im Sommer Brotverkauf, Shuttle zum Strand.

Beschreibung: Sie stehen auf Betonpflaster, aber die Umgebung ist relativ schön, wenn man von der nahen Autobahnbrücke absieht, deren Geräuschbelastung wir nicht kennen. Es gibt nur etwa 30 Wohnmobilplätze, dafür viele feste Behausungen. Ins Zentrum sind es etwa 750 m, zum Sandstrand etwa 900 m.

Preise: 27 – 60 €, je nach Platzgröße und Saison.

Zufahrt: Der Platz liegt im westlichen Teil von Diano Marina und ist an der SS 1 beschildert.

Diano Marina ist ein lebhafter, typischer Badeort, in dem wir uns in der Nachsaison gerne einen Tag aufgehalten haben. Im Hochsommer dürfte es jedoch ziemlich rummelig zugehen. Leider ist der Strand nahezu flächendeckend in der Hand von privaten Vermietern:

Das örtliche **Museum** (Museo civico della communitas Diani) von Diano Marina lohnt sich, weil dort die Öl- und Weinkrüge eines in der Nähe von Archäologen geborgenen römischen Frachtschiffes zu betrachten sind *(9 – 12 und 15 – 17 Uhr, Mo. geschlossen; 3 €)*. Dienstags wird im Bereich des östlichen Flusses ein großer **Markt** aufgebaut.

Anfang September haben wir in einer einzigen Nacht in Diano Marina eine entspannte Ferienatmosphäre genossen und deshalb eine Gaststättenempfehlung für dieses Buch gesucht. Wir hatten also nur einen Versuch und haben ihn fast vergeigt, weil (oder obgleich) wir dem Strom der vermeintlich Einheimischen gefolgt sind. Aber die Pizzas im **Pizzorante Fradiavolo** (an der SS 1 bei der östlichen Flussbrücke) sind preiswert und gut. Leser haben uns das **Ristorante Tavernazero** empfohlen, in dem man ebenfalls Pizza, aber auch feinere Speisen in guter Qualität bekommt (Via Milano 39 – die Via Milano beginnt an der SS 1, der Straße am Strand etwa in Höhe der Mitte des Strandes durch einen Torbogen; kein Ruhetag).

In Diano Castello

Sehenswert ist auch **Diano Castello**, drei Kilometer landeinwärts, mit einer Kapelle der Malteserritter aus dem 12. Jahrhundert. Das Dorf ist so etwas wie der Vater des Badeortes Diano Marina, das von hier aus gegründet wurde. Parken Sie unterhalb des letzten Kreisverkehrs (an dem Sie drehen können), weil es oben im historischen Ortskern keine Parkplätze gibt; Sie müssen etwa 500 Meter zu Fuß gehen.

Beim Nachbarn, **San Bartolomeo al Mare**, gibt es nichts zu sehen, wirklich nichts. Und der offizielle, kommunale Stellplatz ist gerade in der Zeit, in der er am meisten gebraucht würde, mit einer Teppichstange versperrt – eine Großtat der Verwaltung, die sogar die Zufahrt zur Entsorgungsstation verbarrikadiert hat [**035**: N 43°55'25" E 8°06'18", Via A. Manzoni 27; kurzer Fußweg nach Cervo; nur zwischen dem 1.10 und dem 15.6. ist alles nutzbar; 8 €]. Im Sommer können Sie nachsehen, ob Sie eine der 30 Parzellen auf dem ansonsten mit Lauben vollgestellten **Camping Rosa** ergattern können, 450 Meter vom Strand entfernt [**036**: N 43°55'18" E 8°05'54", Via al Santuario 6; Pool; 1,6 km zur Altstadt von Cervo].

In Cervo

Cervo – Blick vom Strand bei Camping del Mare (Nr. 037)

Das danach östlich folgende **Cervo** (1.200 Einwohner) ist einer der schönsten Orte an der Küste und einer unserer persönlichen **Top Ten**. Wir dürfen Ihnen von einem sehenswerten mittelalterlichen Hangstädtchen berichten, in dem die berühmte **Barockkirche** von 1686 vor nicht langer Zeit renoviert worden ist. Man fragt sich, woher einst das Geld für einen solchen Prunkbau hergekommen ist und erfährt, dass im 17.

Cervo – Barockkirche

Jahrhundert die Haupteinnahmequelle des Ortes die Korallenfischerei war; nicht an den nahen Felsen, sondern vor Korsika und Sardinien. Cervo gehört zu dem erlauchten Kreis der Borghi più belli d'Italia.

I Borghi più belli d'Italia

I Borghi più belli d'Italia (Die schönsten Ortskerne Italiens) ist ein Club, dem ausgewählte italienische Ortszentren oder Ortsteile mit künstlerischer oder historischer Bedeutung angehören dürfen. Die Vereinigung, der inzwischen etwa 333 Gemeinden beigetreten sind, wurde im Jahr 2001 gegründet. Aufgenommen werden nur kleinere Ortschaften oder Ortsteile, wobei es, anders als beim französischen Vorbild *(Les plus beaux villages de France)*, unseres Wissens keine festgelegte Einwohnerobergrenze gibt. *Borgho* heißt eigentlich Dorf, die Gemeinden der Clubmitglieder sind gelegentlich aber auch kleinere Städte mit einem historischen Ortskern. Aufnahmekriterien sind ein geschlossenes Ortsbild, harmonische Architektur, Lebensqualität, kunsthistorische Bedeutung, städtische Einrichtungen und Verkehrsberuhigung. Der edlen Gesellschaft gehören besonders viele ligurische Gemeinden an, von denen wir die meisten in diesem Buch erwähnen.

In Cervo

Die Schattenseiten dieser Orte sind häufig Park- und Stellplatzmangel. In der Saison sind sie oft auch überlaufen. Aber das durch die Clubzugehörigkeit zur Schau getragene Aushängeschild soll den Tourismus fördern und damit Geld in die Kassen schwemmen, das zur Erhaltung der historischen Ortskerne benötigt wird. Die Auswahl der privilegierten Kommunen scheint uns in Italien etwas beliebiger zu sein als in Frankreich. Gleichwohl werden Sie in jedem der schönsten Dörfer Italiens zumindest ein kleines touristisches Highlight entdecken.

Cervo – vom Wanderweg

Die Entscheidung, wo Sie in Cervo Ihr Heißgetränk nehmen, dürfte schwerfallen. Auf dem Dorfplatz oder im Café mit Blick zum Meer? Sie werden zwei Cappuccini trinken müssen. Unvermeidlich, jedenfalls für bewegliche Herrschaften in mittleren Jahren oder älter, ist auch die Wanderung, bei der man fast die ganze Strecke über das Meer im Auge behält; im Frühling und Herbst ein wunderschöner Weg, im Sommer eher ungeeignet:

Von Cervo zum Monte Cervo

Starten Sie am Fuß von Cervo und gehen Sie entlang der SS 1 bis kurz vor den **Eisenbahntunnel östlich von Cervo**. Sie sehen dort ein großes Wanderschild mit mehreren nummerierten Wegen. Sie nehmen die Nr. 1, die noch in Sichtweite der Tafel über eine alte Steinbrücke und danach steil bergauf führt.

Sie wandern und wandern, und irgendwann endet der Weg am Hang. Und wenn Sie dann umkehren, begegnen Ihnen andere Wanderer, die genauso wie Sie in einem Wanderführer blättern und ratlos die Karte betrachten. Dort wird (oder wurde) Ihnen verschwiegen, dass die Markierung Sie schon frühzeitig auf einen grasigen Pfad nach links schickt, an eine Stelle, wo Sie es nicht erwarten, weil der Weg an einer Hauswand aussieht wie eine Garageneinfahrt.

Nachdem Sie weiter Höhe gewonnen haben, gelangen Sie an einen Kinderspielplatz, gehen dort rechts und wandern, geleitet von verblichenen roten Punkten, auf einem breiten Fahrweg nach Osten. Vor einem Gebüsch wenden Sie sich nach links, bis Sie auf einen weiteren Weg gelangen, um erneut mit Orientierungsproblemen zu kämpfen. Am einfachsten ist es, Sie gehen auf dem geschotterten Weg bergauf. Oder Sie verlassen diesen nach etwa 100 m nach rechts, durchstreifen ein Wiesengelände und erreichen die geschotterte Straße etwa 400 bis 500 m weiter oben. Jedenfalls gehen Sie auf dieser breiten Fahrstraße bis zu deren höchstem Punkt und biegen dann im rechten Winkel nach links ab, nun von der Markierung unmissverständlich geleitet.

Sie steigen bergauf, bis Sie den **Monte Cervo** erreicht haben. Das dauert etwas länger, als Sie es erwarten, weil Sie unterwegs vielfach anhalten, um die fantastischen Ausblicke auf die Küste zu fotografieren, von denen Sie noch nach Jahrzehnten schwärmen werden.

Am Gipfel lassen Sie die Sendeanlage rechts liegen, vor dem Tor der Anlage gehen Sie auf dem Fahrweg zunächst leicht bergan, und hinter einer großen Zisterne wenden Sie sich nach links auf einem Erdpfad längs eines Zaunes bergab. Sie kommen bald wieder auf einen Fahrweg, den Sie ein kurzes Stück nehmen, um ihn bei einer Trockenmauer erneut nach links zu verlassen. Sie stoßen dann abermals auf den Weg, der teilweise asphaltiert ist. Nach einem Ferienhaus wandern Sie an einer Gabelung geradeaus und in der folgenden Serpentine rechts.

Cervo haben Sie nun immer im Blick, Sie stiefeln geradeaus drauflos und kommen am oberen **Stadttor** an, wo Sie einen der beiden oben genannten Cappuccini bestellen werden. Es könnte auch ein Wasser sein.

Fast **drei Stunden** und wenig Schatten lassen womöglich sogar zwei lange beachtete Vorsätze vergessen, Sie bestellen doch noch ein teures Fassbier - und Sie trinken es schon am Nachmittag *(Karte: Kompass Nr. 641, Alassio – Imperia, die Ihnen ab dem Monte Cervo auch eine alternative Ausweitung in einem größeren Bogen darstellt).*

Wenn nicht Mangel an Übernachtungsplätzen bestünde, würde es uns um die Schließung des privaten Stellplatzes in Cervo nicht leidtun. Aber viele der am Strand gelegenen Campingplätze der ligurischen Riviera sind gar nicht oder nur bedingt zu empfehlen, weil sie zumeist mehrere negative Merkmale vereinen: Sie sind teuer, sie liegen an der Straße, obendrein an der Bahn, sie beherbergen Dauercamper, sie sind klein, viel zu klein, und sie sind häufig belegt. Letzteres gilt leider auch für die Campingplätze von Cervo, von denen *Lino* und sein Nachbar im Hochsommer Kurzzeitcamper für eine oder zwei Nächte bisweilen gar nicht aufnehmen. Aber bei *Camping del mare*, ohnehin der beste der Plätze von Cervo, hatten wir Anfang September und mehrfach im Juni unerwartet Glück und haben nur deshalb bemerkt, welch schöner Strand uns beinahe entgangen wäre. Es geht nicht um die Körnung (die ist eher grob und kiesig), sondern um den Blick auf das alte Cervo. Schöner baden Sie westlich von Genua vermutlich nirgends (siehe Foto Seite 69):

(037) WOMO-Campingplatz-Tipp: Cervo *Camping del Mare*

GPS/Kontakt: N 43°55'18" E 8°06'29", Via alla Foce 29, Tel. 0183 400130; www.campingdelmare-cervo.com/.

Öffnungszeit: Ende März – Mitte Oktober.

Ausstattung: Laden, Gaststätte (äußerst beliebte Pizzeria, Sie sollten reservieren).

Beschreibung: Sie stehen in Reihen unter eine Art Laube, teilweise unter Schattendächern, was nicht unangenehm ist, direkt am schönen Kiesstrand mit wunderbarem Blick auf Cervo. Wegen Schattendächern nur für WOMOs bis 3,10 m Höhe möglich; deshalb kann man auch nicht die Satellitenschüsseln auf dem Dach benutzen (dafür gibt es

einen Kabelanschluss). Es gibt nur 59 Plätze. Das Ortszentrum ist 350 m entfernt, der historische Kern 900 m.
Preise: 29 – 56 €, je nach Saison und Parzellengröße.
Zufahrt: Der Platz ist am westlichen Ortseingang an der SS 1 beschildert.

Direkt daneben, aber nicht unmittelbar am Strand, liegt ein schlichter **weiterer Campingplatz** *(Ondina)*, wo Sie nachfragen sollten, falls Sie bei *Camping del mare* keinen Platz bekommen. Außerdem gibt es – direkt am Strand – noch die Plätze *Lino* und *Miramare*, wo man in der ersten Septemberwoche wenigstens drei Nächte hätte bleiben müssen.

In einem solchen Lieblingsort unserer persönlichen **Top Ten**, wie Cervo einer ist, bummelt man gegen Abend durch das *centro storico* und reibt sich die Augen, weil die Andenkenverkäufer bislang ebenso wenig den Fuß durch die Tür gesteckt haben wie die Fastfoodwirte. Aber das *Ristorante San Giorgio* konnte sich im oberen Teil der Altstadt halten, obwohl der Michelinstern verblasst ist. Wir haben dort nicht reingeschaut, weil uns beim vorletzten Mal schon weiter unten, etwa auf halber Höhe, das Ristorante ***Serafino*** begeistert hatte, dessen Terrasse wegen des Blicks über das Meer alleine schon den Besuch lohnt. Vielleicht hatte ich geschönte Erinnerungen, denn bei der Wiederholung für diese Auflage erfüllten die *Agnolotti al plin* (kleine Ravioli mit Fleischfüllung) nicht mehr ganz das, was ich mir versprochen hatte. Der Besuch war trotzdem schon wegen der Sicht keine Strafe *(auf der Meerseite der Oberstadt nicht zu verfehlen, Tel. 0183 408185, Di. geschlossen; mittlere Preise)*.

Ristorante Serafino

Der nächste *Schönste Ort Italiens* auf dem Weg nach Genua ist eigentlich Laigueglia, wo Sie aber mit dem Wohnmobil, jedenfalls in Strandnähe, keinen legalen Parkplatz finden. So reist man mit dem Bus ab Cervo an (man muss in Marina di Andora umsteigen und sich dort auch ein neues Ticket kaufen, weil man die Busgesellschaft wechselt; die Haltestellen liegen nebeneinander, Tickets bekommt man im Tabakgeschäft, wenn man von der Endhaltestelle am Hafen von Andora etwa 150 m nach Westen läuft; alles ist problemlos !) oder ab **Marina di Andora**. Leider ist auch hier der Stellplatz nicht mehr in Betrieb. Parken kann man noch eingeschränkt bei N 43°57'26" E 8°08'26" in der Via Cavour.

Das benachbarte **Laigueglia** (2.200 Einwohner) ist außerhalb der Hauptsaison sehenswerter als von Juli bis Anfang September, wenn man nicht ganz so gut nachvollziehen kann, weshalb der Ort Mitglied der *Borghi più belli d'Italia* ist. In dieser Zeit wird der schöne Sandstrand für die Badegäste benötigt, und es ist kaum Platz für die auf den Sand gezogenen Fischerboote, die noch bestimmungsgemäß eingesetzt werden, also nicht der Stadtverschönerung und den Postkartenfotografen dienen. Außerdem leidet Laigueglia besonders unter dem Palmensterben der letzten Jahre, das die ganze ligurische Küste heimgesucht hat:

Das Palmensterben am Mittelmeer

Im Jahre 1993 wurden gehäuft erstmals an der Costa del Sol in Spanien Exemplare des sogenannten Roten Palmrüsslers entdeckt. Ein Käfer, dem hauptsächlich Dattelpalmen schmecken und der vermutlich aus Ägypten eingeschleppt worden ist. Inzwischen hat das Insekt die gesamte spanische Mittelmeerküste, die

Laigueglia

Kanarischen Inseln, Mallorca, die Côte d'Azur und die ligurische Riviera heimgesucht und ist sogar in Sizilien angekommen, wo bereits im Jahr 2010 angeblich 12 Millionen Palmen befallen waren, ohne dass die italienische Regierung eingegriffen hat.

Das 2 Zentimeter große Insekt ähnelt ein wenig dem Junikäfer, es besitzt einen langen Stachel auf seiner Vorderseite und kann eine Palme bis zu 20 Kilometer (!) weit riechen. Es frisst sich durch einen Palmenstamm bis an dessen oberes Ende und legt in die so geschaffenen Gänge in der Nähe des Palmenherzens Hunderte von Eiern. Jeder Käfer hat bis zu 400 Nachkommen, deren hungrige Larven sich im Stamm voranfressen. An einem derart zerstörten Holz kann kein gesunder Palmwedel mehr wachsen. Die Wedel werden deshalb gelb, und der Baum stirbt allmählich ab.

Lange hat man gar kein erfolgreiches Mittel gegen den Schädling gefunden, sodass sich das große Palmensterben am Mittelmeer verschärft fortgesetzt hat. Inzwischen gibt es Versuche mit Insektiziden, die von oben auf die Bäume gesprüht werden und die jedenfalls nicht vollkommen wirkungslos scheinen. An

der ligurischen Küste sind die Schäden noch nicht so schlimm wie in Spanien. In Marbella beispielsweise waren im Jahr 2008 3.000 Palmen befallen, und im berühmten Palmenwald von Elche an der Costa Blanca, Weltkulturerbe, mussten 2.000 Palmen entsorgt werden.

Wobei man damit nicht zu lange warten darf, da der Palmenkiller ansonsten auf die Nachbarpalmen übergreift. Eigentlich müsste man die Palmen verbrennen, bevor sie abgestorben sind. Zu diesem Zweck hat man sogar versucht, durch Mikrofone die Fraßtätigkeit der Larven frühzeitig zu erkennen. Meistens geschieht aber nichts, weil gerade die klammen Gemeinden kein Geld aufwenden und sich damit begnügen, die abgestorbenen Palmwedel abzuschneiden, die Stämme aber stehen zu lassen, wodurch sich das Insekt weiterverbreiten kann.

In den vier Jahren zwischen der letzten und der aktuellen Auflage dieses Reiseführers hat sich das Palmensterben in Ligurien noch rasanter beschleunigt, als ich es befürchtet habe. Und wenn kein Wunder geschieht, wird es in wenigen Jahren in Europa keine Dattelpalmen mehr geben.

Ich hatte in einer früheren Auflage in Unkenntnis dieser Plage die *‚Palmenriviera'* als *‚Strandriviera'* bezeichnet – und habe offenbar allen Grund, das bald zu wiederholen.

Am Strand von **Alassio** (11.300 Einwohner) ist neben den zahlreichen Liegestühlen der *Stabilimenti* kein Platz für den Zierrat bunter Boote. Zu groß ist im Sommer der Touristenansturm. Wir kennen die Stadt nur aus der Vorsaison, wenn sie noch ahnen lässt, dass sie auch ihre Einwohner versorgt und das folkloristische Ambiente nicht nur aufgesetzt hat. Uns gefällt

Alassio

Alassio

das, jedenfalls in dieser Zeit. Besonders der Blick von dem ins Meer gebauten Anlegesteg auf die vornehmlich in roten Tönen gehaltenen Häuser ist es wert, nach einem Parkplatz zu suchen. Das bleibt Ihnen erspart, wenn Sie unserem Stellplatztipp folgen oder nach Alassio wandern (siehe Tour 4). Letzteres ist ganz einfach, während die Anfahrt zum Übernachtungsplatz nur geübten Fahrern empfohlen werden kann; schwarze Piste! Aber es verkehrt hier ein Bus in Kastenwagengröße und ein Müllauto, deutlich breiter. Das ist uns sogar an der engsten Stelle begegnet, und auch kein Leser der Vorauflagen hat sich über die Zufahrt beschwert (ganz im Gegenteil waren viele Leser hocherfreut, einer meinte allerdings, man könne die Empfehlung den Anwohnern nicht zumuten):

(038) WOMO-Parkplatz: Alassio

GPS: N 44°01'04" E 8°11'24". **Achtung: Von manchen Navis wird man falsch geleitet, wenn man den Weg vom Gerät suchen lässt.** Strada Panoramica Santa Croce. **Max. WOMOs**: 3-5.
Ausstattung: Mülleimer, Wasser (an der Mauer eine Terrasse tiefer).
Beschreibung: Wesentliche Kriterien des Platzes am Rand der Bebauung (ganz leicht einsam) entnehmen Sie unserem oberen Foto. Das zwei-

te lässt den Traumblick erahnen, der sich Ihnen bietet, wenn Sie ein paar Schritte zum Balkon gehen. WOMOs sollten nicht länger als 7,50 m und nicht breiter als 2,35 m sein. Sie können hier wandern. Zum Strand sind es 15 Minuten Fußweg (Beschreibung am Beginn der folgenden Wanderung). Am Wochenende kommen am Abend mehr Autos hier hoch.

Zufahrt: Der Stellplatz liegt oberhalb von Alassio, ganz am östlichen Ende und bei der Kapelle Santa Croce.

Verlassen Sie die SS 1, die Via Aurelia, in Alassio unter der östlichsten Eisenbahnunterführung, die etwa 200 m östlich des Bahnhofs unmittelbar neben der SS 1 und gegenüber einer Grünanlage zu sehen ist (Wegweiser *‚Solva'* und viele gelbe Hotelwegweiser).

Sie fahren hinter der Unterführung geradeaus in die *Via Solva*, die sofort ansteigt, bald zwei unangenehme Rechtskurven macht, jenseits derer das Schlimmste überstanden ist, falls sich keine Hindernisse im Weg befinden oder entgegenkommen. Die *Via Solva* führt etwa 600 m bergauf am Hang nach Osten und trifft dann auf eine Straße namens *Strada Panoramica*. Sie können dort nicht mehr geradeaus fahren, weil das geradeaus führende Sträßchen viel zu schmal wäre. Also fahren Sie rechts in die *Strada Panoramica*, und nun noch etwa 400 m, um sich auf einem kleinen Parkplatz bei der Kapelle Santa Croce hoffentlich nicht darüber zu ärgern, dass kein Platz frei ist (bei uns war immer was frei, notfalls warten, bis ein Pkw wegfährt).

Auf dem **Rückweg** müssen Sie bei einer Gabelung links abwärtsfahren.

Sie können im **Internet** aus der Fahrerperspektive die Zufahrt samt Gegenverkehr betrachten. Sie dauert dort 3 Minuten, 24 Sekunden: Geben Sie bei YouTube >*Alassio Roof Paradise*< ein und suchen Sie dann den YouTube-Film. *Roof Paradise* nannte sich ein Edelclub unterhalb des Stellplatzes, der seit Jahren geschlossen ist; das Video ist ein Musterbeispiel für das digitale Weiterleben nach dem Tod.

In der Nähe bieten sich wunderbare Wanderwege mit Meerblick an:

Von Alassio zum Monte Bignone

Da sich nicht alle Leser mit dem Wohnmobil bis zur Kapelle Santa Croce trauen, obgleich dort eine Parkmöglichkeit wäre, beschreibe ich die Wanderung ab dem Zentrum von Alassio, was zugleich den Vorteil hat, dass das Wohnmobil weniger einsam parkt und der beschränkte Parkraum an der Kapelle nicht stundenlang durch ein herumstehendes Fahrzeug blockiert wird:

Gehen Sie auf der Via Aurelia, der SS 1, nach Osten, Richtung Albenga, und überqueren Sie vor dem ersten Tunnel bei der letzten Schranke die Bahngleise. Sie finden dort ein offenes Quadrat als Markierung, das Sie in östlicher Richtung auf einer schmalen Straße bergauf geleitet. Der für kleinere Fahrzeuge noch befahrbare Weg endet an der **Kapelle Santa Croce** (bei unserem vorerwähnten WOMO-Parkplatz).

Dort stiefeln Sie auf der platzartig ausgeweiteten Straße wenige Meter nach links (Westen), bis ein mit rotem Punkt gekennzeichneter Pfad nach rechts bergauf abzweigt. Am Anfang ist der Pfad weniger mühsam, und Sie erfreuen sich an schönen Ausblicken aufs Meer. Bald wird der Weg aber steiler. Nach etwa 45 Minuten (ab der Kapelle) überqueren Sie einen anderen Wanderweg, um nach insgesamt 75 Minuten ab der Kapelle auf dem **Monte Bignone** (nicht zu verwechseln mit dem gleichnamigen Berg in Tour 1) von 520 Metern einen interessanten Ausblick auf unzählige Treibhäuser und Gartenbaubetriebe im Schwemmland von Albenga zu erleben.

Mit der Markierung gehen Sie weiter, vorbei an einem Bildstock, Sie bleiben dabei auf dem Höhenweg, der mal links und mal rechts des Kamms nach Westen führt und der Sie an einem kurzen steilen Stück, wo Sie sogar die Hände zu Hilfe nehmen müssen, zu zwei rostigen Strommasten führt. Dort müssen Sie nach links abwärts schlendern, begleitet von zwei roten Strichen. Der Pfad mündet auf eine Asphaltstraße, auf der Sie ein Stück abwärtsgehen, bis rechts ein weiterer markierter Pfad abgeht. Sie überqueren noch zweimal die Straße, spazieren zwischen Wohnhäusern und stoßen auf eine Straße westlich der **Kirche von Solva**.

Von hier können Sie nach links auf Asphalt zur Kapelle Santa Croce zurückwandern (von Kapelle zur Kapelle 2 Stunden, 45 Minuten) oder am Kirchenvorplatz mit der Markierung abwärts zum Strand von Alassio (auf dieser Variante dauert die Wanderung **unter 4 Stunden**, eine Karte ist nicht erforderlich).

Bei der nächsten Tour verrate ich Ihnen, wie Sie von Albenga nach Alassio wandern.

Blick von Stellplatz Nr. 038

Tour 4: Palmenriviera – Teil 2 und Abstecher nach Norden 150 km

Albenga – Zuccarello – Garessio – Finale Lígure Spotorno

Stellplätze: in Albenga, in Zuccarello, in Garessio, in Borghetto S. Spirito, in Loano, in Pietra Lígure, in Finale Lígure, bei Spotorno, bei Bergeggi, in Vado Lígure, bei Celle Lígure

Campingplätze: in Albenga, bei Ceriale, in Borgio Verezzi, in Finale Lígure, bei Varigotti, in Spotorno

Besichtigen:	die röm. Via Julia Augusta, Albenga, Zuccarello, Castelvecchio di Rocca Barbena, Finalborgo, Noli
Wandern:	von Albenga nach Alassio, von Zuccarello nach Castelvecchio di Rocca Barbena und Erli, bei Finale Lígure, von Varigotti nach Spotorno
Essen:	*Osteria Puppo* in Albenga, *Usteria du Burgu* in Zuccarello, *Locanda di Lo* oder *Osteria ai Quattru Canti* in Finalborgo (Finale Lígure), Ristoranti *U Fundegu d'a Monica oder Al Cambio* in Spotorno

Das Gegenstück von Alassio (Tour 3) ist **Albenga** (24.000 Einwohner), das größer und urbaner wirkt als es ist, weil es sich im Schwemmland der breitesten ligurischen Ebene ausweiten konnte und sich nur zurückhaltend dem Tourismus verschrieben hat. Albenga ist schon deshalb kein typischer Badeort, weil die Innenstadt nicht direkt an den Strand grenzt. So sucht man in der urbanen Zone vergeblich einen *Lungomare* und trifft stattdessen in der zweiten Reihe auf Gärtnereibetriebe und direkt am Meer auf Campingplätze, die sich *Parco per vacanze* nennen, teilweise zwar noch für die Allgemeinheit zugänglich, überwiegend jedoch indiskutabel sind (es gibt Ausnahmen – siehe auf der vorigen Touren und weiter unten).

Blick auf Albenga, das Schwemmland und Gärtnereibetriebe

Parco per vacanze

Die Bezeichnung *,Parco (per) vacanze'* lesen Sie in Ligurien häufiger als Ihnen lieb ist. Sie lesen diese Wörter meistens an der Küste und in Verbindung mit *,Camping'*. Wörtlich übersetzt heißt das *,Ferienpark'*. Aber in der Praxis versteht man unter einer solchen Beschreibung meistens eine mehr oder weniger hässliche Anhäufung von Unterkünften, die zum dauernden Aufenthalt von Menschen geeignet sind, jedoch den Eindruck erwecken sollen, als handele es sich um vorübergehende oder sogar bewegliche Behausungen. Dabei hat sich meistens eine Mischung aus Dauercampingplatz und Barackensiedlung ergeben – ohne Gartenzwerge, Rollrasen und Jägerzaun, die der Italiener nicht kennt, wohl aber mit Satellitenschüsseln, Feinripphemden und Adiletten.

Ein *‚Parco (per) vacanze'* entsteht in der Regel als Fortentwicklung eines Campingplatzes. Dieser hat sich allmählich zu einem Wochenend- und Ferienpark von Einheimischen verwandelt, was durch eine große Nachfrage nach solchen Freizeitinseln ausgelöst worden ist, durch ein erhebliches Gewinnstreben der Grundstückseigentümer und eine noch größere Laschheit des öffentlichen Baurechtes.

Wir haben uns näher umgesehen und festgestellt, dass eine Parzelle auf einem solchen Gelände im Jahr ohne Weiteres 5.000 Euro kostet, wenn der Platz in der Nähe des Meeres liegt. Und wir haben nachgerechnet, dass der Ertrag durch Urlauber, die im Durchschnitt 35 Euro pro Nacht bezahlen und einen solchen Platz an höchstens 100 Tagen im Jahr belegen, die aber viel mehr Verwaltungsaufwand erfordern, deutlich schlechter ist. Wer schon andere Bücher von mir gelesen hat, kennt meine These, dass es ohne strenge Baugesetzgebung überhaupt keine Campingplätze traditionellen Zuschnitts in Meeresnähe mehr gäbe. Die große Anzahl der *‚Parchi per vacanze'* bestätigt das, auch wenn damit normale Campingplätze immer seltener werden.

Die meisten Freizeiteinrichtungen dieser Bezeichnung können Sie vergessen. Aber nicht alle Campingplätze, die sich auch *‚Parco (per) vacanze'* nennen, sind gänzlich ungeeignet. Ich empfehle Ihnen in diesem Buch einige solcher Campingplätze, sofern sie noch ausreichenden Raum für Kurzzeitcamper behalten haben. Und es gibt sogar einige wenige, die weitgehend klassische Campingplätze sind. Das macht leider die Auswahl ohne genauere Nachschau schwierig.

Wir haben für dieses Buch mehrere Lesertipps überprüft und alle in Frage kommenden Übernachtungsmöglichkeiten abgesucht, weil uns Albenga als Stadt so gut gefällt. Wir fanden dabei Scheußlichkeiten, Mittelmäßiges, Notlösungen und eine richtig gute Empfehlung:

(039) WOMO-Campingplatz: Albenga – *Camping Delfino*

GPS/Kontakt: N 44°02'08" E 8°12'28", Via Aurelia 23, Tel: 0182 51998; https://campingdelfino.it/. **Öffnungszeit**: 1.4. oder Ostern bis 30.9.
Ausstattung: Gaststätte, kleiner Laden.

Beschreibung: Der Platz liegt zwischen (mäßig befahrener) Bahnlinie und Küstenstraße. Wegen Schattendächern vermutlich überwiegend nicht für sehr hohe Wohnmobile geeignet. Am 50 m entfernten Strand befindet sich eine Diskothek, die bis nach 23 Uhr stören kann. In das Ortszentrum sind es 2 km. Das ist ein für Ligurien überdurchschnittlich guter Platz.
Im Juli und August keine Hunde! **Preise**: 27 – 56 €.

Zufahrt: Der Platz liegt westlich von Albenga direkt an der SS 1, der Via Aurelia.

(040) WOMO-Campingplatz: Albenga – *Residenz Sole*

GPS/Kontakt: N 44°02'11" E 8°12'38", Via Michelangelo 56, neben *Residenz Sole*, Tel. 0182 51957. www.residencesole.it/de/camping.
Öffnungszeit: März – Oktober. **Ausstattung**: Pool, Gaststätte.
Beschreibung: Sie stehen quasi auf dem Strand, teilweise unter Schattendächern. Es werden aber nur 17 Plätze angeboten. Die Züge stören hier noch mehr, die Disco weniger. In das Ortszentrum sind es 1,8 km.
Preise: Mindestens 44 €.
Zufahrt: Der Platz liegt westlich von Albenga an der Strandstraße zwischen Bahnlinie und Strand nahe beim vorgenannten Platz.

(041) GPS/Kontakt: N 44°02'22" E 8°13'03", Via L. Einaudi 100; https://parcovacanzeriviera.it/.
Eher eine Notlösung ist ***Parco e Residence Riviera*** mit überwiegend festen Behausungen, aber direkt am Strand und weiter von der Bahnlinie entfernt.
Zufahrt: Verlassen Sie die SS 1 noch westlich von *Camping Delfino* (bei einer Mauer) und fahren Sie an den Strand. Sie kommen dann nacheinander an den vorbezeichneten drei Plätzen vorbei.

(042) WOMO-Campingplatz: Albenga *Piccolo Paradiso*

GPS/Kontakt: N 44°03'13" E 8°13'31", Via Che Guevara 19, Tel: 0182 51734; www.piccoloparadiso.com/.

Öffnungszeit: 1.4. – 2.10.
Ausstattung: Gute Gaststätte mit Pizzeria, kleiner Laden, am Privatstrand.
Beschreibung: Das ist unsere Hauptempfehlung für Albenga, denn obwohl sich das Gelände *Parco Vacanze* nennt, ist neben einem Gebäude, in dem Ferienappartements vermietet werden, ein richtiger Campingplatz eingerichtet, auf dem wir noch Einlass gefunden haben, als anderswo schon alles belegt war. Das Gelände ist nicht groß und bietet für Riesenmobile nur wenige Möglichkeiten.
Sehr gut ist der Privatstrand (Sand auf Kies) unmittelbar jenseits einer wenig befahrenen, schmalen Straße, auf dem die Liegestühle und Sonnenschirme im Übernachtungspreis enthalten sind.
Die Bahnlinie ist hörbar, aber nicht störend. Einfache Sanitärausstattung. Sehr freundliches Personal!!
Zur Kathedrale im Zentrum sind es auf dem schöneren Weg 1,8 km: Gehen Sie gegenüber dem Campingplatz jenseits der Bahnlinie am *Lungomare*

entlang, bis Sie rechts ein rundes Wasserbecken erkennen. Dort biegen Sie bei einer Apotheke ab, spazieren am Bahnhof vorbei und geradeaus durch die Viale Martiri della Liberta – mit schönen Gründerzeithäusern – immer geradeaus bis zum Dom. **Preise**: 26 – 45 €.
Zufahrt: Der Platz liegt östlich von Albenga. Meistens ist nur der Nachbar *Green Village* (unschön im vorderen Teil mit eng stehenden Häuschen) beschildert.

Gut gefallen hat uns das privat betriebene Gelände einer ehemaligen Gärtnerei im Osten von Albenga, bezüglich dessen Bezeichnung wir uns nur schwer entscheiden konnten. Ist es ein Camping- oder ein Stellplatz? Wir nennen die große Wiese einen WOMO-Stellplatz:

(043) Offizieller WOMO-Stellplatz: Albenga *Ca'de Michè*

GPS/Kontakt: N 44°03'08" E 8°13'18", Viale VIII Marzo, 45, Tel. 347 6539663. www.agricampeggiocademiche.it/index.htm.
Max. WOMOs: 35.
Öffnungszeit: März – Oktober; laut Homepage ganzjährig.
Ausstattung: Ver- und Entsorgung (Letzteres nur in einen Tank), Toilette, Dusche, Strom, Mülleimer.

Beschreibung: Sie stehen auf einer klappstuhlgeeigneten Wiese. Geschäfte finden Sie in der Nähe, darunter einen *Lidl*. Der öffentliche Badestrand ist 380 m entfernt (zweimal links, unter der Bahnlinie hindurch und rechts). Der Fußweg in die Altstadt misst 1 km (den Platz im Rücken geradeaus, am Ende dieser Straße rechts und schließlich links auf den zentralen Platz vor der Altstadt – mit Palmen). Schöner ist die Strecke entlang dem Meer (siehe bei Camping *Piccolo Paradiso*). **Preise**: 25 – 34 €.
Zufahrt: Der Stellplatz liegt östlich der Innenstadt, an der Straße, die westlich von *Camping Green Village* landeinwärts führt (ohne Navi muss man also den Wegweisern zu diesem Campingplatz folgen – immer am Strand entlang).
Hinweise: Mittagspause 12:30 – 15:30 Uhr. Sie müssen sich außerdem vor 19 Uhr anmelden. Obwohl wir die Koordinaten kannten, haben wir den Platz zunächst nicht gefunden, weil wir am Straßenrand das stets geschlossene Tor einer ehemaligen Gärtnerei übersehen haben. Das Tor ist immer abgesperrt. Sie müssen anrufen, wenn Sie angekommen sind. Bei abendlichen Stadtgängen dürfen Sie den Torschlüssel nicht vergessen – schusselige Leser mussten über den Zaun steigen. Im Hochsommer oder an Ostern ist das Platzangebot nicht so großzügig wie auf unserem Foto. Bei unserem Besuch wurde der Anruf während der Mittagspause nicht angenommen. Deshalb haben wir *Camping Piccolo Paradiso* um die Ecke kennengelernt.

Beim Fußweg ins ***Centro storico***, ganz gleich, ob von einem östlichen oder westlichen Refugium, fragt man sich, was an Albenga eigentlich schön sein soll. Die Wohnblocks, an denen man vorbeiläuft, sind es nämlich nicht. Deshalb geht

man sinnvollerweise von den östlichen Plätzen am Meer entlang (Beschreibung siehe bei *Camping Piccolo Paradiso*). Einen Parkplatz, auf dem Sie notfalls auch übernachten können, finden Sie in Bahnhofs- und Strandnähe, solange das Verbotszeichen noch fehlt: [**044**: N 44°03'02" E 8°13'25", Piazza Bolla in der Via Sempione; am Samstagvormittag ist Markt].

Aber dann, an der Piazza del Popolo mit schon wieder braunen Neupalmen, beginnt die Altstadt, im Gegensatz zu anderen Altstädten, beispielsweise von Sanremo, vor Vitalität strotzend und mit spektakulären Bauwerken: in der Mitte der **Dom**, die Kathedrale San Michele aus dem 11. bis 14. Jahrhundert und einer Modernisierung im Barock, was zusammen ein wildes Stilgemisch ergibt, das dem eindrucksvollen **Campanile** erspart geblieben ist. Eine der großen Sehenswürdigkeiten auf unserer Ligurienreise und ein Hit unserer persönlichen **Top Ten** ist neben der Kathedrale das **Baptisterium**, eine spätantike Taufkirche aus dem 5. Jahrhundert. Das Alter erkennt man schon an der gegenüber dem Straßenniveau 2,20 Me-

Albenga – Baptisterium

Albenga – Geschlechtertürme und Campanile

ter tieferen Lage, die dadurch entstanden ist, dass der Fluss Centa Geröll angeschwemmt und damit auch den antiken Hafen unbrauchbar gemacht hat. Erstaunlich ist die außen zehn-, innen jedoch nur achteckige Form, und auch das Taufbecken entspricht dem Baualter des Gebäudes. Schon wegen des Alters großartig sind die Mosaiken aus der ersten Hälfte des 6. Jahrhunderts *(9:30 – 12:30 und 15:30 – 18, im Sommer 18:30 Uhr, Mo. geschlossen; 10 €).* Im Preis notwendig enthalten ist das benachbarte **Museo Diocesano**, wo man auch die Eintrittskarte für das Battistero kauft und in dem uns die mittelalterlichen Fresken gut gefallen.

Die augenfälligste Sehenswürdigkeit sind die sogenannten **Geschlechtertürme**, von denen es noch über zehn gibt. Die vornehmen Familien besaßen solche Türme, je reicher, umso höher. Der höchste Turm misst heute über 60 Meter, es ist der Torre del Comune, er stammt etwa aus den Jahren um 1300 und kann bestiegen werden. Dass in Albenga diese alten Bauten erhalten geblieben sind, liegt vermutlich am schon erwähnten Fluss Centa, der die Stadt überschwemmt und zugeschüttet hat. Erst im 16. Jahrhundert grub man die zeitweise verlassene Altstadt aus dem Schlamm wieder aus.

Diesen Fluss überqueren wir auch für eine sehr schöne Wanderung, die nicht anstrengend und auch im Sommer machbar ist und Sie ein wenig der römischen Geschichte näherbringt. Die Wanderstrecke verläuft überwiegend auf einer **römischen Heerstraße**, der **Via Julia Augusta**, wo Sie nicht nur die Ausgrabungen ehemaliger Gräber betrachten können, sondern auf einem kurzen Stück auch das antike Straßenpflaster:

Von Albenga nach Alassio

Wir wählen in **Albenga** die rote Bogenbrücke über den Fluss Centa und nehmen westlich davon, an der ersten Gabelung, den rechten Weg. Nach etwa 100 m gehen wir erneut rechts und nach weiteren 100 m, nun auf einem schmalen Sträßchen, schräg links den Hang hinauf. Spätestens hier müsste ein gelbes Schild stehen, das auf die **Via Julia Augusta** hinweist. Außerdem finden Sie an diesem kurzen Stück des schrägen

Hangweges die erste Markierung, ein roter, eckiger Ring (bzw. offenes Quadrat), der Sie nun ein längeres Stück geleitet.

Römisches Pflaster

Sie können nichts falsch machen und kommen immer wieder an **römischen Gebäuden**, insbesondere Grabstätten, vorbei. Am Anfang des Weges werden Sie einen Blick zurück nach Albenga werfen und erstaunt sein, wie hoch die Geschlechtertürme aufragen. Später werden Sie unter sich eine ehemalige Kaserne, mehrere Gärtnereien und kleine Campingplätze (Parchi per vacanze) sehen, und wenn Sie dann um die Ecke gegangen sind, steigert sich der Weg furios, weil Sie zu Ihren Füßen fast nur noch das Meer haben. Die Markierung ist kurzzeitig einem roten Punkt gewichen, und erst wenn gar nichts mehr schief gehen kann, fehlt sie völlig.

Nachdem Sie oberhalb des Hafens von Alassio vorbeigegangen sind, haben Sie die **Kapelle Santa Croce erreicht** (nicht zu verwechseln mit einer Kapelle, die zuvor am Wege liegt; bei Santa Croce können Sie sich unseren obigen Stellplatz in Ruhe betrachten – siehe bei Tour 3) und nehmen dort die schmale Straße abwärts an den Strand.

Nun sollten Sie am Strand entlang bis zu der ins Meer hinaus gebauten Landungsbrücke gehen und auf dem **Rückweg** durch den Ort. Den Anfang des Rückwegs von dort schildere ich Ihnen am Beginn der letzten Wanderung bei Tour 3.

Ab Santa Croce hilft Ihnen die Wanderkarte mit einer Rückwegalternative, einem landeinwärts geschwungenen Bogen mit erheblichen Steigungen, dem wir dankend entsagt haben. Der Weg auf der ehemaligen römischen Straße hat uns derart fasziniert, dass wir ihn auf dem Heimweg gerne noch einmal nehmen *(hin und zurück **3 Stunden**, Pausen nicht mitgerechnet, keine schwierigen Steigungen, wenig Schatten, die Kompasskarte Nr. 641 ist nicht unbedingt erforderlich. Die Strecke war vor ein paar Jahren wegen Bergrutsch nach etwa drei Vierteln gesperrt, sie konnte aber auf Trampelpfaden umgangen werden; der letzte Zustand ist mir nicht bekannt, die Trampelpfade sind möglicherweise gefährlich, ich habe sie nicht selbst begangen; Leser sind schon Ende 2017 wieder problemlos durchgekommen).*

Wenn Ihnen nach dieser Wanderung der Magen knurrt, ist der Zeitpunkt für eine ***Farinata di cecci*** gekommen. Das ist ein Pfannkuchen aus Kichererbsenmehl, wie er in Ligurien noch öfters angeboten wird und der, wenn er gut gemacht ist, aus dem Holzofen kommt. In der ***Osteria Puppo*** wird das einstige Essen armer Leute sogar perfekt zubereitet. Wer nicht frühzeitig, das heißt ab 18 Uhr, einen Platz an den Marmorplatten

der schlichten Tische gefunden hat, muss ein wenig anstehen, was die Einheimischen klaglos auf sich nehmen und was bekanntlich eine gute Reklame für das jeweilige Lokal und seine Preise ist. Man verspeist die *Farinata* statt Pasta als *Primo* oder *Antipasto* und schiebt noch einen Fleisch- oder Fischgang hinterher. Bestellen Sie hier zu diesem *Secondo*, der völlig nackt daherkommt, unbedingt *Contorni* und zu allem einen offenen Wein. Das preisgünstige Erlebnis ist leider viel zu schnell zu Ende und wird auch durch einen *Café* nur unwesentlich gestreckt – die Gäste der Warteschlange auf der Gasse müssen ja auch noch versorgt werden *(Via Torlaro, 20: am Kreisverkehr des Platzes mit den Palmenstümpfen geradeaus in die Altstadt, vorbei am Dom und am Ende der Hauptgasse rechts und die nächste Gasse links; keine Reservierung, keine Kreditkarten, abends schon ab 18 Uhr geöffnet, Mo. geschlossen).*

In Zuccarello

An dieser Stelle wird sich der Leser, der sich auf den vorangegangenen Touren häufiger im Hinterland wiedergefunden hat, als ihm zunächst – ich betone das Wort zunächst – lieb war, fragen, wann wir endlich auf der aktuellen Tour unser WOMO landeinwärts lenken. In Albenga ist es so weit, und unser Ziel ist **Zuccarello** (300 Einwohner), ein mittelalterliches

In Zuccarello

Dorf mit schönen Arkaden, das etwas verlassen wirkt, weil die Zweithausbesitzer allmählich die Oberhand gewinnen. Trotzdem ist es sehenswert, es gehört nicht ohne Grund zu den *Borghi più belli d'Italia* und als Vertreter der Orte hinter der Küste, die gut erreichbar sind, zu unseren persönlichen **Top Ten** (siehe Foto Seite 244). In der kleinen Bar auf der Mitte der Hauptstraße scheint die Zeit stehen geblieben, und die ***Usteria du Burgu*** hat uns mit einem ausgezeichneten Preis-Leistungs-Verhältnis und familiärer Atmosphäre überzeugt *(Tel. 0182 79100; Mo. Ruhetag; wir bekamen am Ostersonntagabend ohne Voranmeldung den vorletzten Tisch, es gibt auch Pizza)*.

Auf dem Parkplatz wird es in der Regel erst eng, wenn es auch in der *Usteria* eng wird; ein angenehmer Stellplatz:

(045) WOMO-Parkplatz: Zuccarello

GPS. N 44°08'46" E 8°07'01", Via Tornatore.
Max. WOMOs: 10
Ausstattung: Mülleimer.
Beschreibung: Sie stehen schattenlos auf einem gemischten Parkplatz am Rand des Ortes. Zwei Gaststätten sind nur wenige Schritte entfernt. Sie können im Ort nichts kaufen. Unsere nachfolgend beschriebene Wanderung beginnt hier.

Zufahrt: Der Parkplatz liegt nördlich des Ortes und ist von der Durchgangsstraße nicht zu übersehen.

Die meisten Gäste, die an den Tischen der *Usteria du Burgu* sitzen, kommen vermutlich aus **Castelvecchio di Rocca Barbena** (200 Einwohner, ebenfalls Clubmitglied bei den *Borghi* *più belli d'Italia*), einem Musterbeispiel für ein Feriendorf hinter der Küste. Es gibt eine Reihe ähnlicher Nester, manche sind noch von richtigen Einheimischen bewohnt, andere haben sich ferienhausmäßig herausgeputzt. Eine Gesetzmäßigkeit konnten wir dabei noch nicht erkennen, außer vielleicht der, dass in nicht zu ferner Zukunft alle Dörfer Ferienhausdörfer sein werden, dass aber dieser Prozess langsamer voranschreitet, als ich anfangs dachte. Die Entwicklung ist bedauerlich, aber dem optischen Eindruck gar nicht so abträglich. Der Schlossherr von Castelvecchio di Rocca Barbena ist ein Turiner Anwalt, was immer noch besser ist als Leerstand und Verfall. Wenn Ihnen die Außenansicht des Dorfes nicht reicht (sie ist der Hauptgrund für den Besuch), und wenn der Parkplatz voll oder zu klein ist (er eignet sich leider gar nicht als Stellplatz), finden Sie 150 Meter oberhalb rechts der Straße noch eine geräumige Ausbuchtung. Am besten wandern Sie nach Castelvecchio, was wir auch an heißen Hochsommertagen für möglich halten, weil Sie sich an der alten Brücke unterhalb von Erli erfrischen können:

Castelvecchio

Von Zuccarello nach Castelvecchio

Kurz vor dem nördlichen Ende der Hauptstraße von **Zuccarello** entdecken wir an einer abzweigenden Gasse mehrere Wanderzeichen und touristische Hinweise auf die nahe Burgruine und andere Sehenswürdigkeiten am Wege. Wir folgen dort zwei roten Rauten steil bergauf. Wir gehen auf einem alten, teilweise gepflasterten Verkehrsweg stetig bergan und erfreuen uns an blauen Lilien, die hier Anfang April in großen Gruppen wild wachsen. Es ist egal, ob man unterhalb der Burg nach links wandert oder ob man hinter der Burg vorbeigeht, was etwas weiter ist, Sie aber näher an die Festung führt.

Bald stoßen wir auf beiden Strecken auf ein asphaltiertes Straßenstück, wo uns die beiden roten Rauten auf einem Pfad bergauf (!) leiten. Wir bleiben auf diesem Weg, bis uns ein hölzerner Wegweiser nach links nach Castelvecchio schickt. Wenn Sie die Abzweigung verpassen (oder das Holzschild fehlt), schadet das auch nicht, Sie stoßen nämlich irgendwann an eine Autostraße und gehen dann erst dort nach links, weil die Straße ebenfalls nach Castelvecchio führt.

Nunmehr gewinnt der Weg kaum noch an Höhe, er führt am Hang entlang geradewegs nach **Castelvecchio**, das wir bergab durchqueren, um am unteren Ende auf ein Wanderzeichen in der Form eines roten T zu stoßen. Das weist nach Erli, die angegebene Wanderzeit ist allerdings absurd übertrieben. Man braucht von hier allenfalls eine Stunde. Wir gehen durch Castelvecchio auf die Zufahrtsstraße und nehmen nach einem Mülleimerplatz links der Straße einen Abkürzungsweg (N 44°07'50" E 8°06'58,5"). Beim Auftreffen auf die nächste Fahrbahn gehen wir links (das T ist auf die Mauer gegenüber gemalt). Da wir den Pfad der nächsten Abkürzung nicht gefunden haben, gehen wir auf der Fahrbahn um eine linke Spitzkehre, um etwa 250 m nach dieser rechts an einem Mäuerchen mit dem roten T einen Abkürzungspfad zu entdecken, der dort ankommt, wo die Zufahrtsstraße nach Castelvecchio von der SP 582 abzweigt. Genau dort ist das T auf eine Leitplanke gemalt und zeigt zum nächsten Pfad im hinteren Teil einer Ausbuchtung, der nach einem Abstieg das Tal überquert und auf ein Sträßchen stößt, auf dem wir rechts des Tales nach **Erli** gelangen.

Brücke bei Erli

In Erli, einem Minidorf, stiefeln wir durch eine teilweise überbaute Gasse, nun geleitet von zwei roten Strichen, hinab zur mittelalterlichen Brücke. Wenn es Sommer wäre, könnten wir hier vermutlich **baden**, vorausgesetzt, der Fluss hätte dann so viel Wasser wie im April (Lesern war auch im Sommer das Wasser zu kalt). Wir wandern nun entlang des tosenden Gewässers nach Süden, durch eine richtige **Schlucht**, mit kleinen Wasserfällen, einem Wehr und wenigstens zwei weiteren Bademöglichkeiten. Nach einer halben Stunde ab Erli weitet sich das Tal, Gartenbaubetriebe liegen nun am Weg, mit Pflanzen für den Export, in denen schon deutschsprachige Plastikschilder stecken.

Nach **insgesamt 3 Stunden** sind wir wieder in Zuccarello. Hinter uns liegt eine Wanderung, die man zu allen Jahreszeiten gehen kann, weil sie überwiegend schattig ist und auch an heißesten Tagen Abkühlung bietet. Der Weg ist ungewöhnlich abwechslungsreich und auf der Kompass-Karte Nr. 641, die nicht unbedingt erforderlich, aber sinnvoll ist, komplett eingezeichnet, an manchen Stellen jedoch ein wenig fehlerhaft. Auf der Karte des *Rother Gold Abos* ist die Strecke als Wanderweg eingezeichnet, die Abkürzung von Castelvecchio nach Erli ist ebenfalls sehr gut zu erkennen..

Ab Zuccarello und Castelvecchio führt eine kurvige, aber landschaftlich wunderschöne Strecke über den knapp 1.000 m hohen Colle S. Bernardo ins Piemont und nach **Garessio**.

Garessio

Das liegt nun zwar gerade nicht mehr im Beschreibungsgebiet dieses Buches, aber so sehr auf der Route nach Norden, dass ich es nicht ausklammern konnte. Gemeint ist nicht die Neustadt mit etwa 3.000 Einwohnern und Kurbetrieb, sondern der an der Straße zum Colle S. Bernardo liegende historische Ortsteil mit sehenswerter mittelalterlicher Bebauung und gewaltigen Kirchen. Zwei *Übernachtungsmöglichkeiten* kommen infrage:

(046) Offizieller WOMO-Stellplatz: Garessio – Neustadt

GPS: N 44°12'24" E 8°01'03" **Max. WOMOs**: 8.
Öffnungszeit: Ganzjährig.
Ausstattung: Ver- und Entsorgung, Strom (Münzen), Picknickbank.
Beschreibung: Der schattenlose Platz mit Rasenpflaster liegt am Rand der Bebauung und ist klappstuhlgeeignet. Häuser liegen in Sichtweite, allerdings auf der anderen Flussseite. In den Ort mit Ristorante und Geschäften sind es etwa 400 m Fußweg. In den historischen Teil sind es 1,4 km.
Zufahrt: Biegen Sie nördlich der Neustadt bei einem Kreisverkehr von der SP 582 nach rechts ab; der Platz liegt dann seitlich der Sportstätten am Fluss.

(047) WOMO-Parkplatz: Garessio – Centro Storico

GPS: N 44°11'58" E 8°01'32", SP 582. **Max. WOMOs**: 20.
Ausstattung: Wasser, Ablauf, Mülleimer.
Beschreibung: Der teilweise schattige, riesengroße Platz liegt am Rand der Bebauung und ist trotz Asphalts klappstuhlgeeignet, aber nicht lauschig und auch nicht weit von der Durchgangsstraße entfernt. Gaststätten (darunter die empfehlenswerte *Locanda Ponte Rosa*) und Geschäfte sind im Centro storico nach etwa 500 m erreichbar. Leider konnte ich nicht herausfinden, wozu die Gemeinde eine solche Fläche benötigt, auf der man WOMO-Verkaufsmessen veranstalten könnte (vermutlich wird sie als Parkplatz für Wintersportler und als Hubschrauberlandeplatz gebraucht. Im Sommer 2022 war der Platz aus diesem Grund auch (vorübergehend?) gesperrt.
Zufahrt: Der Parkplatz liegt nördlich des historischen Ortskernes und direkt seitlich der SP 582 auf dem Weg in die Neustadt.

Zurück an der Küste werden Sie auf dem Weg nach Savona von einigen Stell- und Campingplätzen erfreut, diversen schönen Stränden und lohnenden Ortschaften.

Bei **Ceriale** (5.400 Einwohner), einem ansonsten wenig aufregenden Küstenort mit kleinem alten Kern, kommt wieder ein Zwischending zwischen Camping- und Stellplatz infrage, den ich einen Campingplatz nenne, und er gehört noch zur Gemarkung Albenga:

(048) WOMO-Campingplatz: Ceriale
Agricamping Oasi

GPS/Kontakt: N 44°04'23" E 8°13'32", Albenga – Via Pineo 63, Tel: 393 935057348.
Öffnungszeit: Ganzjährig
Ausstattung: Toilette, Dusche, Strom, Verkauf landwirtschaftlicher Produkte.
Beschreibung: Im ehemaligen Garten eines landwirtschaftli-

chen Anwesens stehen 14 weitgehend schattenlose Plätze zur Verfügung. Das Gelände grenzt an die mittelmäßig befahrene Straße, jenseits derer der Bahndamm liegt und jenseits dessen das Meer rauscht. Man hört also die Züge deutlich, und es gibt auch keinen richtigen Strand, aber eine Bademöglichkeit (siehe Foto). In das Zentrum von Ceriale sind es 2,8 km, in das von Albenga 3,6 km und zum nächsten freien Strand 1,4 km, zum *Lidl* 1,2 km.
Keine Hunde! **Preise**: 20 – 30 €.
Zufahrt: Der Platz liegt zwischen Albenga und Ceriale an der Strandstraße.

In **Borghetto Santo Spirito** (5.000 Einwohner), einer etwas verstreuten Gemeinde mit Stadttor und malerischer Altstadt, ist vor ein paar Jahren ein traditioneller Stellplatz weggefallen. Dafür ist ein privat betriebener entstanden:

(049) Offizieller WOMO-Stellplatz: Borghetto Santo *Spirito – Agriturismo Val Varatella*

GPS/Kontakt: N 44°06'57" E 8°14'06", Via Po 430, Tel. 333 5326319; www.valvaratella.com/. **Max. WOMOs**: 15-17.
Öffnungszeit: Ganzjährig.
Ausstattung: Ver- und Entsorgung, Toilette, Dusche, Strom, Spülbecken, Mülleimer.
Beschreibung: Sie stehen klappstuhlgeeignet im Schatten auf Schotter oder gewachsenem Boden. Manches wirkt etwas behelfsmäßig. Sie können landwirtschaftliche Produkte kaufen. Zum Strand sind es 1,2 km, in das westlich des Flusses gelegene historische Zentrum 800 m.
Preise: 16 – 26 €. Der Betreiber kommt zum Kassieren.
Zufahrt: Biegen Sie gleich östlich der Altstadt bei einem Kreisverkehr bergwärts ab, fahren Sie bei einer Stoppstraße (Allee) nach rechts und vor einer Brücke links westlich entlang des Flusses. Der Platz ist nicht identisch mit einem großen Parkplatz vor jener Brücke.

Auch in **Loano** (11.000 Einwohner) finden Sie einen Stellplatz, wenngleich vom Strand noch weiter entfernt:

(050) Offizieller WOMO-Stellplatz: Loano

GPS: N 44°07'52" E 8°14'28", Via delle Fornaci, 31. **Max. WOMOs**: 25.
Öffnungszeit: Ganzjährig.
Ausstattung: Ver- und Entsorgung, Toilette, Dusche, Strom, Spülbecken, Mülleimer.
Beschreibung: Das schattenlose, klappstuhlgeeignete Gelände auf geschottertem Gras durchwachsenem Untergrund wirkt nicht besonders einladend, wenn es weitgehend unbenutzt ist. Auch scheint die Zufahrt durch ein schmales Tor schwierig zu sein. 1,8 km zum Meer und in das Zentrum. In der Nähe scheint es keine Einkaufsmöglichkeiten zu geben.
Preis: 15 €.
Zufahrt: Fahren Sie in Loano von der SS 1 nach Norden, Richtung Boissano; der Platz ist beschildert und liegt in der Nähe des *'Campo Sportivo'*.

Einen weiteren, ebenfalls privaten Stellplatz entdecken Sie auch im nächsten Nachbarort. Nach unserem Geschmack ist das enge Gelände in der Stadt nicht so attraktiv, es ist aber dennoch meistens sehr gut besucht:

(051) Offizieller WOMO-Stellplatz: Pietra Lígure

GPS/Kontakt: N 44°09'16" E 8°17'01", Via F. Crispi 43, Tel. 340 2301594; www.areacamperpietra.it/. **Max. WOMOs**: 40.
Öffnungszeit: Ganzjährig.
Ausstattung: Ver- und Entsorgung, Toilette, Dusche, Strom, Spülbecken.
Beschreibung: Auf dem schattenlosen, geschotterten Gelände innerhalb der Bebauung stehen Sie bisweilen sehr eng. Falls dafür überhaupt Raum zur Verfügung steht, können Sie Klappstühle benutzen. Geschäfte und Gaststätte finden Sie in der Nähe, zum Strand und ins Zentrum sind es 600 m.
Preise: 16 – 18 €.
Zufahrt: Der Platz liegt an der Straße westlich des Flusses in nord-südlicher Richtung, die Sie wegen der niedrigen Bahnunterführung nicht direkt ansteuern können. Fahren Sie am Kreisverkehr im Zentrum der Stadt auf der SS 1 schräg bergwärts ab und verlassen Sie die SS 1 am nächsten Kreisverkehr scharf rechts. Dann folgt eine Beschilderung nach links.

Im östlich folgenden **Borgio Verezzi** (2.100 Einwohner) reizt der hoch gelegene Ortsteil **Verezzi**. Der gehört ebenfalls zu den *Borghi più belli* und wird von Norden über Finalborgo und Gorra angefahren; die Strecke direkt ab Borgio Verezzi ist für Wohnmobile nicht machbar. Oberhalb von Verezzi wurde ein kleiner Parkplatz neu angelegt, von dem Sie einen Weltklasseblick aufs Meer genießen, wenn nicht gerade die anderen hier parken – und solange die Verbotsschilderaufsteller noch nicht beauftragt wurden, wovon Sie mir sicher berichten werden [**052**: N 44°10'06" E 8°18'36"].

Im meernahen Ortsteil hingegen finden Sie einen schön gelegenen Campingplatz:

(053) WOMO-Campingplatz: Borgio Verezzi
Camping Park Mara

GPS/Kontakt: N 44°09'39" E 8°18'47", Via Trento e Trieste 85, Tel: 019 610479; www.campingparkmara.it/. **Öffnungszeit**: Ganzjährig.
Ausstattung: Pool, Solarium, Bar, Notvorräte.
Beschreibung: Das Gelände nennt sich auch *Parco Vacanze*, was hier bedeutet, dass die festen Behausungen deutlich in der Überzahl sind. Dementsprechend bekamen wir während der bayerischen und baden-württembergischen Pfingstferien keinen Platz. Das Gelände wird hier nur wegen des außergewöhnlich schönen Blicks auf das Meer erwähnt. An den Strand sind es 800 m, ins Zentrum ist es ähnlich weit.
Preise: 28 – 60 €, je nach Größe und Zeitpunkt.
Zufahrt: Der Platz ist östlich des Zentrums an einem Kreisverkehr beschildert.

Sie vermissen den ganzjährigen Stellplatz direkt am Meer? Am westlichen Ortsende von **Finale Lígure** (13.000 Einwohner, Betonung auf der ersten Silbe: Lígure) können Sie ihn nicht verfehlen, er liegt nämlich unmittelbar seitlich der Küstenstraße, mit entsprechendem Geräuschpegel, der dadurch gefiltert wird, dass Ihnen die Nachbarschaft dicht auf die Pelle rückt, in der Saison sogar sehr dicht. Zum Sandstrand müssen Sie etwas laufen. In der Nebensaison ist das keine schlechte Stelle, an welcher der Parkplatzwächter jeden Zweifel an seiner Chefrolle schon im Keim erstickt:

(054) Offizieller Stellplatz: Finale Lígure – *Caprazoppa*

GPS/Kontakt: N 44°09'57" E 8°20'16", Via Aurelia, www.finaleambiente.it/area-sosta-camper/. **Max. WOMOs**: 40.

Öffnungszeit: Von Anfang Januar bis Ende Februar geschlossen; möglicherweise auch schon im Spätherbst, zur Jahreswende aber geöffnet.

Ausstattung: Ver- und Entsorgung, Toiletten, Dusche (beides von 19 – 7 Uhr abgeschlossen), Mülleimer.

Beschreibung: Sie stehen auf dem geschotterten, schattenlosen Platz unmittelbar am Meer und sind nur durch eine Steinaufschüttung geschützt, weshalb bei Sturm vom Meer Gicht an ihr WOMO spritzen kann, wenn Sie in der vordersten Reihe parken. Die Parkbuchten sind sehr schmal, für Markisen und Stühle ist häufig kein Platz. In der vordersten Reihe am Meer müssen Sie mit dem Heck zum Wasser übernachten.

Höchstparkdauer 36 Stunden, danach sind Sie für eine Woche gesperrt. Der nächste Strand und das Zentrum sind 550 m entfernt, baden können Sie direkt am WOMO an den Steinen. Unmittelbar neben dem Platz haben Abrissarbeiten an einer still gelegten Fabrik begonnen. Hier wird sicher irgendwann etwas Neues gebaut, und es würde mich nicht wundern, wenn dabei der Stellplatz einbezogen wurde. Die Straße stört nachts nicht, tagsüber schon. Der Platz ist in der Hochsaison, beispielsweise an Ostern, überfüllt.

Preise: 10 € für die ersten 12 Stunden, danach 0,80 €/Stunde, man muss ein Anmeldeblatt ausfüllen.

Fußweg nach Finalborgo: Gehen Sie am Stellplatz nach rechts auf der SS 1, vorbei an einer ehemaligen Fabrik (möglicherweise inzwischen abgerissen), bis zum ersten Kreisverkehr. Dort wenden Sie sich nach links und unterqueren die Bahnlinie rechts des Bahnhofs. Danach spazieren Sie stur geradeaus und sind nach insgesamt 20 Minuten im Ortsteil Finalborgo.

Finale Lígure besteht aus drei Ortsteilen: dem am Meer gelegenen **Finale Marina** mit sehr schönem Sandstrand und relativ viel Rummel, der in der Literatur allerdings als angenehm beschrieben wird, **Finalpia**, weiter östlich und ebenfalls am Meer, aber ruhiger, und dem landeinwärts liegenden **Finalborgo**, mit alter Stadtmauer, befestigter Kirche, zwei Toren und viel Romantik. Finalborgo wirkt wie ein eigenständiges Städtchen und zählt zu den schönsten Orten Liguriens sowie zur Liga der *Borghi più belli d'Italia*. Legale Parkplätze finden Sie demnach erst etwas außerhalb, taleinwärts in Seitenstraßen (im Industriegebiet). Sinnvollerweise spazieren Sie vom

Finalborgo

Stellplatz (Fußwegbeschreibung siehe beim vorgenannten Stellplatz) zu den Resten des Mittelalters und in die preiswerte ***Locanda di Lò***, wo sich auch die Einheimischen bekochen lassen *(Piazza S. Caterina, Tel. 019 680540; nur abends geöffnet, Mo. geschlossen)*. Mehrfach wurde mir außerdem von dem reichhaltigen Menü der ***Osteria ai Quattru Canti*** berichtet; manche Leser waren begeistert; ich gebe das ungeprüft weiter *(Via Torcelli 22, Tel. 019 680540, Mo. geschlossen, preiswert; unbedingt reservieren)*.

Das bei Kletterern hochgeschätzte Hinterland eignet sich auch für eine wunderbare Wanderung:

Von Finalborgo zum Pian Marino

Es gibt Wanderstrecken, die deshalb in allen Büchern stehen, weil ein Autor vom anderen abgeschrieben hat. Daneben gibt es aber Wanderrouten, auf die kein Buch verzichten kann, weil man sie klassisch nennt und sie das meistens auch sind. Man schreibt nicht ab, sondern man wandert nach, was andere vorgewandert haben, und das literarische Produkt klingt nur so ähnlich wie die Vorlage, weil man rechts geht, wo der Weg rechts abzweigt und weil man zwei rote Punkte beschreibt, wo der Weg derart markiert ist.

Bis zu diesen roten Punkten sind Sie vom vorerwähnten Stellplatz bei Finale Marina aber schon gut 20 Minuten unterwegs (siehe Wegbeschreibung beim Stellplatz), bevor Sie im Ortsteil **Finalborgo**

(siehe oben) am zentralen Platz nach Norden auf die Piazza Tribunale gelangt sind, an deren linker oberer Ecke die Markierung mit den beiden Punkten auftaucht. Ein gepflasterter Weg führt bergauf zum **Castel San Giovanni**, eine Burg, an der Sie links vorbeigehen (Foto Seite 96). Sie bleiben auf dem Weg bis zu den wenigen Häusern von **Perti**.

Nun beginnt der schönste Teil der Wanderung, während Sie auf einem Sträßchen nach rechts zur **Kirche Nostra Signora di Loreto** spazieren. Das kleine Gotteshaus mit seinen fünf auffallenden Türmchen haben Sie schon länger im Blick, und wenn Sie auf der Straße direkt oberhalb vorbeigewandert sind, kommen Sie zu einer Ausbuchtung, von der sich oftmals die Besatzung eines schmalen Reisemobils wegen der wunderbaren Aussicht bis zum Meer kaum noch trennen kann (dazu gleich mehr).

Perti – Nostra Signora di Loreto

Die Anliegerstraße führt nun leicht bergab zu den Häusern von **La Valle (Case Valle)**, wo Sie von deutlichen Wegweisern (3 rote Punkte und ‚*San Antonino*') erst nach rechts über einen Bach und kurz danach links bergauf geschickt werden. Relativ bald zweigt rechts ein schmaler Pfad ab zu den Ruinen der mittelalterlichen Befestigung des **Castrum Perticae**, dem gleich die **Kirche San Antonino** (kleine romanische Krypta) folgt, wo Ihnen eine tolle Aussicht geboten wird, wenn Sie ein paar Meter aus dem Unterholz heraustreten.

Danach müssen Sie zum Hauptweg unterhalb des Castrum Perticae zurückkehren, um dort rechts zu gehen und dem durch zwei hohle Rauten gekennzeichneten Weg zu folgen, der nach einiger Zeit in fast freiem Gelände auf einer leichten Anhöhe nach links, also nach Westen, abknickt.

Unterhalb eines aufgegebenen Steinbruchs sehen Sie eine schöne grüne Wiese, den **Pian Marino**, an deren südlichem Ende Sie links auf einen Weg stoßen, der an der Kapelle und den Häusern von **Montesordo** vorbeiführt und bei einem kleinen Wanderrastplatz auf die Straße stößt, die über La Valle wieder nach Perti zurückführt.

Ab La Valle bewegen Sie sich auf bekanntem Terrain *(ab dem Stellplatz von Finale Lígure* ***knapp 4,5 Stunden****; die Kompass-Karte 642 (die App ist hier untauglich) ist entbehrlich; gut ist auch hier die Karte des Rother Gold Abos. Sie können wenig falsch machen, theoretische Orientierungsschwierigkeiten gibt es allenfalls zwischen den Kapellen von San Antonino und Montesordo).*

Falls Sie mit uns gewandert (siehe eben) und mit einem kleineren WOMO unterwegs sind, geben Sie Ihren Stellplatz in Finale Marina gerne auf (aber auf Ihre Verantwortung), um bei **Perti** die schöne Sicht auf das Meer und die Türmchen der **Kirche Nostra Signora di Loreto** zu genießen (siehe Foto Seite 97). Sie müssen in Perti parken oder ein paar Meter eine nur für Anlieger frei gegebene Straße befahren (mit dem Schild sollen die Autos der Kletterer von den Wegen unter den Felsen weiter hinten ferngehalten werden). Bitte kehren Sie um, wenn schon andere Wohnmobile dort stehen oder wenn Sie stören. Das ist kein richtiger Übernachtungsplatz, sondern eher eine Randbemerkung: [**055**: N 44°11'00" E 8°19'10" – Zufahrt von der SP 17 nördlich von Finalborgo bis nach Perti; parken Sie gleich nach den Häusern; Gaststätte, Wasser; auf keinen Fall während der Wanderung hier parken!].

Sehr beliebt ist ein Campingplatz, obwohl er gar nicht direkt am Strand liegt:

(056) WOMO-Campingplatz: Finale Lígure
Camping Tahiti

GPS/Kontakt: N 44°10'33" E 8°21'02", Via Varese 2, Tel: 019 600600; www.campingtahitifinaleligure.it/. **Öffnungszeit**: Mitte März – Anfang Nov.
Ausstattung: Bar, Pizzeria.
Beschreibung: Das schöne, gestufte, aber nicht sehr große Gelände innerhalb der Bebauung hält neben festen Mietbehausungen für Ligurien ungewöhnlich viele normale Campingplatzparzellen bereit. Trotzdem bekamen wir in den baden-württembergischen und bayerischen Pfingstferien ohne Vorreservierung keinen Platz. Zum Strand sind es 850 m, ins Zentrum etwa 1,2 km. **Preise**: 33 – 44 €.
Zufahrt: Der Platz ist östlich des Zentrums beschildert und liegt landeinwärts westlich des Flusses.

Der östlichste Ortsteil von Finale Lígure heißt Finalpia und wird in diesem Buch deshalb erwähnt, weil hier von der SS 1 ein Sträßchen abzweigt, das hoch in die Berge zum Dorf **Manie** führt und Sie dort mit einem Campingplatz überrascht, wie Sie ihn vielleicht schon die ganze Zeit gesucht haben. Vor allem im Sommer weiß man die gute Luft unter Pinien auf 300 Meter Höhe und die Abgeschiedenheit vom Küstenrummel zu schätzen. Wir waren zunächst enttäuscht, dass wir keine Sicht

Fußweg nach Varigotti

auf das Meer hatten und wollten spontan weiterfahren. Aber dann entschlossen wir uns zu einer Nacht – und blieben drei (was für unsere Vorhaben wirklich sehr lange ist):

(057) WOMO-Campingplatz-Tipp: Varigotti/Manie
Camping San Martino

GPS/Kontakt: N 44°11'23" E 8°22'38". Tel: 0196 98250; www.campingsanmartino.it/.
Öffnungszeit: Ganzjährig.
Ausstattung: Großer Pool, ordentliche, auch von Einheimischen besuchte Gaststätte, kleiner Laden.
Beschreibung: Das ist ein richtiger, geräumiger Campingplatz in guter Waldluft, aber ohne Sicht aufs Meer. Die Strände in Finalpia, Noli und Spotorno sind jeweils etwa 7 km entfernt. Es führt in 35 Minuten ein steiler Fußweg hinunter nach Varigotti an den Strand, der Rückweg dauert mit Erfrischungspäuschen 10 Minuten länger. Es gibt weitere Wanderwege. **Preise**: 17 – 33 €.
Zufahrt: Die Zufahrt ist in Finalpia, dem östlichen Ortsteil von Finale Ligure, schlecht beschildert. Sie müssen kurz vor dem Ortsende bergwärts abbiegen und gleich rechts kurvig bergauf fahren. Breiter und einfacher ist die Zufahrt ab Spotorno, wo der Platz westlich des Ortes beschildert ist.

Das ist ein Platz, an dem wir ausnahmsweise mal die Nachbarn beneidet haben, als diese mit einer aus der Heckgarage gerollten *Vespa* an den Strand gedüst sind; oder die E-Biker, die fast ohne Schweißtropfen und lächelnd vom Meer zurückkehrten. Wir hingegen haben uns auf unsere Mittel besonnen, den gut markierten Fußweg hinunter nach Varigotti getestet und schon bergab geschwitzt: Ein Spazierweg ist das nicht, auch wenn wir Italiener in Badelatschen sahen und uns von keinen Knöchelbrüchen berichtet wurde. Der Weg beginnt sofort am Campingplatzausgang. Achten Sie auf die Abbiegung vom breiten Weg auf einen Pfad nach links (nach knapp 400 m) und die rote Doppelraute als Wanderzeichen! Nach 35 Minuten standen wir ohne Orientierungsprobleme in **Varigotti** am *Lungomare* und an einem der angeblich schönsten Strände der Riviera – und stellten die Wanderschuhe in den Sand neben das Badetuch. Für den Rückweg brauchten wir an einem heißen Spätsommertag 45 Minuten und reichlich Wasser zur Erfrischung.

Wenn man auf diese Weise mal ohne WOMO unterwegs ist, bietet es sich an, mit dem Bus ins benachbarte **Noli** (3.000 Einwohner) zu fahren. Das gehört ebenfalls zu den *Borghi più belli d'Italia* und hat schon an Ostern fast keinen, im Sommer mit Sicherheit gar keinen freien, legalen Parkplatz für ein Wohnmobil (allenfalls entlang der Straße nach Finale Lígure). Noli ist eindeutig einer der schönsten Küstenorte westlich von Genua, aber es ist nach unseren Erfahrungen auch der Ort mit dem größten Gefälle zwischen Vorsaison und Hauptsaison, weil der Strand im Sommer rappelvoll ist, was den Reiz deutlich mindert. Kommen Sie an einem Werktag, möglichst außerhalb der Saison! Es lohnt sich! Vor allem die **Palmenbucht**,

Noli

wo die Fischer die bunten Boote auf den Strand ziehen und ihren Fang verkaufen. Das wirkt ein wenig so, als habe man heimlich draußen auf See Aufgetautes in die Kutter geladen, um den Touristen Folklore bieten zu können (die aber echt sein dürfte). Sehenswert sind auch die beiden Kirchen: die romanische Kirche aus dem 13. Jahrhundert, die allerdings im Barock aufgemotzt worden ist, und am südwestlichen Rand der Altstadt die kunstgeschichtlich hochgelobte dreischiffige **Basilika von San Paragorio**, wo man bei Ausgrabungen ein frühmittelalterliches Baptisterium aus dem 6. Jahrhundert entdeckt hat, während der Hauptbau aus dem 11. Jahrhundert stammt.

Bemerkenswert sind auch die sogenannten **Geschlechtertürme**, die in gleicher Häufung in Ligurien sonst nur in Albenga anzutreffen sind. In Noli sind angeblich noch acht Türme erhalten. Wir hingegen haben allenfalls fünf rechteckige, als Türme erkennbare Gebäude gezählt. Wer schon in der Toskana war, kennt aus San Gimignano diese mittelalterlichen Stammsitze einzelner Familien (siehe auch oben bei Albenga). In Noli sollen es 70 Stück gewesen sein, was den einstigen Reichtum dieser im 13. Jahrhundert selbstständigen Seerepublik belegt. Die meisten Touristen werden aber nur von der Aufgabe he-

Noli - im Frühjahr ohne Strandbäder

rausgefordert, Palmen, Kirch- und Wohnturm auf ein Foto zu bringen, was seit dem Palmensterben immer schwieriger wird. Sehenswert sind auch die schmalen, belebten Gassen mit zahlreichen Läden für den Alltagsbedarf.

Warum berichte ich so ausführlich über Noli, wenn Sie dort doch keinen Parkplatz finden und enttäuscht weiterfahren? Weil Sie mit etwas Flexibilität, die Ihnen in Ligurien als Wohnmobiltourist öfters abgefordert wird, alles sehen können. Der Bus fährt tagsüber alle 30 Minuten, und eine Möglichkeit habe ich Ihnen gerade aufgezeigt.

Dazu gibt es Alternativen: In **Spotorno** (3.600 Einwohner), dem östlichen Nachbarort mit lebhaftem, verwinkeltem Zentrum, der vor allem von seinem breiten Strand mit vielen *Bagni* lebt, können Sie sich mit dem Wohnmobil mehrere Tage in Meernähe aufhalten. Von den beiden Campingplätzen dürfen Sie sogar zu Fuß nach Noli spazieren. Dazu benutzen Sie den Gehweg seitlich der Küstenstraße, der SS 1, und sind auf knapp zwei Kilometer ab dem westlichen Ortsrand von Spotorno 30 Minuten unterwegs.

Oder Sie wählen die schönere Alternative auf einem Wanderweg, die weniger als 45 Minuten dauert, mit einem roten Punkt und einem roten Strich markiert ist und am westlichen Ortsende von Spotorno beginnt, wenn Sie dort beim Wegweiser zu einem Hotel (oder dem Tennisclub) auf der Straße Regione Torbora bergwärts abbiegen, rechts an einem eisernen Gittertor vorbeigehen und der Straße bergauf in einem linken Bogen folgen. Auf den ersten etwa 500 Meter können Sie nichts falsch machen. Sie müssen dann aber darauf achten, dass Sie unterhalb einer auffallend hohen und langen Mauer am Hang den Pfad nach links (Westen) finden. Von dort gelangen Sie zwangsläufig nach Noli. Unsere nachfolgende Wanderung führt in umgekehrter Richtung über diese Strecke. Sie können stattdessen etwa alle 30 Minuten den Bus nehmen (siehe bei der nachfolgenden Wanderung).

Im Ostteil von Spotorno darf ausnahmsweise auch mal der Wohnmobilist ohne vorherigen Fußweg am Strandleben teilnehmen, begünstigt durch einen großen Stellplatz, vom Kiessandgemisch nur durch den Asphalt geschieden – nicht anheimelnd, aber praktisch. Lauschig sind Liguriens Strände, jedenfalls die mit dem Wohnmobil erreichbaren, ohnehin selten:

(058) Offizieller WOMO-Stellplatz: Spotorno *Parking Merello*

GPS/ Kontakt: N 44°14'14" E 8°26'06", Via Merello, Tel. 349 4777690.
Max. WOMOs: 150.
Öffnungszeit: Ganzjährig.
Ausstattung: Ver- und Entsorgung, Mülleimer, Duschen am Strand.
Beschreibung: Der schattenlose Schotterplatz, auf dem man im Sommer sehr eng steht, ist durch die Küstenstraße vom Strand getrennt, zu dem man durch eine Unterführung gelangt. Gaststätten finden Sie in der Nähe, ins Zentrum von Spotorno sind es 1,9 km. Am Eingang steht ein Schild, das ‚*Camping*' verbietet, man darf also nicht die Markise ausfahren oder auf Klappstühlen vor dem WOMO sitzen, was auf rechtliche Gründe zurückzuführen ist, weil ohne diese Tätigkeiten ein stehendes WOMO nur parkt, und weil deshalb nicht die Verwaltungsvorschriften für Campingplätze gelten; außerdem könnten die Fahrzeuge dann nicht so dicht stehen, wie das in der Hochsaison nötig ist. Klappstühle werden aber dennoch zeitweise geduldet. *Camping* ist in Spotorno durch zahlreiche Schilder verboten.
Von hier ist der Weg nach Noli schon eine kleine Wanderung.
Preis: 16 €. **Zufahrt**: Der Platz ist am östlichen Ortsende von Spotorno seitlich der Via Aurelia, der SS 1, nicht zu übersehen.

Der in den Vorauflagen beschriebene private Stellplatz *Parcheggio Roma* war bei unserer letzten Recherche dauerhaft geschlossen. Die beiden Campingplätze, von denen uns *Camping Rustia* besser gefällt, sind sowieso die sinnvollste Lösung:

(059) WOMO-Campingplatz: Spotorno – *Camping Leo*

GPS/Kontakte: N 44°13'27" E 8°24'37", Via Siaggia 4, Tel: 0197 45184; www.campingleo.it/.
Öffnungszeit: Februar bis Anfang November. Mittagspause von 12 – 14:30 Uhr. **Ausstattung**: Kleiner Laden, Snack.
Beschreibung: Der nur teilweise schattige Platz ist gut besucht, man steht dann eng. In das Ortszentrum sind es 800 m, an den freien Strand etwa 600 m (gehen Sie auf einem Nebenweg direkt westlich unterhalb der Straße und folgen Sie dann der Beschilderung). Der Platz liegt an der – erträglichen – Bahn sowie an der tagsüber stark befahrenen, nachts aber ruhigen Straße.
Preise: 23 – 34 €. **Zufahrt**: Der Platz ist westlich von Spotorno an der Autobahnzufahrt beschildert.

(060) WOMO-Campingplatz: Spotorno *Camping Rustia*

GPS/Kontakte: N 44°13'38" E 8°24'28", Via alla Torre 2, Tel: 0197 41446; www.campingrustia.it/.
Öffnungszeit: Mitte März bis Ende September. Mittagspause von 13 – 15 Uhr.
Ausstattung: Kleiner Laden, Snack.
Beschreibung: Der überwiegend schattige Platz unter hohen Bäumen ist wesentlich großzügiger als *Camping Leo* und verfügt über ein zweites, ebenfalls schattiges Areal. In das Ortszentrum sind es 950 m (verlassen Sie dazu den Platz durch den Haupteingang und halten Sie sich rechts, an der ersten Straße nach der Bahnunterführung erneut rechts und dann links geradeaus). An den freien Strand sind es etwa 800 m (durch einen Hinterausgang zu *Camping Leo*, weiter siehe dort). Die Bahn stört gar nicht, und die tagsüber stark befahrene Straße hat uns auf einem hinteren Platz nicht beeinträchtigt. **Preise**: 25 – 35 €.
Zufahrt: Der Platz liegt westlich von Spotorno an der Autobahnzufahrt kurz hinter *Camping Leo*.

In Spotorno können wir Ihnen gleich zwei Ristoranti empfehlen: Bei ***U Fundegu d'a Monica*** (fragen Sie nicht, was *Fundegu* heißt) müssen sich auch die konservativen deutschen Gäste nicht schämen, die es im Unterbewusstsein immer noch als unhöflich empfinden, kein Hauptgericht zu ordern. Auf der kleinen Karte stehen nämlich hauptsächlich *Antipasti* und *Primi*, alle sehr lecker und preiswert *(Via Cavour 33, das ist die erste schmale Gasse parallel zur Uferstraße, Tel. 327 3516544; Do. geschlossen, kleiner Freisitz auf der Gasse, wir haben noch nach Wochen geschwärmt).* Gediegener und etwas teurer ist das **Ristorante *Al Cambio***, wo die hier wesentlich größeren Tische ebenfalls am Gassenrand stehen *(Via XXV Aprile 72, das ist im nordöstlichen Teil der Altstadt, Tel 019 7415537; kein Ruhetag, mittlere Preise).*

U Fundegu d'a Monica

Und weil der Küstenabschnitt, eine Mischung aus zerklüfteten Klippen und langen Sandstränden mit Resten von Palmen, so sehenswert ist, empfehlen wir Ihnen eine Wanderung, bei der Sie auch durch Noli spazieren und demnach zwei Fliegen mit einer Klappe schlagen:

Von Varigotti über Noli nach Spotorno

Nachdem wir uns im Tabakladen mit Fahrkarten eingedeckt haben, suchen wir in **Spotorno** an der Durchgangsstraße, der SS 1, Via Aurelia, eine Bushaltestelle (direkt östlich des Kreisverkehrs der Einmündung des Zubringers zur Autobahn und zu den Campingplätzen, d. h. schräg gegenüber einer Tankstelle). Östlich gibt es eine weitere Haltestelle etwas westlich der Kirche, und vermutlich finden Sie eine zusätzliche in der Nähe von Stellplatz Nr. 058, was wir aber nicht recherchiert haben. Der Bus fährt tagsüber meistens alle 30 Minuten. In **Varigotti**, das ist die <u>übernächste</u> Ortschaft, steigen wir am östlichen Ortseingang bei den ersten Häusern aus, gehen noch ein paar Schritte zur Ortsmitte und biegen gegenüber dem Hotel *Miramare* zum Berg hin ab. Nach wenigen Metern wandern wir mit der Markierung des roten Andreaskreuzes halb rechts leicht bergauf (nicht geradeaus, der anderen Markierung folgen).

Schon nach etwa 10 Minuten schickt uns eine Abzweigung vom Wanderweg nach rechts bergab zur **Chiesa San Lorenzo**, einer kleinen Kapelle, die nur sonntags geöffnet ist, von der man aber einen wunderbaren Blick auf die zerklüftete Küste genießt.

Chiesa San Lorenzo

Wir kehren zurück zum Wanderweg und steigen nun, weiterhin geleitet vom roten Andreaskreuz, im Prinzip ständig fast baumlos (Waldbrand vor ein paar Jahren) bergan, auch wenn der Weg zwischendurch sogar auf ein paar Meter wieder abfällt. Nach insgesamt knapp 1,5 Stunden, in denen wegen der fast penetranten Markierung nur dann etwas schief geht, falls Sie auf einem Weg weitergehen, der nicht oder anders markiert ist (dann haben Sie sich nämlich verlaufen und müssen zurückgehen, bis Sie wieder zum roten Andreaskreuz finden), haben wir die Höhe erreicht und wenden uns auf einem breiteren Weg nach rechts bis zur Militärstation oberhalb des **Capo Noli**.

Hier kann man sich entscheiden, ob man nun auf dem kürzeren Weg, markiert mit einem roten Strich im Kreis, nach Noli absteigen will oder ob man einen Umweg wählt, auf dem die Wanderung etwa 20 Minuten länger dauert. Dann nämlich folgt man dem Wegweiser *'Margherita'* und wird in einem Bogen näher am Capo Noli vorbeigeführt.

Auch auf dem Restweg hat man nach unserer Einschätzung keine Chance, sich ernsthaft zu verirren, da alle Wege hinab an den mit Pal-

In Noli

men bestandenen Strand von Noli führen, den wir beim Abstieg immer wieder im Blick haben.

In **Noli** halten wir uns fast so lange auf, wie der ganze Hinweg gedauert hat, weil wir erst am Strand die bunten Boote fotografieren, dann durch die Gassen streifen und schließlich noch wenigstens zu einem Kaffee einkehren. Das letzte Wegstück würde uns sogar eine kleine alkoholische Erfrischung erlauben, denn Großes müssen wir nicht mehr bewältigen. Nicht einmal die Orientierung ist schwer:

Wir wandern auf der Via Aurelia nach Osten, bis wir kurz vor dem Ortsende von Noli auf der letzten Straße nach links in der Nähe einer Tankstelle durch einen Torbogen abbiegen und uns sogleich nach rechts bergauf wenden. Wir haben nur am Anfang, noch unten in Noli, die Möglichkeit links oder rechts zu gehen und entscheiden uns dabei für den rechten Weg, der mit der Ziffer 4 markiert ist sowie mit einem roten Balken mit Punkt daneben. Nach einer Aussichtsstelle vor einem Haus (zum Zeitpunkt unserer Wanderung war dort noch ein *Ristorante* beschrieben) gehen wir bei der nächsten Gabelung erneut rechts leicht abwärts und können uns, da bald **Spotorno** ins Blickfeld gerät, auf keinen Fall mehr verlaufen, zumal wir immer mal wieder die Ziff. 4 vorfinden sowie die Markierung mit Punkt und Strich.

Die reine Gehzeit für die Strecke beträgt etwa **drei Stunden**, hinzu kommen die Busfahrt von 10 Minuten und ein längeres Verweilen in Noli, weshalb Sie insgesamt schon einen halben Tag für ein Unternehmen einplanen sollten, das nur mäßig anstrengend, aber umso eindrucksvoller ist. Im Hochsommer ist die Wanderung nur an kühlen Tagen zu empfehlen. Die Kompasskarte Nr. 642 *(Costa Lígure)* beruhigt mehr als sie nutzt. Wenn Sie mit unseren Angaben nicht ins Ziel finden, müssten unzählige Markierungszeichen inzwischen verblasst oder aus anderen Gründen verschwunden sein.

Am Ufer des Mittelmeers bietet sich inzwischen fast jedes Grundstück, das seinem ursprünglichen Zweck nicht mehr dient, als Wohnmobilstellplatz an, insbesondere der Parkplatz einer früheren Diskothek:

(061) Offizieller WOMO-Stellplatz: Bergeggi

GPS/ Kontakt: N 44°14'34" E 8°26'36", Via Aurelia 30, Tel. 342 9162448.
Max. WOMOs: 30. **Öffnungszeit**: Ganzjährig.
Ausstattung: Ver- und Entsorgung, Toilette, Dusche, Strom, Mülleimer, Duschen am Strand.
Beschreibung: Das Beste ist die schöne Lage über dem Meer. Sie stehen eng auf Schotterrasen erst dann im Schatten, wenn die angrenzenden Berge die untergehende Sonne abhalten. Eine Markise dürfen Sie nicht ausfahren, was sich auch deshalb erübrigt, weil Sie gar nicht außerhalb

Ihres Fahrzeuges sitzen dürfen. Zum Baden müssen Sie die angrenzende SS 1 überqueren und zum nächsten Strand 200 m gehen. Der Ort mit Gaststätten und Geschäften (1.000 Einwohner) ist etwa 800 m entfernt.
Preis: 23 – 25 €.
Zufahrt: Der Platz ist am westlich von Bergeggi über der SS 1 schlecht beschildert.

Auch dieser Reiseführer hat weiterhin Lücken, erst recht bei der Beschreibung der Küste. Den Abschnitt von Bergeggi bis Genua – genau genommen bis Pegli – damit auch die Provinzhauptstadt **Savona** (62.000 Einwohner), lassen wir nämlich überwiegend aus. Nach unserem Eindruck muss man hier besonders lange nach schönen Ecken suchen, die wir nicht gefunden haben.

Im **Vado Lígure**, schon nahe bei Savona, entdecken Sie einen ausgeschilderten Stellplatz in der Nähe des Meeres, aber auch unterhalb scheußlicher rot-weißer Schornsteine und seitlich der SS 1 – für Notfälle und die Fähren:

(062) Offizieller WOMO-Stellplatz: Vado Lígure

GPS: N 44°16'41" E 8°26'28", Via Aurelia. **Max. WOMOs**: 60.
Öffnungszeit: Ganzjährig.
Ausstattung: Ver- und Entsorgung, Strom, Mülleimer.
Beschreibung: Der erstaunlich gut besuchte, klappstuhlgeeignete, schattenlose Asphaltplatz zwischen Bahn und Straße in der Nähe von Industriegebäuden eignet sich für die Durchreise, aber nicht für freudvolle Urlaubstage, wenngleich der Badestrand direkt jenseits der SS 1 liegt.
Preis: 16 €, es gibt auch Kurzzeittarife.
Zufahrt: Der Platz liegt beschildert als *‚Area Parcheggio Camper'* westlich einer Flussmündung am westlichen Ortseingang.

Etwa 600 m weiter Richtung Savona finden Sie nebeneinander zwei **Campingplätze** am Strand und direkt an der Durchgangsstraße.

Wo wir gerade dabei sind, Stellplätze aufzuzählen, auf denen man nicht seine Ferien verbringen, wohl aber, beispielsweise im Zusammenhang mit einer Fähre ab Vado Lígure, eine Nacht verweilen möchte, müssen wir der Vollständigkeit halber auch den Platz bei **Celle Lígure** erwähnen, der ruhiger ist, als man ihn erwartet. Der Platz liegt nordöstlich von Savona und ist auf unserer obigen Tourenkarte nicht mehr eingezeichnet:

(063) WOMO-Parkplatz: Celle Lígure

GPS: N 44°20‘56" E 8°33‘24«. Via Natta. **Max. WOMOs**: 12.
Ausstattung: Ver- und Entsorgung, Mülleimer.
Beschreibung: Der Asphaltplatz außerhalb der Bebauung, aber am Ortsrand, ist bedingt klappstuhlgeeignet. Ein teils steiler Fußweg führt in 10 bis 15 Minuten zum Strand. Die nahe Autobahn ist nach unseren Erfahrungen deutlich nur bei offenen Fenstern oder Dachluke zu hören. Das Campingverbot betrifft keine Wohnmobile. Häufig werden Lkw in der Nähe abgestellt.
Zufahrt: Der Platz liegt direkt neben der Autobahnabfahrt Celle Lígure, zwischen den in größerem Abstand geführten Fahrbahnen.

TOUR 5

Tour 5: Genua 45 km

Pegli – Genova – Bogliasco

Stellplätze:	Notplätze in und bei Genua
Campingplätze:	in Genova-Pegli und in Bogliasco
Besichtigen:	in Genua: Alter Hafen, Acquario, Museo del Mare, Altstadt, Kathedrale San Lorenzo, Le Strade Nuove, Palazzo del Principe
Essen:	*Pizzeria Leo* in Pegli

In sehr frühen Auflagen, in denen zugegebenermaßen Ligurien noch gemeinsam mit dem gesamten Piemont in einem einzigen Führer bereist worden ist, habe ich **Genova** (Genua – 583.000 Einwohner – Betonung auf der 1. Silbe – Génova) völlig ausgeklammert, eine Stadt, die sich mit Vororten auf einer Länge von 35 Kilometer an der Küste entlang zieht und in einem Gegensatz zu den kleinen Ortschaften und Bergdörfern steht, wie er krasser nicht sein könnte. Trotz rückläufiger Einwohnerzahl ist sie die sechst größte Stadt Italiens (nach Rom, Mailand, Neapel, Turin und Palermo; siebtgrößte Stadt ist Bologna und hat 200.000 Einwohner weniger) und gehört nicht zu den bevorzugten Zielen eines Wohnmobilurlaubers. Zurückhaltend formuliert! Denn der Chauffeur eines Wohnmobils fürchtet in

Genova

einem solchen Moloch nichts mehr als die Parkplatzsuche, die Aufmerksamkeit des Autoknackers und vielleicht auch einen halben Tag in den Museen.

Eine Angst können wir Ihnen sicher nehmen: Die Museen sind absolut lohnenswert. Vor allem das Aquarium bereitet Kindern einen Riesenspaß. Das Aufbruchrisiko scheint mir tagsüber nicht sehr hoch zu sein (Ausnahme der nacherwähnte Stellplatz), aber die Suche nach einem Parkplatz, überhaupt der Verkehr in Genua, sind schon eine kleine Herausforderung, der mit diesem Buch vielleicht ein wenig der Schrecken genommen werden kann. Genua, das heißt alter Hafen und Altstadt, ist wesentlich sehenswerter, als wir dachten, wobei auch wir, genauso wie nun auch Sie, von Reiseführern bereits nachhaltig animiert waren. Aber wir haben den positiven Beschreibungen nicht ganz rückhaltlos vertraut und die Autoren verdächtigt, nur der

Vollständigkeit halber, und weil es gar nicht einfach ist, ein ganzes Buch über Ligurien zu füllen, derart weit ausgeholt zu haben. Ehrlich gesagt, trieb uns außerdem die Alternativlosigkeit eines Regentages zum ersten Mal in die Höhle des Löwen, das heißt auf die Parkplatzsuche unterhalb der unübersichtlichen Hochstraße, die wie ein Fremdkörper zwischen Altstadt und Hafengebiet den Verkehrskollaps mildert.

Die unproblematischste, sicherste und eindeutig beste Möglichkeit für einen Besuch in Genua ist aber, Sie werden das bei den folgenden Touren noch öfters lesen, die **Anreise mit Bahn** oder **Bus**. Denn beide innerstädtischen Bahnhöfe, die **Stazione Piazza Principe** nordwestlich und die **Stazione Genova Brignole** nordöstlich der Altstadt, sind ausgezeichnete Ausgangspunkte für die Besichtigung, und man kann nicht mal sagen, dass ein Bahnhof günstiger liegt als der andere (zu den Museen am Hafen ist die Piazza Principe näher). Die Züge fahren nicht ganz so häufig, wie man es wünscht, aber ausreichend oft. Reisen Sie ab Pegli oder Bogliasco an, wo Sie von den Campingplätzen gut zu Fuß den Bahnhof erreichen, oder beispielsweise ab Sestri Levante, Moneglia (Umsteigen in Sestri Levante) oder Rapallo. Beginnen wir also unsere praktische Beschreibung von Genua mit den beiden Campingplätzen und den jeweiligen Personenbeförderungsbedingungen:

(064) WOMO-Campingplatz: Genova-Pegli
Camping Villa Doria

GPS/Kontakt: N 44°25'52" E 8°48'48", Via Al Campeggio Villa Doria 15/N, Tel: 010 696 9600; www.campingvilladoria.it/.
Öffnungszeit: Anfang Februar bis Anfang Januar.
Ausstattung: Laden, Snack.
Beschreibung: Das angenehme, schattige Gelände ist etwa 700 m vom Ortszentrum und etwa 900 m vom Strand entfernt. Das Angebot von 50 Parzellen ist in der Hauptsaison möglicherweise nicht ausreichend; früh kommen! **Preis**: 35 € inkl. Strom.
Zufahrt: Der Platz liegt westlich von Genua, nördlich des Zentrums von Pegli und ist in Pegli an einer platzartigen Ausbuchtung der SS 1 westlich der Flussbrücke beschildert.
Verbindungen nach Genova: Vom Bahnhof verkehrt halbstündlich oder stündlich ein Zug nach Genova, der bis zum Bahnhof Piazza Principe 18 Minuten Fahrzeit benötigt. Den Bahnhof erreichen Sie vom Campingplatz mit einem Zubringerbus oder in 10 Minuten zu Fuß (nach dem Platz links auf einem Treppenweg durch einen Park), was Ihnen an der Rezeption bestens erläutert wird.
Außerdem fährt der Bus mit der Nummer 1 in Pegli am *Lungomare* ab (zu Fuß vom Campingplatz geradeaus in 15 Minuten am Bahnhof vorbei zur Küste) und endet erst nach 40 Minuten an der Haltestelle *Caricamento* in der Nähe des Aquariums (Näheres an der Rezeption).

(065) WOMO-Campingplatz: Bogliasco
Camping Genova Est

GPS/Kontakt: N 44°22'51" E 9°04'20", Via Marconi. Tel: 010 3472053; www.camping-genova-est.it/index.php. **Öffnungszeit**: 1.4. – 15.10.
Ausstattung: Von Einheimischen gerne besuchtes Lokal mit Pizzeria, Brot

und Getränken, kostenloser Shuttleservice zum Bahnhof mehrfach täglich. Sie können am Campingplatz für 45 €/Tag einen Motorroller mieten.
Beschreibung: Sie stehen auf überwiegend schattigem Gelände relativ schön über dem Ort. Das Platzangebot ist in der Hauptsaison möglicherweise nicht ausreichend; früh kommen! 15 Minuten zu Fuß zum passablen Strand und ins Zentrum auf relativ steilem Weg (über 300 Stufen).
Preise: 29 – 33 €.
Zufahrt: Der Platz liegt östlich von Genua, und die Zufahrt ist in Bogliasco beschildert; der Platz liegt nördlich im Hinterland hoch über dem Ort.
Verbindungen nach Genova: Vom Bahnhof verkehrt halbstündlich oder stündlich ein Zug nach Genova, der bis zum Bahnhof Piazza Principe 18 Minuten Fahrzeit benötigt. Das ist übrigens dieselbe Zugverbindung wie diejenige nach Pegli. Der Fußweg zum Bahnhof wie an den Strand beträgt höchstens 20 Minuten.
Sie können nach Genua auch mit dem Bus fahren, Abfahrt an der Piazza della Vittoria zum Bahnhof Genova-Brignole, was wesentlich länger dauert.

Der Campingplatz von Pegli liegt etwas günstiger als der von Bogliasco, er ist auch besser in Schuss. Auch ist in Pegli der Weg ins Zentrum etwas einfacher. In Pegli empfehlen wir Ihnen die ***Pizzeria Leo***, wo Ihnen für sagenhafte Siebenfünzig eine nicht sehr große, aber ungewöhnlich gute Pizza serviert wird – und ein *Limoncello* aufs Haus gratis hinterher, und wo Sie lernen, dass auch ein Gastraum unter Leuchtstoffröhren Urlaubsflair beschert, wenn man im Kreise der Einheimischen sitzt *(die Pizzeria liegt westlich seitlich des Bahnhofs und hat auch einen brauchbaren Freisitz; früh kommen oder etwas anstehen, Do. geschlossen).*

Bogliasco (4.500 Einwohner) ist zwar von Genua weiter entfernt, aber als Ort eindeutig schöner als Pegli und ist alleine schon einen Aufenthalt wert. Am nicht hässlichen Strand

Bogliasco

dürfen Sie sogar vor einer mittelalterlichen Brücke (fälschlich als Römerbrücke bezeichnet) baden und sonnen.

In Genua selbst ist die Suche nach einem einfachen Parkplatz in der Nähe des alten Hafens leider nicht mehr so einfach, nachdem allenthalben Bauarbeiten zur Verschönerung des Hafengebietes fortgeschritten und ungenutzte Flächen, darunter auch unser früherer Geheimtipp, weggefallen sind. Es gibt noch einen kleinen, extrem teuren WOMO-Parkplatz mit sehr hohem Einbruchsrisiko:

(066) Offizieller WOMO Parkplatz Genova

GPS: N 44°24'12" 8°55'52", Via della Marina. **Max. WOMOs**: 9.
Öffnungszeit: Ganzjährig. **Ausstattung**:Keine.
Beschreibung: Der einzige Vorteil ist die zentrale Lage. Der Platz ist sehr laut, weshalb ich hier nicht übernachten würde, was aber zulässig wäre. Die Video-Überwachung ist ein Fake. Das Internet ist voll von Berichten über aufgebrochene Wohnmobile.
Preise: 4 €/Stunde , maximal 30 €/24 Stunden. Man zieht ein Ticket und bezahlt an der Kasse der benachbarten Tiefgarage.
Zufahrt: Der Platz liegt östlich des Aquariums und grenzt nördlich unmittelbar an die stark befahrene Hochstraße SS 1; er ist an der SS 1 beschildert.

Als reiner Parkplatz kommt noch der Parkplatz **neben dem Messegelände** infrage: **GPS**: N 44°23'44"E 8°56'41", Piazzale Kennedy. Sie können von hier zu Fuß noch gut die Altstadt und das Aquarium erreichen.
Hinweise: Keine Übernachtung!
Während der Messeveranstaltungen ist der Parkplatz nach unseren Erfahrungen belegt. Zu dieser Zeit konnte man mit dem Wohnmobil parken und übernachten, wo sonst ein Wochenmarkt abgehalten wird, auf dem Viale Enrico Caviglia in der Nähe des Bahnhofs Stazione Brignole, was zu anderen Zeiten nicht möglich war; **GPS**: N 44°24'20"E 8°56'46". Aber auch hier besteht ein Aufbruchrisiko, das etwas kleiner ist, weil hier den Ganoven die Wohnmobile nicht mit gleicher Regelmäßigkeit präsentiert werden.

Wir sind auch schon mal fast eine Stunde lang auf der Parkplatzsuche durch Genua gekurvt, ehe wir nördlich des Bahnhofs Brignole am Straßenrand fündig geworden sind. Falls Sie an den vorgenannten Stellen Ihr Wohnmobil nicht erfolgreich parken können, sollten Sie die Suche im Großraum des Hafengebietes spätestens nach einer Runde einstellen, denn Parkplätze, die sich für Wohnmobile eignen, gibt es dort allenfalls am Straßenrand. Sie tun sich und Ihren Mitreisenden einen Gefallen, wenn Sie dann das Altstadtzentrum ziemlich schnell verlassen und außerhalb weitersuchen.

Es gibt bei Genua auch einen wenig attraktiven, kleinen privaten Stellplatz, der weit außerhalb liegt, von dem aber Busse in die Innenstadt fahren:

(067) Offizieller WOMO-Stellplatz Genua – *Pons Caravan*

GPS: N 44°23'35 E 9°00'29, Via Funtanin 1. **Max. WOMOs**: 6-7.
Öffnungszeit: Ganzjährig. **Ausstattung**: Ver- und Entsorgung, Mülleimer.

Beschreibung: Der schattenlose Platz direkt an der vierspurigen Zufahrtsstraße östlich von Genua ist unattraktiv und würde von uns niemals benutzt werden. Bisweilen ist er auch mit Händlerfahrzeugen vollgestellt. Unseres Wissens kann man aber in der Nähe in den Bus einsteigen. Zum Aquarium sind es 8 km.
Preise: 2 €/Stunde , 24 €/24 Std. und damit nicht preiswerter als der Campingplatz von Bogliasco.
Zufahrt: Der Platz liegt an der Straße von Nervi in die Innenstadt, direkt neben der Autobahnauffahrt.

Wenigstens müssen Sie keine Staus oder Sperrungen mehr befürchten, nachdem der Neubau der eingestürzten Autobahnbrücke überraschend schnell fertiggestellt war.

Der Einsturz des Ponte Morandi

Viele von uns werden nie mehr das Bild des grünen Lastwagens vergessen, der gerade noch vor der Abbruchkante zum Halt kommen konnte. Hätten die Bremsen erst eine Fahrzeuglänge später gewirkt, wären noch mehr als 43 Menschen tödlich verunglückt, als am 14. August 2018 um 11.36 Uhr ein 250 Meter langes Stück der Autobahn A 10 mehr als 45 Meter in die Tiefe und zwischen Häuser und Fabrikgebäude gestürzt ist (erstaunlicherweise haben einige Autobahnbenutzer diese Höhe überlebt). Zuerst ist das südwestliche Schrägseil gerissen, woraufhin in Sekunden die von den Seilen gehaltenen Fahrbahnen abbrachen und der westliche Pfeiler schließlich selbst einstürzte.

Obwohl sogar Ricardo Morandi, der Architekt des kühnen Brückenbauwerks, von dem weltweit nur zwei weitere ähnliche Exemplare gebaut worden sind, bereits fast 30 Jahre vor den Crash eine ständige und intensive Wartung der Brücke für nötig gehalten hat und andere Fachleute längst vor der Gefahr des Einsturzes gewarnt haben, sind geeignete Maßnahmen ausgeblieben, weil 25 Millionen Autos pro Jahr und bis zu 1.000 Lkw pro Stunde den Viadotto Polcevera, das ist die offizielle Bezeichnung, befahren haben, darunter auch wir bei den Recherchen für die Vorauflage, wenige Wochen vor dem Unglück. Alle Ertüchtigungen hätten nämlich zu einer wenigstens vorübergehenden Einschränkung der Nutzbarkeit geführt.

Entgegen vollmundigen Versprechungen populistischer Politiker hat es mehr als ein Jahr gedauert, bis Ersatz für die eingestürzte, schon 1967 eingeweihte Brücke zur Verfügung stand. Mit der Planung des Neubaus wurde der weltbekannte genuesische Architekt Renzo Piano beauftragt, dessen minimalistische Konstruktion während 24 Stunden am Tag errichtet worden ist und die unter der Bezeichnung *Genova San Giorgio* schon am 5. August 2020 dem Verkehr übergeben werden konnte. Längst noch nicht fertiggestellt ist die Neukonzeption des Baugebietes unter der Brücke. Als wir für diese Neuauflage auf der Brücke das Tal überquert haben, ist es uns hauptsächlich an dem Bereich unter der Brücke aufgefallen, wo wir auf den Neubau getroffen sind; es ist die Brücke zwischen der Abfahrt *Aeroporto* und dem Auftreffen auf die A7.

Auch die strafrechtliche Aufarbeitung wird noch länger dauern, denn erst im Juli 2022 hat der Prozess gegen 59 Angeklagte begonnen.

Nichts wird in Genova häufiger besucht als das Gebiet des **Porto Antico (Alter Hafen)**, wo Sie bunte Boote erwarten, aber moderne Bauwerke neben rostigen Kähnen antreffen. Sie ahnen noch (aber zunehmend weniger), dass dieser Teil des Hafens im östlichen Anschluss an den Passagierhafen, in dem riesige Kreuzfahrtschiffe ankern und die Fähren nach Sardinien und Nordafrika anlegen, vor etlichen Jahren ein ziemlicher Schandfleck gewesen sein muss, so wie auch die damals heruntergekommene Altstadt. Renzo Piano (das ist auch der von der neuen Brücke – siehe oben) hieß der italienische Stararchitekt, der im Hafengebiet aufgeräumt hat und an dessen Rand ein eigenwilliges Gebäude errichten ließ. Das wirkt wie eine riesenhafte Wanne und stellt damit schon von außen zur Schau, einem **Aquarium (Acquario)** zu dienen, welches 1992, zum Zeitpunkt seiner Eröffnung, das zweitgrößte der Welt war. Das Datum war übrigens kein Zufall, sondern markierte das Kolumbus-Jahr, den 500. Jahrestag der so genannten Wie-

Genova – Acquario

derentdeckung Amerikas aus dem Jahr 1492 durch Christoph Kolumbus, den berühmtesten »Sohn der Stadt«.

Christoph Kolumbus

Auch wenn die Stadt Genua **Cristoforo Colombo** als einen der ihren vereinnahmt, konnten die Wissenschaftler trotz intensiver Recherchen bislang nicht klären, wo der berühmte Entdecker um das Jahr 1451 tatsächlich geboren worden ist. Andere Städte in Italien, Spanien und Portugal nehmen das ebenfalls für sich in Anspruch, selbst eine schottische Herkunft wird diskutiert. Erst unlängst haben Forscher, um Licht in das Dunkel der Herkunft zu bringen, Skelettreste aus dem Kolumbus-Grab im spanischen Sevilla einer DNA-Analyse unterzogen, ohne damit das Rätsel lösen zu können.

Und nicht nur der Geburtsort liegt im Dunkeln, es gibt auch zwei Grabstätten: Außer der in Spanien noch einen Sarg in Santo Domingo, wohin der Leichnam schon 26 Jahre nach Kolumbus Tod überführt war, bevor die sterblichen Überreste über Kuba wieder nach Spanien zurückgebracht worden sind. Angeblich ist das meiste aber in der Karibik geblieben, denn in Spanien hat man bei jener DNA-Probe nur 150 Gramm Knochen vorgefunden.

Der Mythos, der mutmaßliche Genuese habe als **erster** Amerika entdeckt, ist längst widerlegt. Kolumbus war vielmehr im Jahr 1492 der **letzte** Entdecker Amerikas. Schon rund 500 Jahre früher haben nämlich Isländer ihren Fuß auf den amerikanischen Kontinent gesetzt, und es besteht kein Zweifel mehr, dass die historische Bedeutung von Kolumbus darin besteht, als erster Reisen unternommen zu haben, die zu einer dauerhaften Kolonisierung fremder Kontinente geführt haben.

Richtig ist, dass er im Auftrag der spanischen Krone im August 1492 in Südspanien zu seiner ersten Reise in See gestochen ist, um eine Westroute nach Indien zu suchen. Am 12. Oktober 1492 erreichten die drei Schiffe der Expedition, die *Santa Maria* und die kleineren *Niña* und *Pinta*, bei einer Insel der heutigen Bahamas die Neue Welt. Kolumbus nannte das Eiland ***San Salvador***.

In der Folgezeit unternahm der Seefahrer drei weitere Reisen, ehe er am 20. Mai 1506 verstarb, nachdem er auf der vierten Fahrt im Jahr 1502 erstmals amerikanisches Festland erreicht hatte. Schon die zweite Reise, mit 17 Schiffen und 1.500 Mann, diente dem Ziel, auf der Insel Hispanola (dem heutigen Haiti und der Dominikanischen Republik) Gold zu suchen, und bereits auf der dritten wurden Indios zielgerichtet versklavt. Angeblich sank infolge dieses ersten imperialistischen Übergriffs auf die sogenannte Neue Welt die Bevölkerungszahl Hispaniolas von fast einer Million Menschen auf unter 200 (!), sodass Kolumbus' Platz in der Geschichte bei Weitem nicht so unumstritten ist, wie man beim Anblick manchen Denkmals meinen könnte.

Den Seeweg nach Indien hatte übrigens im Jahre 1599 (auf der Südroute um Afrika) mit dem Portugiesen Vasco da Gama ein anderer gefunden.

Das Acquario di Genova war zurzeit seiner Eröffnung das größte Aquarium Europas. Es musste diese Spitzenstellung allerdings inzwischen dem Aquarium von Valencia überlassen, obgleich der Meereszoo von Genua im Lauf der Jahre mehrfach erweitert worden ist.

Sägefisch

Nicht selten muss man am Kartenschalter des Acquario ein wenig anstehen, und an den ersten Bassins, in denen Haie, Sägefische, Rochen oder Delfine vorbeischwimmen, staut sich besonders an Regentagen der Besucherverkehr (Sie kommen beim späteren Rundgang an der Oberseite derselben Becken noch einmal vorbei und können von dort die Fische ganz ungestört betrachten). In 39 Bassins, geordnet nach Fischarten oder Lebensräumen, wird Ihnen ein großartiger Unterwasserzoo geboten: ein Becken über die Cinque Terre, eines über Meeresflora und -fauna der Liparischen Inseln, ein karibisches Korallenriff, der Urwald von Madagaskar, das Rote Meer, Pinguine, Quallen, Riesenschildkröten, um nur einige zu nennen. Es geht einem so, wie in allen großartigen Museen, man kann nur einen Teil in sich aufnehmen und die Schritte werden, je mehr sich der Rundgang seinem Ende nähert, immer schneller.

Ganz zum Schluss können Sie gar nicht mehr schnell genug laufen. Eigentlich müssten Sie dann Ihren Kindern die Augen verbinden, weil Sie diesem Teil des Museums nicht entrinnen können, der Ihren Kindern Erinnerungsstücke aus Plüsch,

Beim Versuch Fische zu streicheln

Plastik und in digitaler Form offeriert. Das wird Ihrem Nachwuchs allerdings weniger nachhaltig in Erinnerung bleiben als im Acquario der Streichelzoo unter Wasser, wo die Kids vor Freude schreien, wenn es gelingt, einen vorbeischwimmenden Fisch zu berühren.

Das Acquario di Genova ist einer der großen Publikumsmagnete Italiens mit über 1 Mio. Besuchern jährlich und einer unserer persönlichen **Top Ten**. Es ist für Erwachsene viel mehr als der Lückenfüller eines Regentages und für Kinder ganz großes Kino, auch wenn man Mitleid mit den eingesperrten Großfischen bekommt *(der Eintritt ist leider sehr teuer; 29 €/Erwachsene, 21 €/Kinder von 4–12 Jahre, die Online-Buchung ist preiswerter; Kassenöffnung 9 oder 10 bis 18 Uhr; Appetit und aktuelle Infos holt man sich unter www.acquariodigenova.it/de).*

U-Boot vor dem Galata Museo del Mare

Väter und Söhne bleiben am 2004 eröffneten **Galata Museo del Mare** hängen, dessen Gebäude nicht ganz so spektakulär ist wie das des Aquariums, das aber ebenfalls am Rande des Alten Hafens, 400 Meter westlich des Acquario, und genauso weit mehr als ein Trost für schlechtes Wetter ist. Unter uns: Ohne Kinder, aber mit Wahlfreiheit, würde ich das größte Schifffahrtsmuseum des Mittelmeerraums vielleicht sogar dem Aquarium vorziehen, wenn ich nur Zeit für ein Museum hätte. Der Anlass für den Bau dieses Museums war ein weiteres Großereignis, nämlich das Jahr, in dem Genua Kulturhauptstadt Europas war. Das Museumsgebäude steht etwa dort, wo früher einmal, zu Zeiten der Stadtrepublik, Galeeren vom Stapel liefen. So liegt es nahe, sich den Nachbau einer genuesischen Galeere in Originalgröße vorzustellen. Und auszuprobieren, wie viel ein Galeerenruder wiegt. In einer Simulation können Sie erahnen, wie sich schwerer Seegang am Kap Horn anfühlt, und Sie werden es danach als Selbstverständlichkeit empfinden, dass der Epoche der großen Segelschiffe zwei ganze Stockwerke gewidmet sind. Interessant ist auch die nachgebaute große Segelschiffwerkstatt. Im Wasser vor der Tür ist ein bis 2002 eingesetztes U-Boot vertäut, das Sie, geschützt mit einem Helm und gegen einen Aufpreis, von innen besichtigen dürfen *(17 €, Kinder 12 €, 2 Erwachsene und 2 Kinder 38 €;* März *bis Oktober 10 – 18 Uhr, November bis Februar montags geschlossen und letzter Eintritt bis 17 Uhr)*.

Das Holzschiff zwischen Aquarium und Schifffahrtsmuseum mit auffallenden Galionsfiguren wirkt wie der missglückte Nachbau eines historischen Vorbildes und sieht so aus, wie sich ein amerikanischer Filmregisseur ein **Seeräuberschiff** vorstellt. Mit dieser Vorgabe ist es zwischen 1984 und 1986 für den Polanski-Film *Piraten* entstanden, angeblich als Ebenbild einer spanischen Galeone, in Wirklichkeit aber ein auf filmische Wirkung getrimmter Fantasiesegler, bei dem sogar einige Ausrüstungsstücke und Bauteile aus Polyester bestehen. Wir haben das Requisit noch nicht besichtigt, angeblich wird im Inneren tatsächlich Freibeuter-Atmosphäre vermittelt. Eine *Galeone* ist übrigens ein Segelschiff und hat mit einer *Galeere*, einem Ruderboot, in dem Sträflinge und Ausgestoßene mit Muskelkraft für den Antrieb sorgen mussten, nur die ersten vier Buchstaben und die Eigenschaft, auf dem Meer zu fahren, gemeinsam.

Neben dem Acquario schwimmt auf dem Wasser ein Gebäude, das aussieht wie eine **Glaskugel**, die desgleichen von Renzo Piano entworfen worden ist und exotische Pflanzen und Schmetterlinge beherbergt.

Auch der mehrteilige Mastbaum, genannt **Bigo**, stammt von Piano. Sie können sich dort von einem geschlossenen Aufzug auf 40 Meter Höhe ziehen lassen und den Hafen von oben bestaunen. Wir haben das ausprobiert und finden, dass sich der Blick wirklich lohnt, auch wenn man sich fragt, ob das nur wenige Minuten dauernde Spektakel in der sich drehenden Gon-

Bigo und Glaskugel

del 4 Euro *(mit Eintrittskarte des Acquario 3,50 €)* wert ist. Sicher ist, dass selbst Schwindelanfällige kein Wagnis eingehen.

Auf dem Weg vom Hafengebiet in die östlich davon den Hang hinauf kletternde Altstadt unterqueren Sie ein bizarres Straßenbauprojekt, eine Hochstraße, die so aussieht, als sei sie vorübergehend zur Überbrückung einer Bautätigkeit vorgesehen. Dass in einer so schönen Stadt wie Genua ein solcher Fremdkörper aber ein Dauermonstrum ist, wird Ihnen erst klar, wenn Sie ein wenig nachgedacht haben: Wie sollte der Verkehr auf andere Weise vierspurig durch das touristische Zentrum geleitet werden? Nur eine vermutlich unfinanzierbare Untertunnelung auf großer Länge könnte Abhilfe schaffen, um die Automassen unter der Stadt vorbeizuführen, die ohne Straße auf zweiter Etage ein gigantisches Verkehrschaos auslösen würden, wie es vermutlich in ganz Italien kein zweites gäbe. So gesehen ist das ***'Strada Sopraelevata'*** genannte Ingenieurbauwerk fast schon eine Sehenswürdigkeit, die Ihnen erlaubt, ohne Lärm und vom Verkehr fast ungestört vom Hafen in die Stadt zu schlendern, vorbei am bunt bemalten, unübersehbaren **Palazzo San Giorgio**, dem ersten öffentlichen Bankhaus Europas.

Diese **Altstadt**, nach Venedig die zweitgrößte in Italien, wird von vielen wegen des prallen, bunten Lebens trotz oder gerade wegen langjähriger Renovierungsmaßnahmen als die sehenswerteste Attraktion von Genua bewertet. Die Menschen unterschiedlichster Herkunft, die Cafés, die Imbissläden und Marktstände im Labyrinth der dunklen Gassen

muss man sich auch nach unserem Geschmack unbedingt ansehen, weshalb niemand auf die Idee kommen sollte, Genua sofort nach dem Besuch des Aquariums wieder zu verlassen. Tagsüber ist das Gassengewirr auch völlig ungefährlich, und man kann sich nach unseren Erfahrungen nicht ernsthaft verirren. Ob man auch am späteren Abend leichtfüßig zum Hafen schlendern möchte, haben wir noch nicht getestet.

Nach mehreren Besuchen bei Regenwetter waren wir überrascht, wie sehr Sonne und blauer Himmel den Gesamteindruck weiter verbessern, und wir halten es für unabdingbar, Genua an einem Werktag zu besuchen, möglichst von Dienstag bis Samstag. Wenn die Läden zu sind, fehlt fast vollständig der Reiz der Altstadt. Das gilt in Maßen auch über Mittag und auch

Kathedrale San Lorenzo

dann, wenn Sie nichts in einem der zahlreichen Spezialgeschäfte einkaufen möchten. Aber falls Sie mal bei der Anschaffung einer Toilettenbürste die Qual der Wahl erleben möchten oder für Ihre antike Kommode schon lange den richtigen Beschlag suchen, sollten Sie sich im Gebiet zwischen Hafen und Piazza de Ferrari näher umsehen (das unglaubliche Geschäft mit den Möbelbeschlägen heißt *Guarnimobili* und liegt in der Via San Lorenzo, an die auch der Dom grenzt, vom Dom in Richtung Hafen links; www.guarnimobili.com/).

Der Dom, die **Kathedrale San Lorenzo**, ist in den Altstadtgassen gut beschildert (gehen Sie, das Aquarium im Rücken, ein wenig nach rechts, nach Südosten versetzt in der Altstadt bergauf) und schon allein wegen ihres riesigen, 100 Meter langen, dreischiffigen Innenraums lohnend. Im linken Seitenschiff wird in der Cappella San Giovanni Battista der Sage nach die Asche Johannes des Täufers verwahrt, die deutlich mehr Aufmerksamkeit auf sich zieht als die Granate, die im rechten Seitenschiff von einem Wunder kündet: Sie schlug im 2. Weltkrieg in der Kirche ein, explodierte aber nicht *(der Dom ist täglich von 12 bis 15 Uhr geschlossen – ein weiterer Grund, über Mittag im Museum und nicht in der Altstadt zu verweilen).*

Direkt oberhalb des Doms liegt der herrschaftliche **Palazzo Ducale**, wo zu Zeiten Genuas Blüte, vom 15. bis zum 18. Jahrhundert die Dogen wohnten, die Herrscher der Seerepublik, deren bekanntester Andrea Doria war (1466–1560).

Andrea Doria

Wer oder was war »Andrea Doria«?

Zur Vorbereitung Ihres nächsten Auftritts in einer Quiz-Show sollten Sie sich merken, dass *S.E. Andrea Doria* ein Genueser Fußballverein war, aus dem der heutige Erstligist *Sampdoria Genua* hervorgegangen ist.

Die Älteren unter uns denken aber eher an einen der ersten und größten Hits von Udo Lindenberg, als dem Rocker im Jahr 1973 mit dem Refrain

»... und ich glaub', dass unser Dampfer bald untergeht, aber sonst ist heute alles wieder klar auf der Andrea Doria«

der kommerzielle Durchbruch gelang. Sogar das Album hieß *,Andrea Doria'*, denn Udo L. konnte bei der damaligen Generation mit den Schlagworten *Andrea Doria* und dem Slogan *Keine Panik auf der Titanic* die bei vielen im Unterbewusstsein schlummernde Erinnerung an eine der größten Schiffskatastrophen der Nachkriegszeit wachrufen. Die *‚Andrea Doria'* war nämlich eines der luxuriösesten Passagierschiffe der Seefahrtsgeschichte, das am 25. Juli 1956 auf dem Weg von Genua nach New York vor der amerikanischen Küste, kurz vor dem Ziel und in dichtem Nebel, mit einem schwedischen Passagierdampfer zusammengestoßen und elf Stunden nach der Kollision gesunken ist. 46 Menschen fanden den Tod, weil man wegen der starken Schlagseite die Hälfte der Rettungsboote nicht zu Wasser lassen konnte. An Bord befanden sich 1.134 Passagiere und 572 Besatzungsmitglieder.

Das Wrack liegt heute in 70 m Tiefe und gilt als *Mount Everest der Wracktaucher*. Seit 1956 kamen nämlich 16 Menschen bei Tauchversuchen ums Leben.

Der Name dieses italienischen Schiffes aus Genua war natürlich kein Zufall, sondern erinnerte an einen der reichsten und einflussreichsten Genuesen des 16. Jahrhunderts. Vermutlich auch an einen der ältesten, denn er starb im Jahre 1560 in Genua nur wenige Tage vor seinem 94. Geburtstag, und hatte damit ein zu dieser Zeit unglaubliches Alter erreicht. **Andrea Doria** kämpfte als Admiral an der Spitze der genuesischen Flotten gegen die Franzosen, die Piraten und die Osmanen. Er belagerte Marseille, er wirkte als Staatsmann und besaß in Genua mehrere Paläste. Und er kämpfte für die Unabhängigkeit seiner Republik, wofür man sich ihm mit vielen Denkmälern dankbar zeigt.

Aber ohne Herrn Lindenberg wäre sein Name aus unserer Erinnerung gelöscht.

Ohne Stadtplan (Stadtpläne gibts kostenlos an den Touristeninformationen und den Bahnhöfen) etwas schwerer zu finden ist die historisch größte Sehenswürdigkeit Genuas, Le Strade Nuove. Gehen Sie an der Kathedrale weiter bergauf bis zur **Piazza de Ferrari**, dem Prunkplatz Genuas und Mittelpunkt des modernen Zentrums. Halten Sie sich vor dem **Teatro Carlo Felice**, das Sie an einer Säulenvorhalle erkennen, links (das 2.000 Zuschauer fassende Opernhaus wurde im 2. Weltkrieg zerstört und erst 1991 wieder aufgebaut). Biegen Sie dort in die Via XV Aprile ein und schlendern Sie bis zum nächsten Platz, der Piazza Fontane Marose.

Piazza De Ferrari

Hier beginnt die **Via Garibaldi**, die mit der westlich anschließenden Via Cairoli und der in kleinem Abstand noch weiter westlich folgenden Via Balbi im Jahr 2006 als **Le Strade Nuove** (die neuen Straßen) in die Liste des UNESCO-Weltkulturerbes aufgenommen worden ist, weil hier ein besonders gut erhaltenes Ensemble prächtiger Palazzi aus dem 16. Jahrhundert die Zeit überdauert hat. Damals hatten es Genueser Bankbesitzer und Kaufleute unter anderem als Geldgeber des spanischen Königshauses zu unermesslichem Reichtum gebracht – Genua war vorübergehend sogar die reichste Stadt Europas. Aber die enge Altstadt ließ keine großzügigen Prunkbauten zu, die dem Zeitgeschmack der Superreichen entsprachen. So entstand nordwestlich der damaligen Stadt (der heutigen Kernaltstadt) eine erste Vorstadt. Heute würde man sagen, ein Neubaugebiet, das aber seine Entwicklung aus einem mittelalterlichen Stadtbild nicht verleugnen kann. Die Via Garibaldi ist nur 7,50 Meter breit, was für die Bauzeit vermutlich revolutionär großzügig war, wodurch aber aus heutiger Sicht ein ganz ungewöhnlicher Eindruck entsteht. Denn die hohen, klotzigen und zugleich prachtvollen Paläste passen nach unserer Anschauung nicht zu einer Straßenschlucht und wirken unter anderem deshalb so einmalig. Das Ensemble der Via Garibaldi ist eine ganz große, meines Wissens in dieser Form einmalige Sehenswürdigkeit, auch wenn man nur wenige der prunkvollen Häuser von innen besichtigen kann. Dort sind immer noch (oder wieder) überwiegend Banken untergebracht, darunter im Palazzo Spinola die Deutsche Bank. Betrachten Sie dort in der ungehindert erreichbaren Vorhalle die Deckengemälde (und glauben Sie nicht, Sie bekämen am Schalter als deutscher Kunde dieses Bankhauses Geld). Auch in einigen anderen Palazzi können

Via Garibaldi

Via Garibaldi - Palazzo Doria Tursi (Stadtverwaltung)

Sie sich die Innenhöfe ansehen. In den beiden Gemäldegalerien, im **Palazzo Bianco** und im **Palazzo Rosso**, dürfen Sie sich frei bewegen und vor allem sehenswerte Gemälde von der Renaissance bis zum 18. Jahrhundert betrachten *(10 – 19 Uhr, Mo. geschlossen, 9 €)*.

In der Via Balbi, wie gesagt, weiter westlich und benannt nach der gleichnamigen Familie, die hier angeblich ihre Palazzi besessen hat, liegt der riesige **Palazzo Reale**, seit 1824 vorübergehend königlicher Nebenwohnsitz der in Turin beheimateten Herrscher von Piemont-Sardinien.

Palazzo Reale

Der **Palazzo del Principe**, ein schlossartiges Gebäude, mit dem Andrea Doria um 1529 neue Maßstäbe gesetzt hat, liegt noch weiter außerhalb und westlich des Bahnhofs Piazza Principe. Unter der Leitung von Perin del Vaga, einem Schüler Raffaels, wurden die Innenräume teilweise großartig freskiert, was wir aber nach langjährigen Restaurierungsarbeiten selbst noch nicht besichtigt haben *(10–17 Uhr, Mo. geschlossen, 9 €).*

Überhaupt beschränken wir uns in diesem Buch auf einen kleinen Teil des in Genua Sehenswerten. Man könnte hier Wochen mit Besichtigungstouren füllen und benötigt dazu profunde Hilfe, beispielsweise die ausgezeichneten Beschreibungen von Sabine Becht und Sven Talaron im Ligurienführer aus dem Michael Müller Verlag, mit Stadtplan und umfangreichen Hintergrundinformationen.

Wenn Sie viel Zeit haben, könnten Sie mit der **Standseilbahn** *(Funicolare)* von der Station an der Piazza Zecca (leicht zu übersehen – N 44°24'49" 8°55'50") zur Bergstation Righi (N 44°25'27" 8°56'16") fahren oder an der Bergstation parken (und vielleicht sogar übernachten, es gibt nur selten Platz) und hier wandern (siehe Rother Wanderführer) oder mit der **Zahnradbahn** *(Ferrovia Principe – Cranarolo)* ab dem Bahnhof Principe in die Berge rattern.

Man neigt im Urlaub dazu, nur das Alte oder das Museale sehenswert zu finden, fotogen ist aber oftmals nur das Ärmliche. Wenn ich in diesem Zusammenhang kurz abschweifen darf, möchte ich darauf hinweisen, dass Ligurien wie kaum ein anderes jemals von mir bereistes Gebiet in Europa malerische und fotogene Eindrücke bietet, ohne dass dabei in erster Linie die Armut der Bewohner diese Impressionen ermöglicht. Falls Sie stattdessen ein wenig dem heutigen Geldadel zuschauen, zumindest darüber nachdenken wollen, ob Geldausgeben wirklich glücklich macht, sollten Sie in der Via Roma (links vom Teatro Carlo Felice) die Schaufenster der teuersten Nobelmarken-Geschäfte betrachten – und die gelangweilten Gesichter des auf Kundschaft wartenden Verkaufspersonals. Aber wahrscheinlich unterscheiden sich auch in dieser Liga Geschäftsausstattung und Waren gar nicht so sehr von dem, was in Monaco, München oder London angeboten wird, jedenfalls nicht so sehr, wie sich die jeweiligen Altstädte voneinander unterscheiden.

Tour 6: Die Halbinsel von Portofino 43 km

San Rocco – Camogli – San Fruttuoso – Portofino
Rapallo – Santa Margherita Lígure

Stellplätze:	vor San Rocco, in Portofino Vetta, in Camogli Ruta, Notstellplatz in Rapallo, bei Santa Margherita Lígure
Campingplätze:	in Rapallo
Besichtigen:	Camogli, Klosterbucht San Fruttuoso, Portofino, Santa Margherita
Wandern:	von San Rocco oder Portofino Vetta in die Bucht von San Fruttuoso; von San Fruttuoso nach Portofino
Essen:	Ristorante *La Cucina di Nonna Nina* in San Rocco, Pizzeria *Pineta* in Rapallo

Ein eigenständiger Wohnmobilreiseführer über Ligurien ist in früheren Zeiten daran gescheitert, dass wir Genua und fast den gesamten Küstenabschnitt von dort bis zu den Cinque Terre ausgeklammert haben, darunter auch einen der schönsten Teile Liguriens, die **Halbinsel von Portofino**. Und ohne diesen Ab-

Halbinsel von Portofino – San Fruttuoso

schnitt zwischen Camogli und Rapallo ist ein Ligurien-Führer so wenig denkbar wie ein Toskana-Führer ohne Florenz.

Das Problem dieses Gebiets ist die Erschließung, da nicht einmal mit einem Pkw alle Ortschaften angesteuert werden können, und weil sich hier das Wohnmobil als ein eher unpraktisches Beförderungsmittel erweist. Die schönsten Orte und Stellen kann man mit ihm, ganz gleich wie schmal und wendig es ist, nicht erreichen. Daran hat sich auch bis zu diesem Buch nichts geändert. Allerdings haben wir inzwischen gelernt, wie man trotz solch ungünstiger Bedingungen auf dem *Promontorio di Portofino* (*Vorgebirge von Portofino*) aufregende Urlaubstage in malerischen Ortschaften und auf fantastischen Wanderungen genießen kann. Es gibt dazu im Wesentlichen drei Möglichkeiten:

1. Alternative: Sie bleiben mit Ihrem Fahrzeug andernorts stationär, beispielsweise in Bogliasco (Tour 5), Sestri Levante (Tour 7), Moneglia (Tour 7) oder Levanto (Tour 8), und reisen mit dem Zug nach Santa Margherita oder Camogli (wobei man von Moneglia oder Levanto in Sestri Levante umsteigen muss). Sie steigen am Ziel auf ein Schiff, das Sie nach Portofino oder in die Klosterbucht von San Fruttuoso befördert. Oder Sie wandern vom Bahnhof zumindest auf einer Strecke dorthin. Viele Leser nutzen auch das Pedelec.

2. Alternative: Sie beehren einen der Campingplätze von Rapallo und setzen sich in den Bus oder auf das Rad und/oder am Hafen von Rapallo auf das Schiff.

3. Alternative: Sie entscheiden sich für einen Wohnmobilstellplatz auf der Halbinsel und nehmen von dort die Besichtigung teils zu Fuß, teilweise mit dem Schiff, möglicherweise auch teils mit dem Bus oder dem Rad in Angriff. Dafür gibt es einen besonders geeigneten Platz, dessen Überleben ein kleines Wunder ist, weshalb man ihn täglich in das Nachtgebet einschließen sollte. Aber ich schließe nicht völlig aus, dass Sie dort an sonstigen Tagen, beispielsweise an Ostern, keinen Platz finden. Wir haben die Bedingungen zweimal in der Woche nach Ostern getestet und konnten dabei mühelos parken und übernachten. Außerdem habe ich inzwischen viele Zuschriften erhalten, in denen fast nur Positives, jedenfalls nicht von Platzproblemen, berichtet wird:

(068) Offizieller WOMO-Stellplatz: San Rocco

GPS: N 44°19'58" E 9°09'56", Viale F. Molfino. **Max. WOMOs**: Etwa. 20.
Öffnungszeit: Ganzjährig. **Ausstattung**: Mülleimer.
Beschreibung: Das ist ein großer, gemischter, asphaltierter Parkplatz, an dessen Rändern Sie auch Klappstühle benutzen können. Da der Parkscheinautomat einen WOMO-Tarif ausweist, sind Wohnmobile offiziell erlaubt. Unsere nachfolgend empfohlene Wanderung beginnt hier. Sie übernachten außerorts, meistens in der Nachbarschaft anderer Wohnmobile und etwa 100 m von den nächsten Häusern entfernt. Zu einer Gaststätte und einem kleinen Lebensmittelgeschäft ist es kaum weiter.

Preise: 1,50 € / Stunde, 15 € / 24 Std. mit Münzen, Scheinen oder Karte (in der Nebensaison raten Anwohner vom Bezahlen ab, weil nicht kontrolliert würde, Leser haben berichtet, dann sei der Automat auch abgeschaltet).

Zufahrt: Biegen Sie von der SP 1, *Rapallo-Camogli*, im Ortsteil Ruta nach Süden ab und fahren Sie bis zum großen Parkplatz vor San Rocco, ab dem für Wohnmobile die Weiterfahrt in den Ort verboten ist.

In einer Ansiedlung, die **San Rocco** heißt, ist man nicht überrascht, eine unverhältnismäßig große und klotzige Kirche anzutreffen, die den hoch gelegenen Ortsteil oberhalb von Camogli beherrscht. Daneben gibt es einen kleinen Einkaufsladen, einen Bäcker und zwei Gaststätten, von denen eine, nämlich ***La Cucina di Nonna Nina***, nur wenige Gehminuten von Ihrem WOMO entfernt, ein echter Geheimtipp ist. Das

Blick von Platz Nr. 068 auf San Rocco (links) und Camogli

enge Lokal ist nicht ganz so schlicht und preiswert, wie es zunächst scheint, aber es schmeckt so, als stünde die *Großmutter (Nonna)* noch selbst am Herd, auf dem der *Sugo* rund um die Uhr köchelt *(an der einzigen Ortsstraße unübersehbar beschildert, Tel. 0185 773835, Sie sollten unbedingt reservieren, denn das Restaurant steht in allen Büchern; wir haben in der Woche nach Ostern nach der Wanderung für denselben Abend um einen Tisch gebeten, was ausreichend war, worauf man sich aber nicht verlassen darf; kein Ruhetag, mittlere Preise).* Leser haben das **Ristorante *Tucca e Leva*** wärmstens empfohlen.

San Rocco hat den unschätzbaren Vorteil des schönen Stellplatzes, der Gasthäuser und einer ausladenden Balustrade vor der Kirche mit Blick bis nach Genua. Wenn Sie allerdings mehr erleben möchten, müssen Sie Stufen steigen, was hinunter nach Camogli kein Problem ist. Beschwingt schweben Sie zwischen Feigenbäumen und duftenden Gärten hinab an die

Blick auf San Rocco und den Golfo Paradiso bis nach Genua

Strände und das Meer. Heimwärts allerdings werden Sie sich öfters den Schweiß wischen und über die Anzahl der Stufen rätseln. Wir haben für Sie das Zählen bereits erledigt: Es sind 816 Stück – Sie brauchen für den Heimweg von Camogli 35 Minuten; 10 Minuten länger als für den Hinweg. Wer jene Stufen nicht schafft, kann von Camogli auch den Bus zurück nach San Rocco nehmen (man muss erst mit der Linie 73 nach Ruta fahren und dort umsteigen oder ab Ruta etwa 15 Minuten entlang der Straße auf gleicher Höhe laufen; der Bus von Ruta nach San Rocco fährt etwa jede Stunde, der letzte um 20:25 Uhr; leider habe ich keine Internetseite mehr entdeckt, auf der das übersichtlich zusammengestellt ist; ich habe unter >*autobus camogli ruta orari*< gegoogelt und dabei Fahrpläne gefunden; *feriale* auf den Fahrplänen heißt übrigens *werktags*).

Es kommen noch zwei weitere Plätze mit eigenen Vorzügen infrage:

(069) WOMO-Parkplatz: Portofino Vetta

GPS: N 44°20'09" E 9°10'14". **Max. WOMOs**: Etwa 10.

Ausstattung: Mülleimer.

Beschreibung: Das ist ein gepflasterter ehemaliger Parkplatz ein Stück vor einem seit Jahren nicht mehr betriebenen Hotel, der sich im Laufe der Zeit zu einem beliebten Stellplatz mit schöner Sicht entwickelt hat. Die Nutzbarkeit dieses Parkplatzes als Stellplatz hängt von der zukünftigen Nutzung des nahen Hotelkomplexes ab, der allerdings inzwischen eingezäunt ist und nicht so aussieht, als würde er irgendwann wieder wachgeküsst. Sie können hier Klappstühle benutzen und stehen im Prinzip einsam außerhalb der Bebauung, aber meistes im Kreise von Gleichgesinnten. Bei der unten beschriebenen Wanderung kommt man am Hotelgebäude vorbei, die Wanderung wird dadurch also kürzer, wenn man sie hier beginnt. Im Bereich der Straßenrundung beim Hotel zweigt ein Pfad hinunter zum Parkplatz ab, der Ihnen eben bei San Rocco empfohlen worden ist.

Zufahrt: Portofino Vetta liegt nicht, wie der Name vermuten lässt, nahe bei Portofino, sondern hoch im Gebirge der Halbinsel.

San Rocco (Blick von Portofino Vetta)

Im Ortsteil von Camogli Ruta zweigt von der SP 1, *Rapallo-Camogli*, neben der Trasse nach San Rocco eine schmale Straße zum ehemaligen Hotel *Portofino Kulm* ab, die immer noch aussieht wie eine private Hoteleinfahrt, aber allgemein befahrbar ist. Sie gelangen so nach etwa 2 km zu einem Aussichtsbalkonparkplatz vor dem ehemaligen Hotelgebäude.

(070) Offizieller WOMO-Stellparkplatz: Camogli Ruta

GPS: N 44°20'31" E 9°10'29", SP 1. **Max. WOMOs**: 15
Öffnungszeit: Ganzjährig. **Ausstattung**: Mülleimer.
Beschreibung: Der schattenlose Asphaltplatz innerhalb der Bebauung ist eindeutig der am wenigsten schöne der drei Plätze oberhalb von Camogli. Zeitweise stört die nahe Straße ziemlich. Angeblich wird es nie ganz ruhig. Wir haben hier allerdings noch nicht selbst übernachtet. Sie können hier loswandern (Markierung im Scheitel der alten Straße gegenüber). Die Wanderstrecke von hier nach San Fruttuoso und Portofino ist augenscheinlich nicht weiter als von San Rocco. Man kann zu Fuß nach San Rocco (etwa 15 Minuten) und Camogli spazieren. Letztes haben wir noch nicht ausprobiert. Die Haltestelle des Busses nach Recco, Camogli, Rapallo und Portofino sehen Sie direkt gegenüber.
Lebensmittel und eine Gaststätte finden Sie Richtung Camogli.
Preise: 2 €/Std, 15 €/24 Std. mit Münzen, Scheinen oder Karte; von 20 bis 8 Uhr kostenlos.
Zufahrt: Der große Parkplatz dient Bussen und WOMOs und liegt im Ortsteil Ruta direkt an der Straße von Camogli nach Rapallo östlich eines Straßentunnels in einer Kurve.

Camogli

Camogli (5.800 Einwohner), einer der malerischsten Orte am nördlichen Mittelmeer, gehört zu unseren persönlichen **Top Ten**. Entsprechend groß ist am Wochenende und in der Hochsaison der Auftrieb. In ruhigeren Zeiten zählt Camogli zu den Highlights in Ligurien, weil es trotz der touristischen Vereinnahmung eine lebhafte Kleinstadt geblieben ist, mit richtigen Einwohnern und urbaner Infrastruktur – oder zumindest so wirkt. Darin unterscheidet sich Camogli von allen anderen ligurischen Orten, die uns mit ähnlich farbigen Häuserfassaden faszinieren, die aber schon ein wenig museal daherkom-

Camogli

men. In Camogli scheint alles noch authentisch, sofern man nicht gerade über Mittag oder sonntags durch die Hauptstraße, eine Etage über der Strandpromenade, spaziert, selbst wenn der geschwungene Strand auf die an der Spitze einer kleinen Halbinsel erbaute Kirche zuläuft, als sei es bei der Planung des Ensembles um nichts anderes gegangen als um das perfekte Fotomotiv. Der Grund für die Ausnahmestellung von Camogli unter allen pittoresken ligurischen Zielen ist seine Größe, noch mehr aber seine Geschichte: Die Wohnungen von Camogli

Camogli

befinden sich in sechs- oder siebenstöckigen Hochhäusern, wodurch der Eindruck einer Stadt entsteht. Und doch sind die Bauten bunt angestrichen. Man ahnt noch, dass Camogli sich ab dem späten Mittelalter zu einer bedeutenden Seefahrermetropole entwickelt hat. Im 18. Jahrhundert war die Flotte sogar größer als die von Genua. Mehrere Reedereien besaßen in den besten Zeiten etwa Tausend Schiffe, angeblich doppelt so viele, wie zu dieser Zeit in Hamburg beheimatet waren. In der Mitte des 19. Jahrhunderts wurde hier weltweit die erste Gesellschaft gegründet, bei der man Schiff und Ladung versichern konnte. Das Ende des Seefahrerbooms nahte mit der Dampfschifffahrt, als die Schiffe wuchsen und nicht mehr in den örtlichen Hafen passten.

Den stärksten Eindruck von Camogli bekommt man, wenn man sich der Kleinstadt vom Meer her nähert. Deshalb mein Tipp: Spazieren Sie nicht nach Camogli, nehmen Sie auch nicht den Zug, sondern kommen Sie mit dem Boot ab San Fruttuoso (dazu gleich mehr). Die Skyline der Hochhäuser könnte malerischer nicht sein.

Wenn Sie zwischen den aufragenden Häusern durch die Straße parallel zum Strand (Via Garibaldi) gelaufen und westlich davon durch eine extrem schmale und hohe Gasse getreten sind, werden Sie vermutlich vor einer kaum weniger hohen

Mauer riesige rostige Pfannen sehen mit einem Durchmesser von etwa vier Metern. Das Küchengeschirr kam über viele Jahre am zweiten Maiwochenende bei der *Sagra del Pesce* zum Einsatz, einem Fischerfest, bei dem beleuchtete Boote und kleine Feuerchen für Stimmung sorgen und am Sonntag Fisch fürs Volk gebacken wird. Auf einem Foto an der Mauer neben dem Riesengeschirr sehen Sie, wie herkömmliche Frittierkörbe im siedenden Fett (der Nachfolgepfannen) stehen.

Eigentliche Sehenswürdigkeiten gibt es in Camogli nicht, wenn man einmal von dem Bild der *Kreuzabnahme* in der Sakristei besagter Kirche absieht.

Camogli – Hafen, in dem die Schiffe von San Fruttuoso anlegen

Sofern Sie sich für den einen der vorgenannten Stellplätze entschieden haben und das Meer so ruhig ist, dass die Ausflugsboote rund um die Halbinsel von Portofino verkehren, – das ist eine Grundvoraussetzung für die perfekte Urlaubsgestaltung – und wenn möglichst auch noch die Sonne scheint (zumindest darf der Himmel nicht wolkenverhangen und grau in grau Ihre Fotos vermiesen), sieht einer unserer Vorschläge für Ihre Urlaubsgestaltung folgendermaßen aus: Sie parken auf einem der Stellplätze, am besten bei San Rocco, wandern nach San Fruttuoso, besteigen dort das Boot nach Camogli und sind auf den 816 Stufen des Heimweges erfüllt von einem halben Tag, wie Sie ihn anderswo farbenfroher und eindrucksvoller kaum erleben können.

Der Parkplatz von San Rocco ist also auch der ideale Ausgangspunkt für Wanderungen zur Klosterbucht von San Fruttuoso und nach Portofino:

Klosterbucht von San Fruttuoso

Die **Klosterbucht von San Fruttuoso** ist das Reiseziel, das vor vielleicht 40 Jahren der Prototyp eines Geheimtipps war. Zu einer Zeit, als man das Interesse des alternativen Urlaubers mit nichts mehr wecken konnte als dem Bedauern, man könne das Ziel nur zu Fuß, auf dem Rücken von Eseln oder per Schiff erreichen. In einer dicht besiedelten und touristisch hoch erschlossenen Region wie Ligurien war ein solcher Tipp das Signal für den Ansturm und rief in dessen Folge alle diejenigen warnend auf den Plan, die nichts schrecklicher fanden als abgedroschene Geheimtipps.

Wir empfanden die Bucht trotzdem als einen überaus lohnenden Ort, während wir uns bei bestem Wetter nach Ostern und im Frühsommer mehrfach in San Fruttuoso an den in dieser Zeit schon gut besuchten Strand gesetzt haben. Hinter türkisblauem Wasser und vor dem dunkelgrünen, steil aufragenden Hang des Vorgebirges lag das Kloster in einem Meereseinschnitt, der an diesen Tagen tatsächlich eine Traumbucht war. Meiden Sie das Wochenende, vielleicht auch die Hochsaison, wobei ich glaube, dass es, sofern Sie in diese schöne Bucht wandern, keinen Zeitpunkt gibt, in dem Sie das Vorhaben bereuen. Es sei denn, das Wetter wäre allzu grau. Sie müssen sich ja nicht in der kleinen Kiesbucht auch noch an den Strand oder in eines der nett aussehenden, sündhaft teuren Lokale setzen (zu denen sämtliche Waren per Schiff angeliefert werden).

Und Sie sollten auch nicht der Stilechtheit der Elemente des Klosterbaus, namentlich der gotischen Spitzbogenfenster des sogenannten Abtspalastes, vertrauen, einem Bauwerk aus dem 13. Jahrhundert, dessen Fassade jedoch im Jahr 1934 zum Entsetzen der heutigen Denkmalschützer eher mit erfundenen als mit authentischen Stilmerkmalen auf alt getrimmt worden ist. Die Kirche dahinter wurde vor etwa tausend Jahren errichtet und gehört mit einem Kreuzgang aus dem 11. Jahrhundert zu den ältesten Sakralbauten in Ligurien. Unterhalb des Laubengangs sind aus weißem Marmor die Grabmale der Genueser Familie Doria zu sehen (*siehe dazu bei 5. Tour* – ***Besichtigung der Abbazia di San Fruttuoso****: Juni bis Mitte September täglich 10 – 17 Uhr; März/April, zweite Septemberhälfte 10 – 16 Uhr, Oktober bis* März 10 - 15 Uhr, von Nov. bis Feb. *montags geschlossen; 5 €).*

Nur für Geübte zugänglich ist die zweieinhalb Meter große Bronzestatue des **Cristo degli Abissi** (Christus der Abgründe), die seit dem Jahr 1954 etwa 300 Meter vor dem Ufer in 17 Meter Tiefe auf dem Meeresgrund befestigt ist (Kopie im Museum des Klosters). Vermutlich wird sich kein Leser trauen, bis zu dem durch Bojen markierten Standort am östlichen Rand der Bucht zu schwimmen. Man kann sich mit dem Boot dorthin chauffieren lassen, um vor Ort zu tauchen, was wir aber nicht selbst erprobt haben.

Nachstehend stellen wir die Möglichkeiten zusammen, mit denen Sie die Bucht von San Fruttuoso erreichen:

Wege nach San Fruttuoso

Mit dem Boot:

Ab Camogli: ganzjährig, 35 Minuten Dauer, 10 €, Rückfahrkarte *(ritorno)* 15 €; das Boot hält unterwegs an der Punta Chiappa, wo Sie in einem Gasthaus teuer einkehren und von wo aus Sie zu Fuß nach San Rocco wandern können.

Abfahrtzeiten der Boote in Camogli zur vollen Stunde, im April, Mai und September nicht um 13 Uhr, im Winter nur um 8, 9, 11, 12, 14 und 15 Uhr; letzte Rückfahrt ab San Fruttuoso von Oktober bis März um 16 Uhr, April und Mai 17 Uhr, Juni 18 Uhr, Juli und August 19 Uhr, im August auch um 24 Uhr; die Abfahrtsstelle in Camogli liegt am westlichen Ende der Landseite des innerörtlichen Hafenbeckens; Näheres unter *www.golfoparadiso.it*.

Ab Rapallo über Santa Margherita und Portofino: nur von März bis Oktober eine Stunde Dauer, 14 €, Rückfahrkarte *(ritorno)* 21 €. Abfahrtszeiten: Mitte März und Oktober um 10 und um 14 Uhr; von April bis September um 10, 11, 13, 14 und 15 Uhr; ab September nur von 9 Uhr bis 14 Uhr; die Zeiten haben sich häufig geändert; siehe auf der Internetseite.

Letzte Rückfahrt ab San Fruttuoso im Oktober um 15:30 Uhr, im April um 16:30 Uhr und von Mai bis September um 17:30 Uhr; Näheres unter *www.traghettiportofino.it*.

Ab Sestri Levante: nur von Mai bis September an bestimmten Tagen; Näheres unter *www.traghettiportofino.it.*

Achtung: Beachten Sie, dass die Boote bei starkem Seegang nicht ablegen oder San Fruttuoso nicht anlaufen. Ich habe nicht herausgefunden, ob und wann man über das Internet dazu nähere Informationen erhält. Vielleicht können Sie über die Telefonnummern Näheres erfahren: Tel. 0185 772091 für die Linie ab Camogli bzw. 0185 284670 für die Strecke ab Rapallo. **Wenn Sie sich der Witterungsverhältnisse nicht sicher sind und Sie nach San Fruttuoso wandern, müssen Sie sich den Tag so einteilen, dass Sie sicherheitshalber wieder zurückgehen können, falls kein Schiff fährt. Das klingt schlimmer als es ist, solange man nicht in die Dunkelheit gerät.**

Zu Fuß:
Ab San Rocco (Platz Nr. 068), Portofino Vetta (Platz Nr. 069) oder Camogli Ruta (Platz Nr. 070):
2 Stunden 15 Minuten (ab San Rocco oder Camogli-Ruta) oder ca. 1 Stunde 40 Minute (ab Portofino Vetta). Die Zeiten ab Camogli Ruta und Portofino Vetta sind nur geschätzt.

Ab Portofino:
1 Stunde 45 Minuten

Ab Santa Margherita:
2 Stunden 30 Minuten

Näheres lesen Sie weiter unten bei den Wanderstrecken nach Portofino, die, soweit sie über Pietre Strette führen, auch nach San Fruttuoso gegangen werden können.

Oberhalb von San Rocco

Alle Wanderstrecken sind auf der IGC-Karte Nr. 23 eingezeichnet und sehr gut beschildert. Perfekt ist die Zusammenstellung bei den Rother-Produkten, am besten beim *Rother Gold-Abo*. Sie bekommen vor Ort in den Touristenbüros und auf Campingplätzen brauchbare kostenlose Karten mit allen Wanderwegen, die übersichtlicher sind als die herkömmlichen Wanderkarten (weitere Hinweise dazu finden Sie bei den Wegen nach Portofino und der unten beschriebenen Wanderung).

Bei den Wandervorschlägen habe ich Ihnen bereits die Möglichkeit aufgezeigt, die Strecke bis nach **Portofino** (480 Einwohner) auszudehnen. Mit dem Wohnmobil können Sie dorthin jedenfalls nicht fahren, nicht mal mit dem Pkw. Portofino hat zwar einen Straßenanschluss, aber keinen Parkraum, weil die knappe Fläche für Einträglicheres benötigt wird. Selten ist die Dichte an Läden, Restaurants und Cafés größer, und nirgends in Italien ist das Durchschnittseinkommen höher, was daran liegt, dass viele Reiche in Portofino zwar nur ein Ferienhaus besitzen, gleichwohl dort ihren Erstwohnsitz unterhalten. Solch ein Ziel haben Sie sich nicht vorgestellt, als Sie zum ersten Mal mit einer Wohnmobilreise geliebäugelt haben. Portofino ist aber trotzdem einer der schönsten, vor allem malerischsten Orte in Ligurien, wenn man richtig damit umgeht, kein verschlafenes Fischerdorf erwartet, nur das Nötigste ausgibt, für die Fotos auf der Südseite des Hafens eine Treppe zum Vorplatz der Kirche S. Giorgio hinaufsteigt, wenn man das Wochenende meidet und wenn man sich damit abfindet, dass es außer bunten Farben und vielen schicken und reichen Menschen fast nichts zu sehen gibt.

Portofino ist einer der traditionsreichsten und ältesten Badeorte am Mittelmeer. Schon 1870 hat sich der englische Bot-

Portofino

schafter als Zweithausbesitzer eingekauft und das Schloss südlich oberhalb des Hafens erworben. Und bereits zu Beginn des 20. Jahrhunderts konnte man die Gunst hoher Herren durch eine Einladung in sein Ferienhaus für sich gewinnen. So wurde Kaiser Wilhelm II. im Jahre 1914 auf dem Rücken eines Esels den Hang hinaufgeführt, nachdem er einer Einladung eines ehemaligen deutschen Botschafters gefolgt war. Alfons von Mumm konnte es sich als Spross der gleichnamigen Sektfabrikantenfamilie leisten, in Portofino eine schlossähnliche Villa zu bewohnen, in welcher er 1924 verstarb. Und es wird das Gerücht verbreitet, als habe seine (offenbar deutlich jüngere) Witwe im April 1945 durch persönliche Fürsprache beim deutschen Kommandanten der abrückenden Nazi-Truppen die beabsichtigte Sprengung des Hafens verhindern können.

In Portofino wurden zahlreiche Filme gedreht, und viele Schauspieler und Politiker haben gerade in den Fünfzigerjah-

Portofino

ren des 20. Jahrhunderts in den luxuriösen Häusern oberhalb der Naturbucht ihre Ferien verbracht. Berühmte Gäste aus der Neuzeit waren Bill Gates und Bill Clinton, aber die meisten Promis ankern heutzutage lieber unerkannt. Fragt man die Matrosen einer gigantischen Motorjacht nach dem illustren Fahrgast, antworten diese: »Top secret«.

Am bekanntesten wurde Portofino aber in den 1960er und Siebzigerjahren durch die Verbreitung seiner Postkartenansicht in mitteleuropäischen Pizzerien (neben Bastflaschen und Fischernetzen), als dort bei Gästen, die ihre Ferien noch an heimischen Baggerseen verbracht und die Pizza als Genussmittel gerade erst kennengelernt hatten, das Fernweh und die Neigung für schlechten Rotwein (aus der Zweiliterflasche) geweckt worden sind. Die Lokale hießen *San Remo* und *Portofino*, und wenn die Älteren unter Ihnen ehrlich sind, haben Sie sich bisweilen nichts sehnlicher gewünscht, als den *Lambrusco* einmal zwischen den abgebildeten bunten Häusern und weißen Jachten zu trinken. Portofino wiedererweckt also vielleicht doch einen Ihrer ältesten Reisewünsche, und Sie können ihn sogar von einem Wohnmobil aus erfüllen.

Es gibt aber immer noch einen Bereich, in dem die Einheimischen wohnen, das obere Viertel, durch das der Wanderweg hinunter zum Hafen führt. Irgendwann wurde dieses Quartier von schnöseligen Reichen in Anlehnung an den New Yorker Stadtteil *Bronx* genannt. Vermutlich ist dieser Begriff schon lange wieder aus dem Sprachgebrauch vor Ort verschwunden – und wird sich trotzdem in den Reiseführern als Anekdote noch lange halten.

Auch für Portofino liefere ich Ihnen eine Übersicht über die Zugangs- und Zufahrtsmöglichkeiten:

Wege nach Portofino

Mit dem Wohnmobil:
Niemals, die Zufahrt ist verboten.

Mit dem Fahrrad/Pedelec:
Die Entfernung ab den Campingplätzen in Rapallo beträgt etwa 11 km, ab dem Stellplatz in Santa Margherita 6,4 km.

Mit Bahn oder Bus:
Ab Rapallo, Haltestelle Anagrafe (kann man bei Google Maps eingeben) oder am Bahnhof verkehren die Linien 707 (man kann schon bei *Camping Rapallo* einsteigen) und 798 etwa alle halbe Stunde bis nach Santa Margherita. Santa Margherita liegt wie Rapallo an der Bahnstrecke Genua – La Spezia und ist ab Rapallo auch mit dem Zug erreichbar.

Ab Santa Margherita verkehrt der Bus der Linie 782 etwa im 30-Minuten-Takt.

Mit dem Boot:
Ab San Fruttuoso, Dauer 25 Minuten, 9,50 €, tagsüber im Sommer stündlich (Zeiten und Internetadresse siehe bei San Fruttuoso).

Ab Rapallo oder Santa Margherita siehe ebenfalls bei San Fruttuoso, da alle Boote nach San Fruttuoso in Portofino halten; Sie können jedenfalls ab April oder Mai nach einer Stunde Aufenthalt mit dem nächsten Schiff weiterfahren – falls es nicht das letzte war.

Zu Fuß:
Ab San Fruttuoso bestens markierter Wanderweg oberhalb der Küste in 1 Stunde 45 Minuten.

Ab San Rocco (Platz Nr. 068) oder Camogli Ruta (Platz Nr. 070), vorbei an Portofino Vetta (Platz Nr. 069) und der Wegkreuzung Pietre Strette, in etwa 2 Stunden 30 Minuten (Sie können dabei vom Stellplatz Nr. 068 direkt nach Portofino Vetta aufsteigen, ohne Umweg über San Rocco und brauchen dann insgesamt etwa 2 Stunden 15 Minuten ab Platz Nr. 068 oder Platz Nr. 070).

Von Santa Margherita mit rotem Kreuz markiert ab dem Südende des Hafens in 1 Stunde 45 Minuten oder durch die Straße Costa Secca über Pietre Strette in schätzungsweise knapp 3 Stunden (Sie finden den Ausgangspunkt in S. Margherita, wenn Sie an der großen Kirche auf der Einkaufsstraße landeinwärts zur

Piazza Mazzini laufen, dort nach links abbiegen und südwestlich hinter dem Oratorio die Straße mit der Markierung von zwei roten Rauten suchen).

Von Rapallo auf einem markierten Wanderweg ab dem Nordende des Hafens über Santa Margherita entlang der Küste in schätzungsweise knapp 3 Stunden.

Ab *Camping Rapallo* wählen Sie die Via San Massimo in Verlängerung der neuen Brücke (Wegweiser *'Osteria Valle Christi'*) zur SP 1. Die Strecke führt vor dem Ende der Straße in einer Rechtskurve direkt nach Portofino Vetta. Notfalls müssen Sie über Ruta und dort den markierten Weg nach Portofino Vetta und Pietre Strette nehmen (siehe bei Platz Nr. 070). Ich habe nichts davon selbst getestet, aber ein Plan am *Camping Rapallo* hat mich auf diese Wegführung aufmerksam gemacht (siehe auf der Übersichtskarte unter *www.portofinotrek*, und schreiben Sie mir, wenn Sie den Weg gegangen sind, auch bezüglich der Dauer).

Weitere Hinweise finden Sie bei der nachfolgend beschriebenen Wanderung.

Nach so vielen Fußweghinweisen dürfen ausführlichere Wanderwegbeschreibungen nicht fehlen:

Von San Rocco nach San Fruttuoso – und nach Portofino

Die klassische Wanderstrecke beginnt an der **Kirche von San Rocco**, wo zwei Routen markiert sind: mit zwei roten Punkten ein schwieriger Weg am Küstenrand, der nur von schwindelfreien Wanderern begangen werden sollte (erstaunlich viele Leser haben ihn sich erfolgreich zugetraut), und mit einem roten Kreis die hier beschriebene Alternative für Amateure:

Diese steigen hinter der Kirche auf Treppen bergan (Wegweiser S. Fruttuoso – nicht mit dem rechts abzweigenden Klippenweg verwechseln!). Der Weg ist bestens markiert, und wenn Sie den Wegweisern folgen, sind Sie nach 2 Stunden und 15 Minuten in der Bucht von San Fruttuoso.

Wer die Strecke abwandelt, genießt oberhalb von San Rocco, in der Nähe eines Sendemastes, die Aussicht von einer Terrasse des Hotels in **Portofino Vetta** (für den lohnenden Abstecher benötigen Sie auf einfacher Strecke etwa 10 zusätzliche Minuten; in der unmittelbaren Nähe liegt Platz Nr. 069; möglicherweise kann man die Terrasse wegen eines Zauns nicht begehen, dann ist der Ausblick etwas schlechter). Sportliche Wanderer erklimmen ein paar Hundert Meter weiter südlich den 612 m hohen Gipfel des **Monte di Portofino**, von dem die Aussicht noch besser ist, wozu Sie aber einige Kraft einsetzen müssen, die Sie vielleicht besser für den weiteren Weg schonen sollten. Denn zunächst müssen Sie ab der **Wegkreuzung Pietre Strette** einen ordentlichen Abstieg in die Bucht von **San Fruttuoso** bewältigen, der teilweise steil ist, aber an keiner Stelle Schwindel erzeugt. Und wenn Sie

Abstieg nach San Fruttuoso

Zwischen San Fruttuoso und Portofino

von Fruttuoso nicht mit dem Boot nach Camogli zurückfahren, müssen Sie auf dem Rückweg den Anstieg erneut meistern.

Wir sind von Fruttuoso nach **Portofino** weitergewandert und haben dazu den Weg unten am Strand von Fruttuoso leicht gefunden (zwei rote Punkte), der uns zunächst in eine kleine weitere Bucht geleitet und uns danach zu einem Aufstieg genötigt hat, der nicht ganz wieder auf die Höhe führt, von der wir abgestiegen waren.

Nach 1 Stunde und 45 Minuten (ab San Fruttuoso) hat uns die tadellose Beschilderung nach Portofino geleitet, wo wir dann nach den obligatorischen Besichtigungen – dazu im vorstehenden Text – an Bord gegangen und nach dem Umsteigen in San Fruttuoso mit dem Boot nach Camogli zurückgefahren sind.

In **Camogli** ist die Wanderung noch nicht zu Ende, denn dort spazieren Sie auf der Uferpromenade nach Süden, bestaunen in der Via Cuneo das Luxushotel *Cenobio di Dogi* und gelangen in der nächsten Linkskurve auf ein kleines Sträßchen, welches an einem Bach geradeaus weiterführt und bald mit dem Wegweiser *‚S. Rocco'* und der Markierung von zwei roten Punkten keine Zweifel aufkommen lässt, dass Sie auf dem richtigen Weg sind. Nun sollten Sie damit beginnen, zu überprüfen, ob wir die Anzahl der Stufen richtig gezählt haben.

Alternativ können Sie auf dem Heimweg schon an der **Punta Chiappa** von Bord gehen und von dort nach S. Rocco heimwärts wandern. Das ist nicht kürzer als ab Camogli und keineswegs empfehlenswert, falls Sie Camogli noch nicht kennen, aber eine schöne Alternative, falls Sie sich länger in der Gegend aufhalten.

Bei der Punta Chiappa

An Tagen mit starkem Seegang, oder wenn Sie nicht sicher sind, dass tatsächlich Boote fahren, müssen Sie so planen, dass Sie nach Hause wandern können. Dann würde ich direkt am WOMO-Stellplatz Nr. 068, dort, wo er eine leichte Kurve macht und am breitesten ist, mithilfe einer Markierung unmittelbar zum früheren Hotel ***Portofino Vetta*** aufsteigen (oder dort parken und loswandern), von dort nach San Fruttuoso wandern und dann entscheiden, ob ich von hier wieder zurückwandere oder mir den Weg über Portofino zutraue und von dort direkt zurückwandere (von Portofino kommt man mit dem Bus nach Santa Margherita und von da mit dem Zug nach Camogli). Selbst haben wir das noch nicht ausprobiert.

Im Zusammenhang mit San Fruttuoso und Portofino habe ich diverse weitere Wanderstrecken erwähnt. **Alle diese Strecken finden Sie auf einer Wanderkarte, die Sie unter *www.portofinotrek.com* im Untermenü *sentieri principali*** (funktioniert schlecht auf dem Smartphone). Diese Karte, der man vor Ort auch ausgedruckt begegnet (beispielsweise auf den Campingplätzen), ist perfekt übersichtlich. Man kann sich schon zu Hause Teilstrecken ausdrucken. Längst nicht so klar ist die IGC-Karte Nr. 23, die Sie in allen Buchhandlungen und vielen Kiosken erhalten. Auch hier ist die beste Lösung das *Gold-Abo* von Rother.

Eine echte Alternative als Ausgangspunkt zur Erkundung des Promontorio di Portofino ist, worauf wir Sie am Anfang der Tour hingewiesen haben, der Campingplatz in Rapallo. Genau genommen kommen zwei Campingplätze und ein Notstellplatz infrage. Ein Campingplatz liegt unvorstellbar nahe an der Autobahneinfahrt und ist entsprechend durch Lärm belastet. Der andere jedoch ist wirklich empfehlenswert, obgleich auch er an eine mäßig befahrene Durchgangsstraße grenzt:

(071) WOMO-Campingplatz: Rapallo – *Camping Rapallo*

GPS/Kontakt: N 44°21'25" E 9°11'58", Via S. Lazzaro 4 D, Tel: 0185 262018; www.campingrapallo.it/. **Öffnungszeit**: März bis Anfang Januar.
Ausstattung: Pool, Brotverkauf, Bar.
Beschreibung: Der Platz sieht bei der Ankunft wegen zahlreicher Dauercamper wenig einladend aus. Bei näherer Betrachtung ist aber

der Bereich für Urlaubscamper ein schönes Wiesengelände, in dem im Frühsommer bei Tagesanbruch die Vögel ein großartiges Konzert anstimmen. Nachts stören so gut wie keine Geräusche von der Straße. Für sehr große Wohnmobile ist der Platz möglicherweise wegen relativ kleiner Parzellen und einer engen Platzzufahrt (die mir so nicht aufgefallen ist) ungeeignet.
Einen Lebensmittel-Supermarkt finden Sie in der Nähe an der alten Steinbrücke. Das Ortszentrum von Rapallo ist 3 km entfernt; in der Nähe einer alten Steinbrücke hält an der Durchgangsstraße der Bus der Linie 707, Richtung *S. Margherita*; für die Rückfahrt steigen Sie am besten vor dem Bahnhof von Rapallo in die Linie 707, Richtung *S. Maria, Pineta;* Tickets und Fahrplan bekommen Sie an der Campingplatzrezeption.
Preise: 25 – 30 €.
Zufahrt: Der Platz ist ab der Autobahnabfahrt an einer nördlichen Verbindungsstraße von Rapallo nach Camogli beschildert.

(072) WOMO-Campingplatz: Rapallo – *Camping Miraflores*

GPS/Kontakt: N 44°21'28" E 9°12'34", Via Savagna 10, Tel: 0185 263000; www.campingmiraflores.it/. **Öffnungszeit**: März bis Anfang Januar.
Ausstattung: Pool, Brotverkauf, Snack.
Beschreibung: Für WOMOs stehen 25 enge Parzellen zur Verfügung. Gegen morgen wird es dort laut. Ruhig ist es nie. Von hier ist der Weg ins Zentrum etwa 500 m kürzer als von *Camping Rapallo*. Der Bus der Linie 707 (siehe beim vorherigen Platz) hält in der Nähe des nächsten (ovalen) Kreisverkehrs. **Preise**: 30 – 37 €.
Zufahrt: Der Platz grenzt an die Autobahnabfahrt *Rapallo*.

(073) Offizieller WOMO-Stellparkplatz: Rapallo

GPS: N 44°21'32" E 9°12'48", Via S. Pietro. **Max. WOMOs**: 10.
Öffnungszeit: Ganzjährig. **Ausstattung**: Keine.
Beschreibung: Der schattenlose Asphaltplatz am Rand der Bebauung ist nur für Campingplatzfeinde, für die allergrößten Notfälle oder die reine Besichtigung. Die Autobahn führt in einem Abstand von 50 – 100 m eine Etage höher vorbei. Sie ist mit Schallschutz versehen, der offenbar nicht viel bewirkt. Der Bus ins Zentrum hält davor. Der Fußweg ist ähnlich weit wie von *Camping Miraflores*.
Preise: Kassenautomat, der berücksichtigt, dass ab 24 Uhr neu gerechnet wird. Für die Nacht fallen wahrscheinlich mindestens 12 € an.
Zufahrt: Der große Parkplatz liegt gegenüber dem Krankenhaus nördlich der Autobahn. Folgen Sie an dem ovalen Kreisverkehr nach der Autobahnabfahrt dem Wegweiser *Ospedale*.

Rapallo (29.600 Einwohner) hat seine Glanzzeiten lange hinter sich, als sich die Reichen und Adligen aus ganz Europa in Nobelherbergen die Klinken in die Hand gaben.

Der Vertrag von Rapallo

Rapallo ist vielleicht in Ihrem Hinterkopf verankert, weil dort am 16. April 1922 einer der bekanntesten völkerrechtlichen Verträge der deutschen Reichsregierung zwischen den beiden Weltkriegen abgeschlossen worden ist. Vertragspartner war Sowjetrussland, mit dem durch diesen Vertrag die seit 1918 abgebrochenen diplomatischen Beziehungen wieder aufgenommen worden sind. Außerdem verzichteten beide Seiten gegenseitig auf Ersatz der

Rapallo

Kriegskosten und der Kriegsschäden des Ersten Weltkrieges und machten damit eine Regelung im Versailler Vertrag hinfällig, die Russland Aussicht auf deutsche Wiedergutmachungen ermöglicht hatte. Im Gegenzug verzichtete Deutschland auf alle Ansprüche für Verluste an deutschem Eigentum nach russischen Verstaatlichungsmaßnahmen infolge der Revolution.

Die vertragliche Kontaktaufnahme zum kommunistischen Russland allein würde vermutlich nicht ausreichen, um den Vertrag weiterhin in den Geschichtsbüchern zu erwähnen. Bemerkenswert war vor allem, dass beide Staaten mit diesem Vertrag ihre internationale Isolierung durchbrochen und bei den Westmächten (Frankreich und England) die Furcht vor einer Neuordnung in Europa ausgelöst haben, weshalb man auch heute noch

Rapallo – Wasserburg

vom »Rapallo-Komplex« spricht. Die Westmächte befürchteten sogar eine neue Teilung Polens, denn schon damals hat die Führung der Reichswehr insgeheim eine gemeinsame Aktion mit Russland zur Liquidation von Polen und zur Wiederherstellung der Grenzen von 1914 geplant. Außerdem ermöglichte der Vertrag Deutschland die Aufnahme lukrativer Wirtschaftsbeziehungen, er lieferte andererseits Frankreich einen Vorwand, das Ruhrgebiet zu besetzen.

Unterzeichner auf deutscher Seite war als Außenminister Walther Rathenau, der am 24. Juni desselben Jahres von Rechtsradikalen erschossen worden ist.

Hotel Imperiale

Der Vertrag wurde aber gar nicht in Rapallo abgeschlossen, sondern in Santa Margherita Lígure, das damals noch ein Stadtteil von Rapallo war. Ort des Ereignisses war das heute noch existierende *Hotel Imperiale*, in dem die russische Delegation untergebracht war. Der Raum der Vertragsunterzeichnung ist angeblich heute noch zu sehen, und die Frage, weshalb sich deutsche und russische Diplomaten ausgerechnet in Santa Margherita zur Vertragsunterzeichnung (und Verhandlungen dazu) getroffen haben, ist leicht zu beantworten: Beide Delegationen waren Teilnehmer einer Finanz- und Wirtschaftskonferenz in Genua, der ersten großen Konferenz dieser Art nach dem Ersten Weltkrieg. Schwieriger ist das Rätsel, weshalb ausgerechnet die Delegierten des kommunistischen Russland wenige Jahre nach der Oktoberrevolution in dem pompösen Luxushotel untergebracht waren, in dem auch der Begriff der sogenannten »Pyjamakonferenz« entstanden ist, weil sich die deutsche Delegation vor der Vertragsunterzeichnung im Hotelzimmer von Walther Rathenau am Ostersonntag ab 2 Uhr in der Nacht zusammensetzen musste, um den letzten russischen Änderungsvorschlag zum Vertrag zu besprechen.

Heute gilt Rapallo bei Italienern als ein Musterbeispiel für fehlerhafte Stadtpolitik und Bausünden, weil die moderne Geschäftigkeit die Zeugnisse der Belle époque weitgehend vernichtet hat. Wir fanden die Gassen einer betriebsamen italienischen Mittelstadt trotzdem ebenso unterhaltsam wie den Bummel am *Lungomare* – und das Warten am Bahnhofsvorplatz auf den Bus.

Im Oktober 2018 hat der Sturm derart riesige Wellen in den Hafen gedrückt, dass sich zahlreiche Großjachten losgerissen haben und auf die Plätze am Ufer gespült worden sind, wo es dann aussah wie nach einem Tsunami. Der Hafen wurde deshalb umgebaut und war im Jahr 2022 (zeitweise?) nicht in Betrieb.

Im südlichen **Santa Margherita Lígure** (10.000 Einwohner) vermischen sich auf angenehme Weise die schicken Adressen mit den Geschäften des normalen Lebens einer heiteren Kleinstadt am Meer. Im Gegensatz zu Rapallo haben die Luxushotels die Zeit überlebt, obgleich auch hier die Namen der berühmtesten Gäste unseren jüngeren Lesern nicht mehr geläufig sein dürften. Oder kennt noch jemand Greta Garbo, Humphrey Bogart und Anita Ekberg? Die lange Strandpromenade wird durch einen Hügelrücken unterbrochen, den Sie besteigen sollten, falls Sie sich mehr Zeit nehmen als die eine Stunde, die Ihnen zwischen zwei Booten von Rapallo nach Portofino bleibt. Durch einen schattigen Park steigen Sie hinauf zur **Villa Durazzo** und bestaunen von dort den schönen Blick auf den Hafen und, womöglich nur bei Regenwetter, im Innern Genueser Meister aus dem 17. Jahrhundert sowie altes Mobiliar *(9:30 – 13 und 14 – 18, im Winter bis 17 Uhr; 5,50 €)*. Zum Programm gehört wenigstens ein Blick in die ***Bar Colombo***; die Gründerzeitschnitzereien der Schnapsschränke sind dort ebenso sehenswert wie berühmt *(das Lokal liegt in der Via Pescino 13,*

Santa Margherita

Santa Margherita Lígure

das ist die Uferstraße im nördlichen Teil und nördlich des Platzes, an dem das Boot nach Portofino anlegt; möglicherweise wurde das Lokal umbenannt oder geschlossen).

Wir haben Santa Margherita Lígure nur mit dem Bus bereist. Sie finden aber auch in den westlichen Quartieren landeinwärts einen Parkplatz:

(074) Offizieller WOMO-Stellplatz: Santa Margherita Lígure

GPS: N 44°20'10" E 9°11'46", Via Garibotti. **Max. WOMOs**: 15.
Öffnungszeit: Ganzjährig.
Ausstattung: Ver- und Entsorgung (an der Stützmauer zwischen Platz und Bahnlinie), Toilette (links unterhalb des Platzes), Mülleimer.
Beschreibung: Auf dem asphaltierten Platz parken auch Busse, Lkw und Pkw, die WOMOs eigentlich rechts, und zwar eng. Auf der anderen Seite somit eine Trafostation. Die Bahngleise sind nur wenige Meter entfernt, aber nachts fahren keine oder so gut wie keine Züge. Im Internet wird von Autofahrern berichtet, die nachts auf dem Platz Runden drehen, was vermutlich, aber selten vorkommt. Die Linie 707 (siehe oben bei Rapallo) hält vor der Tür, zu einem Supermarkt sind es 600 m, an den Hafen 1,5 km, nach Portofino 6,4 km.
Preis: 10 € /24 Stunden (Münzen oder Scheine).
Zufahrt: Fahren Sie in Santa Margherita in Höhe der Strandbucht, also noch nördlich des Hafens nach Westen zum Stadion; ein Wegweiser schickt WOMOs an der Zufahrtsrampe vorbei; damit ist aber der Weg zur Entsorgung gemeint.

Am Ende dieser 6. Tour möchten Sie von uns noch wissen, wie wir uns Ihr Programm vorstellen, wenn Sie **an einem einzigen Besichtigungstag** Santa Margherita, Portofino, San Fruttuoso und Camogli sehen wollen, ohne auch nur einen Meter wandern zu müssen. Voraussetzung ist eine so ruhige See, dass die Boote die Klosterbucht anlaufen können und eine Reisezeit von April bis September: Dann nehmen Sie beim *Camping Rapallo* um 10 Uhr den Bus der Linie 707 und steigen aus, wenn dieser in Santa Margherita das erste Mal am Meer hält (also lange vor der Endstation). Um 11:15 Uhr steigen Sie auf das Boot nach Portofino, wo Sie sich eine Stunde aufhalten, um mit der nächsten Gelegenheit zur Klosterbucht San Fruttuoso weiter zu schippern. Dort baden Sie, besichtigen Kirche sowie Abtspalast und stechen nach der Mittagspause mit einer anderen Schifffahrtslinie nach Camogli in See. Nach beinahe beliebig langer Besichtigung schlendern Sie zur hier beschilderten *Stazione*, steigen in den Zug nach Rapallo und dort auf dem Bahnhofsvorplatz in den Bus der Linie 707 (Richtung *S. Maria, Pineta*). Packen Sie Proviant ein, sonst essen Sie in San Fruttuoso doch noch in einem der schön gelegenen Strandlokale zu Mittag – und sind für zweimal Nudeln mit Pesto, eine Flasche Wasser und zwei *Espressi* 56 Euro ärmer.

Tour 7: Golfo del Tigullio – und Riviera di Levante 165 km

Sestri Levante – Varese Lígure – Brugnato – Moneglia Deiva Marina

Stellplätze:	in Lavagna, in Sestri Levante, in Varese Lígure, in Deiva Marina
Campingplätze:	in und bei Sestri Levante, in und bei Moneglia, in und bei Deiva Marina
Besichtigen:	Sestri Levante, Varese Lígure, Brugnato
Wandern:	von Sestri Levante zur Punta Marana; von Camping *Sant'Anna* zur Rocche di Sant'Anna und zu den Ponti Romani
Essen:	*Osteria Mattana* oder Ristorante *La Calanca* in Sestri Levante, Enoteca *Assirto* oder Ristorante im *Piccolo Hotel* in Moneglia, Ristorante im *Hotel Clelia* in Deiva Marina

In einem klassischen Reiseführer würde diese Tour mit der Kleinstadt **Chiavari** (27.000 Einwohner) beginnen. Jenes Buch würde auf die lebhafte Altstadt hinter einer weniger anmutigen

Strandpartie aufmerksam machen, wahrscheinlich auch auf im **Palazzo Rocca** ausgestellte archäologische Funde und Ihnen Übernachtungsmöglichkeiten nennen. Letzteres kann ich leider nicht. Schon Parken ist schwierig. Östlich von **Lavagna** (13.000 Einwohner) finden Sie am Rand der SS 1 und der stark befahrenen Bahnstrecke wenigstens einen legalen Parkplatz hinter dem Strand [**075**: N 44°18'12" E 9°21'09"; vom 16.9. bis 14.6. gebührenfrei, im Sommer – erhöhter – Tarif für WOMOs angezeigt, nachts kostenlos, Kiesstrand, Gaststätte in der Nähe].

So fährt man meistens durch bis **Sestri Levante** (18.000 Einwohner), zu einem unserer persönlichen **Top Ten** und einer der schönsten Städte in Ligurien, weil es hier alles zu sehen gibt, was man als Urlauber erwartet: Fischerboote am Strand, malerische Fassaden, Gassen mit italienischen Läden und einen Palmenboulevard mit riesigen Pinien, die man in der Zeit des Palmensterbens wieder zu schätzen weiß. Das Stellplatzangebot hat sich bis zur Vorauflage ständig verändert:

(076) Offizieller WOMO-Stellplatz: Sestri Levante *Levante Camper*

GPS/Kontakt: N 44°16'45" E 9°24'07", Via Liguria, 19, Tel. 348 1592567; www.levantecamper.com/home. **Max. WOMOs**: 25.
Öffnungszeit: Ganzjährig, aber Sie können sich vom 1.10. – 31. 3 nur vor 12:30 und von 15 – 17 Uhr anmelden und anreisen, vom 1.4. – 30.6. und vom 1. – 30.9. bis 18 Uhr und vom 1.7 – 31.8. bis 19 Uhr. Man kann in der Nähe nicht am Straßenrand warten.

Ausstattung: Ver- und Entsorgung, Toilette, Dusche, Strom, Mülleimer.
Beschreibung: Das Gelände innerhalb der Bebauung ähnelt einem Campingplatz. Gaststätten und Geschäfte sind zu Fuß erreichbar, ein öffentlicher Strand nach 0,9 -1,2 km, zum Zentrum etwa 1 km. Die Parzellen eignen sich nur für Fahrzeuge bis 8 m Länge.
Preise: Zwischen 20 € und 32 €, Strom und verschiedene weitere Leistungen kosten extra.
Zufahrt: Der Platz liegt nordwestlich des Zentrums, nördlich der Bahnlinie, westlich des Krankenhauses (Wegweiser *'Ospedale'* und zur Autobahn, aber sofort nach Überqueren des Flusses nach links - Westen) und ist an der nördlich der Bahn nach Westen führenden Straße beschildert.

(077) WOMO-Parkplatz: Sestri Levante – Friedhof

GPS: N 44°15'60" E 9°24'10", Via Val di Canepa. **Max. WOMOs**: 6-8.
Ausstattung: Keine.
Beschreibung: Sie stehen vor dem Friedhof und betrachten staunend die italienischen Leichenwagenmodelle (u. a. von Maserati). Unser Foto sagt sonst fast alles. Fahrzeuge mit einer Länge von über 6,50 m passen nur bei sehr langem Hecküberhang. Klappstühle halten wir auch am Abend für

deplatziert. In die Innenstadt und an die Baia del Silenzio sind es 1,1 km. Nur bis 3,5 t. Tagsüber ist der Platz häufig belegt. Es gibt einen Bereich für Kurzparker (30 Minuten). Der Platz ist keine Lösung für längere Ferien.
Zufahrt: Der Friedhof liegt in einem Seitental südlich der SS 1 und ist an der SS 1 östlich einer Tankstelle bei einer nierenförmigen Verkehrsinsel beschildert.

Sestri Levante – bei Camping Sant'Anna (vorne der Hundestrand)

Den **Campingplatz *Sant'Anna***, westlich des Stadtzentrums, hatte ich schon vor der Erstauflage auf dem Zettel, ihn dann aber als unakzeptablen *Parco per vacanze* aussortiert. Das musste ich zur Vorauflage revidieren. Das Gelände in einem am Hochsommerabend überraschend kühlen ehemaligen Steinbruch hat die seltene Entwicklung zurück zu einem Campingplatz erlebt und wurde mit dem Zusatz *al Mare* wahrheitsgemäß aufgehübscht. Das hat sich leider herumgesprochen, und wir bekamen im Juni außerhalb deutscher Ferien um 15 Uhr gerade noch den letzten nicht vorreservierten Platz. Man steht fast am Kies-Sand-Strand und kann auf der Strandpromenade bequem und unterhaltsam in den Ort flanieren.

Damit können die beiden Alternativen östlich des Zentrums nicht mithalten. Sie sind so weit entfernt, dass man nicht locker mal in die Stadt spaziert. Der vermutlich bessere Platz, *Camping Tigullio*, war bei unserem Besuch vor ein paar Jahren am Ostersonntag belegt, da hier Dauercamper die Oberhand haben. Das ist insoweit etwas überraschend, als die Autobahn wirklich direkt am Campingplatz vorbeiführt. Auf Camping *Fossa Lupara*, gleich westlich daneben, standen wir damals testweise für eine Nacht auf einer relativ schönen Wiese, und von der abgeschirmten Autobahn war erstaunlicherweise nichts zu hören, was vielleicht an den Windverhältnissen lag:

(078) WOMO-Campingplatz: Sestri Levante
Camping Sant'Anna al Mare

GPS/Kontakt: N 44°16'55" E 9°23'29,5", Via Antica Romana Occidentale 390, Tel. 0185 43924 oder 0185 455455 (Letzteres ist dieselbe Nummer wie *Camping Tigullio*, weil die Plätze offenbar zusammengehören); www.campingsantanna.com/.

Öffnungszeit: März – 2. November. Mittagspause 12 – 15 Uhr, in der man sich nicht anmelden und nicht stundenlang vor dem Tor warten kann; es ist aber ratsam, ohne Reservierung etwa ab 14 Uhr vor dem Tor zu stehen, da man bei unserer Recherche nur nachmittags einchecken konnte.

Ausstattung: Die Sanitäranlagen sind sehr schlicht und wenig gepflegt, aber teilweise laienhaft renoviert. Brotbestellung, Snack, Getränke.

Beschreibung: Das zum Teil schattige Gelände ist vom sehr schönen, teilweise freien Strand etwa 120 m entfernt; (gehen Sie vom Platz geradeaus eine Treppe hinunter und durch eine Unterführung). Markierte Wanderwege beginnen direkt am Platz (dazu gleich bei den Wanderungen). Die Bahn hört man, aber sie stört nicht. Die früheren Hütten sind weitgehend abgebaut. Zeitweise steht man etwas eng, weshalb inzwischen etwa 25 Wohnmobile oder Wohnwagen auf den Platz passen.

In das Zentrum sind es etwa 1,5 km entlang der Uferpromenade (gehen oder radeln Sie nach dem Platz die Straße links und nach 300 m durch eine Straßenunterführung zur Promenade).

Preise: 30 – 40 € per Vorauszahlung bei Anmeldung.

Zufahrt: Der Platz liegt am westlichsten Rand der Stadt. Fahren Sie am Kreisverkehr nach der Autobahn Richtung *Ospedale*. Folgen Sie nicht dem Navi, das Sie durch eine zu niedrige Bahnunterführung schickt (deren Höhe von 2,50 m auf den Navikarten offenbar nicht hinterlegt ist), sondern fahren

Sestri Levante – zwischen Camping Sant'Anna und dem Zentrum

Sie spätestens im Zentrum auf die nördliche Seite der Bahn und des Flusses, Wegweiser *Ospedale* (das liegt ebenfalls nördlich der Bahn), biegen Sie aber sofort nach Überqueren des Flusses nach links – Westen – ab. Der Platz ist dann beschildert. Die Bahnunterführung, die hoch genug ist, liegt bei : N 44°16'27" E 9°24'07".

(079) WOMO-Campingplatz: Sestri Levante_ *Camping Fossa Lupara*

GPS/Kontakt: N 44°16'26" E 9°25'25", Via Villa Costa 31, Tel. 0185 43992; www.campingfossalupara.it/. **Öffnungszeit**: 1.2. – 31.10. **Ausstattung**: Laden, Restaurant mit Pizzeria. **Beschreibung**: Es gibt eine akzeptable Wiese für etwa 15 Kurzzeitcamper, der Rest ist von Dauercampern besetzt. 1,5 km zum Strand von Riva Trigoso (mit hässlicher Werft), 2,5 km nach Sestri. **Preise**: 25 – 30 €. **Zufahrt**: Der Platz liegt östlich der Stadt, unmittelbar nördlich der Autobahn an der Straße Richtung Casarza, er ist westlich von *Camping Tigullio* beschildert.

(080) WOMO-Campingplatz: Sestri Levante_ *Camping Tigullio*

GPS/Kontakt: N 44°16'18" E 9°25'34", Via Sara 111 A, Tel. 0185 455455; www.tigullio.com/. **Öffnungszeit**: Ganzjährig. **Ausstattung**: Laden, Restaurant, Pool. **Beschreibung**: Viele Dauercamper, nur etwa 10 Parzellen für Kurzzeitcamper. Der Platz war an Ostern belegt. Wegen der Hanglage vermutlich Geräusche von der Autobahn; ein Platz, der sich nicht für lange Ferien eignet. Zum Badestrand nach etwa 1 km in Riva Trigoso gibt es einen Shuttle. Nach Sestri Levante sind es etwa 2,7 km. **Preise**: 30 – 35 €. **Zufahrt**: Der Platz liegt östlich der Stadt, unmittelbar nördlich der Autobahn an der Straße Richtung Casarza, er ist nicht optimal beschildert. Die Einfahrt liegt direkt unter der Autobahn.

Wer bei Sestri Levante einen weiteren, ruhigeren Campingplatz sucht, wählt vielleicht ***einen von drei Plätzen*** an der Straße nach Moneglia, der SS 1, oberhalb von Riva am Berg. Man kann aber nicht mehr zu Fuß nach Sestri oder an den Strand gehen.

Sestri Levante – Baia del Silenzio

Die Altstadt (aber nur diese) von Sestri Levante ist deshalb so pittoresk, weil sie auf dem schmalen Zugang einer Halbinsel liegt und somit zwischen den beiden Buchten nur wenig Platz für die eng aneinander gebauten, bunten Häuser bleibt. Nach Südosten öffnet sich die kleinere **Baia del Silenzio** (Bucht der Stille), ein Musterbeispiel für eine muschelförmige Bucht und mit allen Vorzügen einer ligurischen Postkartenansicht verwöhnt, bis hin zu den im Wasser schaukelnden oder auf den Strand gezogenen Booten mit gestreifter Persenning – eines der schönsten Bilder Liguriens. Fotografen hadern meist mit dem Licht, weil das Foto der Schokoladenseite nur am Vormittag ohne schattige Hausfassaden gelingt (Sie müssen dazu am *Hotel Helvetia* – siehe bei Google Maps – die Straße hoch spazieren; Foto Seite 155). Im Hochsommer wird es schon mal schwierig, auf dem feinen Sand noch ein Plätzchen für das Handtuch zu finden. Aber das ist nicht so schlimm, weil man eher zum Schauen und Fotografieren als zum Baden in der Bucht verweilt.

Das Gegenstück ist die große, auch nicht hässlich geschwungene Bucht auf der Nordseite, die **Baia delle Favole** (Märchenbucht – Foto Seite 10), die nach dem dänischen Märchenerzähler Hans Christian Andersen benannt ist, der sich 1833 in Sestri Levante aufgehalten hat. Hier liegen die Strände für den Hauptbadebetrieb, und am westlichen Rand dieser Bai baden Sie, wenn Sie auf *Camping Sant'Andrea* schlafen.

Es macht Spaß, durch die lang gezogene Hauptstraße zwischen diesen beiden Buchten zu flanieren, auch wenn die schmale Gasse überwiegend von Cafés, Eisdielen und Ristoranti gesäumt ist. Darunter übersieht man beinahe am nördlichen Anfang jener Haupteinkaufsstraße, der Via XXV Aprile, die ***Osteria Mattana***, weil dort keine Tische auf der Straße stehen. Sie sieht vielmehr aus wie ein Gasthaus mit einfacher, authentischer Küche und brummt in der Saison, weil Individualtouristen – in Sestri Levante gibt es fast keine Massentouristen – genau solche Lokale suchen. Mit karger Einrichtung verbindet nämlich jeder Gast den unverfälschten

Sestri Levante – Bai del Silenzio

Geschmack naturbelassener Produkte aufrichtiger Produzenten und Zwischenhändler. Wenn obendrein die Speisen statt auf einer gedruckten Karte handgeschrieben auf einer Wandtafel angeboten werden, hält man unbewusst die Preise für niedrig. Denkt man aber alles Unbewusste hinweg und vielleicht zu den weiß gekachelten Wänden noch eine Portion Gemütlichkeit hinzu, ist die *Osteria Mattana* ein empfehlenswertes Lokal, jedenfalls an kühlen Abenden, wenn man nicht im Freien sitzen möchte. Es lebt von seiner Betriebsamkeit, der Freundlichkeit des Personals und vom Grill in seiner Mitte, hinter dem der Gastraum weniger schlauchförmig weiter geht. Diese zentrale Feuerstätte verschafft der Osteria eine besondere Atmosphäre, auch wenn die Preise nicht ganz so niedrig sind wie die Tische blank und lang *(Tel. 0185 457633; Mai – September nur abends, aber kein Ruhetag; Oktober – April Mo. geschlossen, dafür Sa. und So. auch mittags geöffnet; keine Kreditkarten; die Termine von gelegentlichen Jazz-Konzerten finden Sie unter dem Internetauftritt www.osteriamattana.com).*

Wer mehr die gepflegtere Gastronomie liebt und gerne am Rand der Gasse sitzt, wo sich die Touristenscharen schon weitgehend verlaufen haben, wird sich im **Ristorante *La Calanca*** wohler fühlen – und mehr bezahlen. Das überraschend gute Lokal öffnet am Abend erst um 19:45 Uhr und ist deshalb noch lange unbesetzt, während bei den Nachbarn schon die angestellten Kundenfänger die Ahnungslosen von der Gasse an die Tische locken. Hier speisen überwiegend Italiener leckere Fischgerichte, aber auch Fleisch oder vegetarisch *(Piazza Matteotti 17, Tel. 340 6185842; Mi. geschlossen; mittlere Preise).*

Sestri Levante können Sie auch mit dem Zug erreichen. Der Bahnhof liegt so günstig, dass Sie von dort in 15 Minuten zu den beiden Stadtstränden spazieren oder zum Ausgangspunkt einer lohnenden Wanderung:

Baia del Silenzio vom Wanderweg

Von Sestri Levante zur Punta Marana

Wir spazieren in die schon erwähnte Geschäftsgasse, die **Via XXV Aprile**, und suchen in der vorderen, nördlichen Hälfte auf der linken, östlichen Seite einen schmalen, bogenförmigen Durchgang, den **Vico del Bottone**. Der Name der am Anfang überwölbten Gasse ist angeschrieben, außerdem zeigt der nicht zu übersehende Wegweiser, dass man zur Punta Marana eine Stunde Gehzeit benötigt. Das ist knapp gerechnet. Denn die Ausblicke unterwegs, vor allem die Rückblicke auf Sestri Levante und die Baia del Silenzio (Foto Seite 158), sind so schön, dass wir immer wieder verweilen.

Punta Marana ist der höchste Punkt des Vorgebirges südöstlich von Sestri Levante, weshalb man am liebsten seitlich der Baia del Silenzio, vorbei am Hotel *Helvetia*, zur Punta starten möchte. Das funktioniert allerdings nicht.

Der erwähnte richtige Weg ist perfekt markiert, und am Ziel klettern wir auf einen Felsklotz, hoch über der Bucht von **Riva Trigoso**, die ebenfalls eine Traumbucht wäre, gäbe es dort nicht eine Werft, in der angeblich noch neue Schiffe, sogar Kriegsschiffe gebaut werden (Vorsicht an der steilen Punta Marana!).

Blick von der Punta Marana nach Riva Trigoso

Von der Punta Marana gehen wir zur letzten Abzweigung zurück und folgen nun der Markierung mit zwei roten Punkten, die uns zunächst ein Stück weiter bergauf leitet. Etwa eine viertel Stunde nach der Punta Marana kommen wir an einer unübersehbaren Gabelung vorbei, wo der rechte Weg hinab nach Riva führt (zwei rote Dreiecke), während wir uns links halten. Bei einem Bildstock wählen wir den geradeaus führenden Weg (also nicht den mit dem Wegweiser *Monte Castello*). Seitlich unseres Weges gammeln ein paar Trimm-Dich-Geräte, nach denen der Abstieg beginnt. Wir stoßen auf ein Wohnhaus, gehen links davor auf einer Treppe bergab und gelangen auf einen breiten, bald geschotterten Zufahrtsweg. Dieser führt nun in ein paar Windungen ins Tal hinab und stößt auf die Via Aurelia, auf der wir uns nach links zur Stadt hinwenden.

Die ganze Wanderung dauert, selbst wenn man trödelt, nicht länger als **2,5 Stunden**. Mit der Kompasskarte Nr. 644 *(Cinque Terre)* oder der Kompass-App sind Sie bestens gerüstet, es geht genauso auch ohne.

Von Camping *Sant'Anna* zur Rocche di Sant'Anna und zu den Ponti Romani

Spazieren Sie mit festem Schuhwerk vor dem Campingplatz rechts mit der Markierung bergauf. Schon nach etwa 650 Metern haben Sie die erste Brücke der **Ponti della Valle del Figo** erreicht, deren Alter ich nicht kenne. Römisch dürften die kleinen Steinbrücken über den Bach Figo allerdings nicht sein. Aber die fünf Brücken sind frisch restauriert und nach Jahren wieder zugänglich.

Nach weiteren etwa 700 m genießen Sie an der **Kirchenruine von Sant'Anna** den weiten Blick aufs Meer. Von hier können Sie auf einem kürzeren, etwas steileren Weg zum Campingplatz zurückgehen (das ist von unten gesehen der linke Weg) und sind so insgesamt etwa **70 Minuten** unterwegs (die ganze Strecke ist markiert).

Varese Ligure

Auf der Suche nach den reizvollsten Dörfern Italiens ziehen wir, wie Sie bereits wissen, die Liste der *Borghi più belli d'Italia* (Näheres dazu siehe bei Tour 3) zurate. Und diese Aufzählung der *Schönsten Dörfer Italiens* schickt uns in Sestri Levante auf der SP 523 nach Nordosten, 42 Kilometer nach **Varese Lígure** (2.150 Einwohner), einem Vorzeigedorf. Denn Varese Lígure wurde zudem mit der *Bandiera Arancion (Orange Fahne)* ausgezeichnet, einem italienischen Qualitätssiegel aus dem Bereich Tourismus und Umwelt des Touring Club Italiano.

Bandiera Arancione

Bekanntlich gibt es viele Möglichkeiten zur Förderung des Tourismus. Schön gelegene und preiswerte Stellplätze, Restaurants mit reellem Angebot oder auch nur gut ausgeschilderte Rund- oder Wanderwege fallen einem spontan dazu ein. Aber wahrscheinlich ist es schwieriger, einen Gemeinderat davon zu überzeugen, an der Ortsrandwiese Bänke und eine Entsorgungsstation zu montieren, ganz zu schweigen von dem untauglichen Versuch, manchem Wirt die Gastronomie beizubringen, als ein Qualitätssiegel ins Leben zu rufen. *Bandiera Arancione (Orange Fahne)*, heißt das Zeichen, mit dem seit dem Jahr 1998 der Touring Club Italiano (TCI) kleinere Gemeinden im Hinterland, deren Einwohnerzahl 15.000 nicht übersteigt, auszeichnet, wenn sie ein herausragendes Stadtbild und eine »ausgezeichnete« Tourismusinfrastruktur vorweisen können. Das Wort »ausgezeichnet« ist wörtlich zu verstehen und eher nicht im Sinne von »hervorragend«.

Ziele und Kriterien zur Auszeichnung sind folgendermaßen festgelegt:

- Aufwertung der lokalen Ressourcen;
- Entwicklung des Fremdenverkehrs;
- Stärkung des lokalen Kunsthandwerks und der traditionellen Produkte;
- Förderung des lokalen Investitionsklimas;
- Stärkung der territorialen Identität.

Sie merken, nicht alles dient dem Reisenden.

Ich verrate Ihnen trotzdem, dass sich in Ligurien folgende Ortschaften mit der Orangenen Fahne schmücken dürfen:

Airole	Apricale	Badalucco
Brugnato	Castelnuovo Magro	
Castelvecchio di Rocca Barbena		Dolceacqua
Perinaldo	Pigna	Pignone
S. Stefano d'Aveto	Sassello	Seborga
Toirano	Triora	Vallebona
Varese Lígure		

Dazu kommt noch das Öko-Zertifikat der EU, das Varese Lígure als erster Gemeinde in der EU verliehen worden ist, weil

Varese Ligure

die Landwirtschaft im gesamten Gemeindegebiet auf ökologischen Landbau umgesattelt hat. Und wenn der WOMO-Verlag Zertifikate ausstellen würde, bekäme Varese Lígure das Siegel für einen schön gelegenen Stellplatz am Fluss:

(081) WOMO-Parkplatz: Varese Lígure

GPS: N 44°22'35" E 9°35'28", Via Pieve. **Max. WOMOs**: 10.
Ausstattung: Wasser, Baustellentoilette vor der Brücke, Picknickbänke.
Beschreibung: Geschäfte und Gaststätten nach etwa 450 m im Zentrum. Möglicherweise ist der Platz bei Sportveranstaltungen nicht oder nur eingeschränkt zugänglich; Sie werden dann aber sicher in der Nähe fündig. Alles andere ergibt sich aus dem Foto.
Zufahrt: Der Stellplatz liegt am nördlichen Ortsrand, westlich unterhalb der SP 49 zwischen Sportplatz und einem rauschenden Bach.

Es handelt sich nicht um einen offiziellen Stellplatz, sondern um den hinteren Teil eines Parkplatzes, der in eine Grünfläche übergeht. Wenn Sie nichts Großartiges erwarten und Ihnen einleuchtet, dass die erwähnten Auszeichnungen vor allem dem Zweck dienen, in einer abgelegenen Gegend den Tourismus anzukurbeln, wird Ihnen der mittelalterliche **Borgo Rotondo** gefallen: ein geschlossener Ring von Häusern, deren Arkaden den Marktplatz umgeben und in dessen Mitte eine ähnlich runde Burg die Zeit überdauert hat. Im 15. Jahrhundert lag der befestigte Ort strategisch günstig unterhalb eines Passes des Apennin, am Handelsweg von Genua nach Parma. In der Neuzeit jedoch wollte hier niemand mehr wohnen. Das Gemeindegebiet von Varese Lígure ist angeblich größer als das von Mailand. Wenn ein tüchtiger Bürgermeister es nicht geschafft hätte, Varese Lígure mit Farbe, stellenweise überzogenen Restaurierungen und den erwähnten Auszeichnungen immer wieder in die Zeitung zu bringen, wäre Varese Lígure bei Weitem nicht das Dorf, in dem Sie sich heute gerne ein bis zwei Stunden oder auch einen halben Tag zwischen den herausgeputzten Häusern, kleinen Geschäften und dem *Hotel della Posta*, von der Küste erholen – und dennoch sinnieren, ob Sie eine Nacht in Varese Lígure bleiben oder lieber in ein Urlauberzentrum zurückfahren. Bummeln Sie besser zur alten steinernen Brücke, setzen Sie sich auf den Marktplatz und erinnern Sie sich, dass Sie sich bei allen Ihren Reisen fast immer geärgert haben, wenn Sie einen ruhigen, schönen Ort zu schnell wieder verlassen haben.

Sie könnten so, wie Sie gekommen sind, wieder nach Sestri Levante zurückfahren und dort die Tour entlang der Küste fortsetzen. Nehmen Sie lieber die SP 566, von der Sie weiter östlich bei Brugnato auf die Autobahn oder die SS 1 gelangen, um so wieder nach Westen zurückzukehren. **Brugnato** (1.280 Einwohner) ist Varese Lígure insoweit ähnlich, als wir auch dieses Dorf niemals bereist hätten und schon gar nicht in diesem Buch erwähnen würden, wären wir nicht der gerade beschriebenen Strategie erlegen: Brugnato ist seit dem Jahr 2007 eines der *Schönsten Dörfer Italiens* und schon seit 2006 im Besitz der *Bandiera Arancione*. Das heißt hier allerdings, das Dorf ist schön anzusehen, aber ohne Prädikate würde das niemanden interessieren. Wir haben trotzdem nachgeschaut und ebenfalls einen ringförmigen Altstadtkern entdeckt, mit einer stattlichen Kirche aus dem 12. Jahrhundert, aber leider keine Infrastruktur für ein längeres Verweilen – und keinen Anlass für Jubelschreie.

An der Punta Marana bei Sestri Levante endet der Golf von Tigullien. Das klingt wenig animierend, weshalb ich lieber die italienische Übersetzung wähle: Bei den Worten **Golfo del Tigullio** schmeckt man reife Tomaten und einen Hauch von Tintenfisch. Dabei ist nur die Rede von dem Küstenabschnitt zwischen Rapallo und jener Landspitze, zu der Sie vielleicht mit uns gerade eben schon gewandert sind.

Für den weiteren Teil der **Riviera Levante** bis zu den Cinque Terre hat sich offenbar noch keine schlagkräftige Bezeichnung gefunden, was vielleicht auch daran liegt, dass die Küstenorte verkehrsmäßig ziemlich schwer zu erreichen sind. So nähern wir uns **Moneglia** (2.700 Einwohner) auf ungewöhnliche Wei-

Strand in Moneglia

se. Wir wählen nämlich die Zufahrt ab Riva Trigoso – das ist der östliche Nachbarort von Sestri Levante – durch einen etwa fünf Kilometer langen **ehemaligen Eisenbahntunnel** (die Bahn wurde schon in den Dreißigerjahren stellenweise von der vordersten Küstenlinie landeinwärts verlegt). Diese Anreise war zuletzt Wohnmobilen, die keine Laster sind, gestattet (nicht aber Wohnwagen – siehe dazu die Hinweise bei den Campingplätzen). Wir warten an einer Ampel, die alle 20 Minuten auf Grün schaltet, auf die Einfahrt in die dunkle Röhre. Gegenverkehr gibt es folglich nicht, und die Passage ist unkomplizierter, als wir befürchtet haben. Erst bei Ausfall der Ampel (Achtung, die Beschilderung ist insoweit für den Sprachunkundigen etwas missverständlich) sind nur noch Fahrzeuge bis 1,80 m Breite und 3 m Höhe erlaubt. Solange die Ampel in Betrieb ist, das ist der Normalfall, fahren auch kleinere Busse durch diesen und weitere Tunnels; unsichere oder ängstliche Fahrer sollten aber den Tunnel von dieser – westlichen – Seite meiden. Um die folgenden Campingplätze zu erreichen, müssen – und dürfen – Sie wenigstens von der anderen Seite, also von Moneglia, ein kurzes Stück durch den Tunnel fahren, was von hier, also von Osten, gar kein Problem ist. Bedenken Sie, dass die Eisenbahnwaggons deutlich größer waren als ein WOMO. Beide Campingplätze liegen wunderbar direkt über der Küste:

(082) WOMO-Campingplatz: Moneglia – *Smeraldo*

GPS/Kontakt: N 44°14'19" E 9°28'40", Tel. 0185 49375; www.villaggiosmeraldo.it/de/Home. **Öffnungszeit**: Ganzjährig.
Ausstattung: Badebuchten, Kies-/Sandstrand (250 m), Lebensmittel, Restaurant (unbedingt reservieren).

Beschreibung: Der Platz direkt an den Klippen mit Badebuchten und Kies-/Sandstrand (250 m) ist nur für Wohnmobile bis 6,50 m und bis 3,20 m Höhe erlaubt; wegen vieler Bungalows beschränktes Platzangebot.
Im Juli/August keine Hunde.

Zu Fuß oder mit dem Fahrrad darf man nicht durch den Tunnel, weshalb man in den Ort nur mit dem WOMO gelangt (und es dort nur schlecht parken kann - außer am Bahnhof) oder wenn man am Strand entlang geht und zuvor über ein paar Felsen klettert; das wirkt beschwerlicher als wir es empfunden haben (es gibt Leser, die anderer Meinung waren); sogar bei hohem Wasserstand, solange kein Sturm von Osten tobt. Älteren Menschen empfehlen wir feste Schuhe und für den Heimweg in dunkler Nacht eine Taschenlampe. Wir sind den Weg mehrfach ohne Probleme gegangen. Da meine Recherchemöglichkeiten insoweit begrenzt sind, bitte ich um Zuschriften über die aktuelle Entwicklung, zumal ich den Eindruck habe, der Strand sei schmaler geworden.

Der Campingplatz liegt schon früh am Nachmittag im Schatten, was gerade im Spätsommer das Vergnügen etwas trübt.

Preise: 27 – 55 €.

Zufahrt: Wählen Sie im Zweifel die kurze Tunnelzufahrt ab Moneglia mit Grünlicht alle 20 Minuten. Biegen Sie von Moneglia kommend nach etwa 500 m und dem 3. Tunnel bei der Beschilderung scharf links ab. Falls Sie von Westen kommen, ist der Campingplatz ebenfalls in einer Tunnellücke beschildert. Das in Campingführern möglicherweise immer noch beschriebene Verbot für Wohnmobile existiert nicht, vermutlich beruht(e) die dortige Fehlinformation auf einem Übersetzungsfehler. Wohnwagen hingegen dürfen nur die Zufahrt ab Moneglia nehmen!

Camping Smeraldo - Blick von Moneglia

(083) WOMO-Campingplatz: Moneglia – *La Secca*

GPS/Kontakt: N 44°14'25" E 9°29'06", Tel. 0185 49441; www.camping-la-secca.com/. **Öffnungszeit**: 1.6. – 30.9.;

Ausstattung: Erstaunlich gut sortierter Laden, Snack.

Beschreibung: Der kleine Platz mit familiärer Atmosphäre liegt wunderbar über der Klippe und grenzt direkt an einem Sandstrand. Leider ist nur Platz für etwa 20 Wohnmobile, wobei auch hier sehr große Fahrzeuge ungeeignet sind. Sie stehen teilweise etwas eng unter Schattendächern. Das ist hier nicht unangenehm. Bequemer Fußweg in den 250 m entfernten Ort.

Preise: 34 – 44 €.

Zufahrt: Fahren Sie wie zum vorherigen Platz, biegen Sie jedoch schon nach dem 1. Tunnel westlich von Moneglia ab, auch wenn Sie auf den ersten Blick keinen Wegweiser zum Campingplatz sehen.

Moneglia ist ein angenehmer, nach unseren Beobachtungen nicht überlaufener Ort mit breitem Sandstrand, dezenten Tourismusstrukturen und zahlreichen Wanderwegen. Außerdem gehört es zu den *Schönsten Dörfern Italiens* und zu unseren Lieblingsorten (und würde zu unseren persönlichen Top Ten zählen, wenn auf dieser Liste nicht schon andere Hits mit ähnlich beschränkten Übernachtungsmöglichkeiten stünden). Der berühmteste Sohn des Dorfes ist der Renaissance-Maler Luca Cambiaso, geboren im Jahre 1527, von dem zwei Werke in Moneglia geblieben sind: In der westlichen, gestreiften Kirche aus dem 15. Jahrhundert ist *Die Anbetung der Könige* nur von Weitem und links des Altars zu erahnen, und in der östlichen Kirche Santa Croce hängt in der Sakristei ein Abendmahlsbild.

Moneglia ist zugleich ausgesprochen lebhaft mit überraschend vielen Geschäften zur Deckung des Alltagsbedarfs, was wir auf die schwierige Lage des Dorfes zurückführen. Wer nur dreimal in der Stunde (im Westen) oder sechsmal stündlich (im Osten, dort aber ohne urbanes Ziel) durch einen Tunnel wegkommt, oder wer sich stattdessen auf einer schmalen, kurvenreichen Straße quälen muss, deckt seinen Alltagsbedarf in Einzelhandelsgeschäften vor Ort.

An einem derart erfreulichen Ferienziel haben wir auch die **Ristoranti** eingehend getestet: Ein angenehmer Gegensatz zu den üblichen Lokalen in vergleichbaren Orten ist die ***Enoteca Assirto***, wo Ihnen auf rustikalen Tischen keine gewohnte Küche geboten wird, mit *Antipasti* und *Pasta*. Die deutsche Mitbetreiberin empfiehlt Ihnen vielmehr vier bis fünf Vorspeisen mit Meeresprodukten, darunter zumeist eine fantastische

Moneglia - Enoteca Assirto

Paprikasuppe mit Stockfisch, und vier Hauptgerichte, ebenfalls überwiegend fischig und mit knackigen Kartoffeln oder Tomaten aus dem Ofen; dazu hervorragenden Wein und zum Abschluss die leckerste Pannacotta einer Reise – mit Pfirsich und Salbei *(im östlichen Teil der Haupteinkaufsstraße, Tel. 0185 490406; gegessen wird ab 19:30 Uhr, Sie sollten wenigstens kurz vorher reservieren; leicht gehobenes Preisniveau).* Das schiere Gegenteil ist die Terrasse des ***Piccolo Hotel*** an der langen Straße entlang des ehemaligen Bahndamms. Hier wird zu anständigen Preisen eher gediegen-klassisch und ebenfalls in ausgezeichneter Qualität aufgetischt; darunter ligurisches *Pesto*, wie es sein sollte, mit festen, kleinen Kartoffelstückchen

Moneglia

und ein paar grünen Bohnen. Die sämige, grüne Basilikumsoße wird hier auf *Trofie* gereicht, gedrehten, kurzen Nudeln, die ebenfalls für Ligurien typisch sind *(Tel. 0185 49374; kein Ruhetag, länger nicht getestet).*

Eines der wichtigsten Gebäude Moneglias ist der etwas abseits am nordwestlichen Ortsrand (nördlich der Streifenkirche) gelegene **Bahnhof**, weil man von hier aus in östlicher Richtung die Cinque Terre erreichen kann und in der anderen Richtung Sestri Levante oder vielleicht sogar Rapallo, Portofino oder Genua (wozu man jeweils in Sestri Levante umsteigen muss).

Leider gibt es in Moneglia keinen freien Stellplatz. Das einzige zum Parken geeignete Gelände ist der kostenpflichtige und von Bahngeräuschen belastete Parkplatz seitlich des Bahnhofs mit dem Schild *Auto e Bus*, was ja Wohnmobile eigentlich nicht zulässt. Immerhin können Sie von Juni bis September auf dem Sportplatz direkt am Strand parken. Dort wird ein Tagespreis für 24 Stunden ausgewiesen *(25 Euro für ein WOMO)*, aber das Gelände ist nachts abgeschlossen und in dieser Zeit nach meiner Recherche auch nicht zu Fuß zu erreichen (der Sportplatz liegt westlich des Ortes nach dem ersten kurzen Tunnel).

Strand bei Platz Nr. 084

Auch die Weiterreise nach Osten führt durch einen Tunnel *(Galleria)*, den die Ampel hier alle zehn Minuten freigibt (für Wohnwagen genauso gesperrt wie der Tunnel nach Westen, für Wohnmobile aber erlaubt, siehe oben). **Deiva Marina** (1.300 Einwohner), die Ansiedlung nach dem östlichen Tunnelausgang ist allerdings weniger malerisch, weil sie sich, wie der Baustil zeigt, am Meer erst ab den Sechzigerjahren des 20. Jahrhunderts gebildet hat. Das denkt man, bevor man erstaunt vor dem Schild steht, wonach die Ortschaft zu den *Borghi più belli d'Italia* gehört. Damit dekoriert ist der historische Ortskern 900 Meter landeinwärts mit einem hübschen Bereich um die Kirche, auch wenn die Auszeichnung hier übertrieben ist und

vermutlich die hässlichen Gebäude hinter dem Strand kompensieren soll. Aber Deiva Marina hat einen veritablen Sand-/ Kiesstrand, drei strandnahe Campingplätze und einen halben Wohnmobil-Stellplatz. Vor allem gibt es auch hier einen Bahnhof, der ja das wichtigste Gebäude ist, weil alle Ortschaften dieser Tour zugleich als Ausgangspunkt für Ausflüge zu den Cinque Terre dienen.

Dieser halbe Stellplatz ist der Vorhof von ***Camping Fornaci al mare***, ein sehr gut besuchtes Gelände, das, da auf dem östlichen Ufer eines im Sommer ausgetrockneten Flusses gelegen, schon zum Gemeindegebiet von Framura zählt:

(084) Offizieller WOMO-Stellplatz/Campingplatz: Deiva Marina/Framura – *Camping Fornaci al mare*

GPS/Kontakt: N 44°12'53" E 9°31'08", Loc Fornaci 13, Tel. 0187 816295; www.campingfornacialmare.it/. **Max. WOMOs**: 18-20.
Öffnungszeit: Ganzjährig.
Ausstattung: Ver- und Entsorgung (nicht frei zugänglich), Toiletten, warme Duschen, Mülleimer.
Beschreibung: Das ist ein gekiester Vorplatz vor dem Campingplatz, dessen Einrichtungen benutzt werden dürfen. Zeitweise steht man eng, man kann aber unter der Markise auf Campingmöbeln sitzen. Der angrenzende Badestrand ist sehr schön, man hört das Meer rauschen. Zu Gaststätten und Geschäften sind es wenige Schritte. Der Bahnhof, von dem Züge in die Cinque Terre verkehren, ist 350 m entfernt.
Der Platz ist sehr gut besucht. In der Hauptsaison ist es schwierig, hier eine Lücke zu finden. Auch der Campingplatz selbst ist oft belegt und von Dauercampern in Hütten beherrscht, die aber überwiegend separiert sind.
Preis: 27 €.
Zufahrt: Der Platz ist in Deiva Marina beschildert; und liegt östlich der Ansiedlung am Meer (nach der Flussbrücke geradeaus).

Der Campingplatz wird leicht verwechselt mit seinem Nachbarn, der um die Ecke unmittelbar am Strand liegt, auf dem aber die vielen Dauercamper höchstens 15 Plätze nicht be-

Platz Nr. 085

setzt haben. In einer Gegend, in der jede Abstellmöglichkeit für Wohnmobile zählt, muss er trotzdem unbedingt erwähnt werden:

(085) WOMO-Campingplatz: Deiva Marina *Camping Framura*

GPS/Kontakt: N 44°12'42" E 9°31'22". Tel. 0187 815030; www.campingframura.it/de/Default.aspx. **Öffnungszeit**: 1.4. – 31.10.
Ausstattung: Miniladen mit Brot, Snack mit Pizza.
Beschreibung: Das ist ein großer Dauercamperplatz mit 15 Möglichkeiten für Kurzzeitcamper in sehr schöner Lage unmittelbar über dem Meer. Der Kies-/Sandstrand ist etwa 250 m entfernt, wenn man durch den selten befahrenen ehemaligen Eisenbahntunnel geht, was möglicherweise verboten ist, aber von jedem gehandhabt wird. Zeitweise kann man auch unterhalb des Platzes vor den Steinen baden. In das Zentrum des neuen Dorfes mit Gaststätten und Geschäften sind es etwa 950 m, zum Bahnhof 1.150 m.
Preise: 27 – 34 €.
Zufahrt: Der Platz ist in Deiva Marina beschildert und liegt östlich der Ansiedlung am Meer. Fahren Sie nach der Flussbrücke links, dann rechts und oberhalb von *Camping Fornaci al mare* Richtung Meer, zuletzt noch durch einen kurzen Tunnel.

Alternativ kommt etwa 350 m landeinwärts ***Camping degli Ulivi*** in Frage, schön am Hang unter Oliven, aber nahe der Bahn.

Auf dem früheren offiziellen Stellplatz kann man in der Zeit vom 1.4. bis 30.9. nicht mehr verweilen, seitdem in dieser Zeit im ganzen Ort innerhalb bewohnter Bereiche Wohnmobilen sogar das Parken verboten ist. Aber Sie finden landeinwärts fünf weitere Campingplätze, von denen der weiteste 3,5 Kilometer vom Strand entfernt ist (alle mit hohem Dauercamperanteil).

Im Dunstkreis der Cinque Terre muss man um Übernachtungsgelegenheiten kämpfen und die Feier des Erfolges rechtzeitig planen. Man kann nämlich beim Essen ziemlich reinfal-

len. Ich veröffentliche normalerweise nur positive Erfahrungen und verkneife mir nähere Angaben zu dem großen Lokal abseits der Küste mit Pizza und überaus öligen Spaghetti. Dass demgegenüber in derselben Straße das **Ristorante** im ***Hotel Clelia*** bei *TripAdvisor* an schlechterer Stelle rangiert, beweist die Fragwürdigkeit dieser Bewertungen, denn schöner als im Hotelgarten am Pool sitzen Sie in Deiva Marina nirgends, und die Qualität ist weit überdurchschnittlich *(Corso Italia 23, Tel. 0187 82626; nur abends geöffnet, kein Ruhetag, unbedingt reservieren; Preise etwas über der Mitte).*

Das Bergdorf **Framura** gehört ebenfalls zu den *Schönsten Orten Italiens*. Davon bekommen Sie wenig zu sehen, da inzwischen alle WOMO-geeigneten Plätze gesperrt sind. Auch Bonassola und Levanto zählen, regional betrachtet, eigentlich zu dem Abschnitt westlich der Cinque Terre. Touristisch hingegen kann man ohne Station in Levanto die Cinque Terre oftmals nur schlecht bereisen. Und Bonassola haben wir stets von Levanto aus angefahren – und werden das auch bei der nächsten Tour tun.

Deiva Marina

TOUREN 8 + 9
N
Band 08 WOMO-Reiseführer Toskana und Elba
CARRARA
Marina di Carrara
Marinella di Sarzana
Luni
Bocca di Magra
Ameglia
Montemarcello
Sarzana
Fortezza di Sarzanello
Lerici
Tellaro
Tour 9
LA SPEZIA
Le Grazie
Isola Palmaria
Portovenere
Campiglia
nach Parma
Tour 8
Volastra
Groppo
Corniglia
Manarola
Riomaggiore
Vernazza
Monterosso
Cinque Terre
Brugnato
Carrodano / Levanto
Levanto
Bonassola
Framura
Deiva Marina
Moneglia
Aurelia
Tour 7
10 km
084 085 086 087 088 089 090 091 092 093 094 095 096 097 098 099 100 101 102 103 104 105 106 107 108
1 12 15 432 530 566dir
WC

Tour 8: Cinque Terre 85 km

Bonassola – Levanto – Monterosso al Mare – Vernazza Corniglia – Manarola – Riomaggiore – Portovenere

Stellplätze:	in Bonassola, in Levanto, bei Monterosso al Mare, zwischen Manarola und Riomaggiore, bei Portovenere
Campingplätze:	in und bei Levanto
Besichtigen:	Levanto, die Cinque Terre, Portovenere
Wandern:	von Levanto nach Monterosso, von Monterosso nach Riomaggiore, von Manarola über Volastra nach Corniglia; von Riomaggiore nach Portovenere
Essen:	*Nuova Pizzeria Bruna*, Ristorante *L'Oasi* oder *Gattabriga* in Levanto, Ristorante *Il Ciliegio* bei Monterosso al Mare, Ristorante *La Medusa* in Portovenere

Einer der Gründe für Ihren Aufenthalt in Sestri Levante, Moneglia oder Deiva Marina während der vorhergehenden Tour sind ***Fünf Dörfer***, die als abgeschieden gelten, es aber nicht mehr sind. Noch Ende der Siebzigerjahre des letzten Jahrhunderts waren die ***Cinque Terre*** ein echter Geheimtipp. Die jungen Besucher waren akademisch gebildet, verachteten den Massentourismus, wählten (schon damals) die *Grünen*, sie kochten bereits mit Olivenöl, während sie uniforme Latzhosen trugen, in denen sie sogar wanderten. Allerdings wanderten sie nur

Cinque Terre – Riomaggiore

westlich von La Spezia zwischen den *Fünf Dörfern*, weil ihnen das in der *Brigitte* oder in der *Emma* als trendig vorgegeben worden war (sie wanderten auch auf Kreta und selbst dort in abgeschnittenen Latzhosen). Niemand hatte sich damals ausgemalt, dass die Wanderwege dieses Reiseziels in Ligurien einmal Eintritt kosten würden, noch ehe die WOMO-Reihe sich ihrer angenommen hat. Und dass man an heißesten Sommertagen zwischen Monterosso und Vernazza mehr Amerikanern begegnet als am Heidelberger Schloss – und vor der Corona-Pandemie und den internationalen Konflikten fast so vielen Chinesen. Die Cinque Terre werden sogar in die auf die Minute geplanten Europareisen amerikanischer Veranstalter hineingequetscht.

Levanto

Mit Recht! Es gibt – für Wanderer und Nichtwanderer – kaum ein pittoreskeres Ziel am nördlichen Mittelmeer. Aber Sie, liebe Leser, sollten Ihre Reiseaktivitäten nicht nur auf fünf Dörfer beschränken, sondern Sie sollten den Radius erweitern und benachbarte Ziele dieser sowie der anderen Touren bereisen und erwandern.

Levanto ist die Kleinstadt unmittelbar westlich der berühmten Dörfer, die eine einigermaßen gute Straßenanbindung zur restlichen Welt erhalten hat und wo es genug flaches Land gibt, um ein paar Campingplätze sowie einen WOMO-Stellplatz einzurichten. Außerdem gibt es hier, wie in den meisten Dörfern zwischen Genua und La Spezia, einen Bahnhof, in dem ein Großteil der Züge anhält, so dass man dort einsteigen kann, um die anderen Dörfer zwischen Genua und La Spezia, vor allem die berühmten Fünf, zu besuchen.

Oder zu bewandern, indem man ins eine fährt und zum anderen läuft, oder zum übernächsten, oder nach Genua (umsteigen in Sestri Levante) und La Spezia. Und die **Fahrkartenbeschaffung** ist wesentlich einfacher geworden. Sie können weiterhin in jedem Bahnhof am Automaten wie auch am Schalter ein Ticket lösen. Weil aber ersterer oft streikt oder dem Nicht-Italiener unverständlich erscheint, stehen an Zweitgenanntem lange Touristenschlangen, die länger wirken als sie sind, weil fast jeder Wartende noch einen Rucksack trägt, der Platz für drei benötigt. Aber die Schlangen werden kürzer, weil immer mehr Reisende das Ticket mit der **App** von ***Trenitalia*** erwerben. Näheres siehe bei den *Tipps* unter *Bahn und Bus*.

Am besten kaufen Sie die ***Cinque Terre Card Treno (Zugkarte)***. Sie kostet bei Drucklegung 18,20 Euro pro Tag, 33 Euro für zwei Tage und 47 Euro für drei Tage (Erwachsene). Es gibt Ermäßigungen für Kinder, Familien und Senioren ab 70. Die Zugkarte beinhaltet neben der Nutzung der kostenpflichtigen Wanderwege unbegrenzte Zugfahrten mit den Regionalzügen auf der Strecke Levanto - Cinque Terre - La Spezia.

Die ***Cinque Terre Trekking Card*** (Wandereintritt ohne Zugfahrten) kostet 7,50 Euro pro Tag oder 14,50 Euro für zwei Tage (Erwachsene) und ermöglicht Zutritt zu den beiden **gebührenpflichtigen Wanderwegen**. Nur die Etappen Monterosso - Vernazza und Vernazza - Corniglia sind von April bis Oktober gebührenpflichtig, alle anderen Wanderwege sind frei. Die Karten werden in den Infobüros des Nationalparks (in Levanto auch in der Touristeninformation auf dem ehemaligen Bahndamm oberhalb des Strandes) verkauft, ebenso in den Bahnhöfen von La Spezia, Levanto und an jedem Bahnhof der Cinque Terre (weitere Einzelheiten – auch zu Hunden – siehe unter www.cinqueterre.eu.com/de/cinque-terre-card).

Ohne diese Flatrate kostet jede Zugstrecke zwischen Levanto und La Spezia 5 Euro.

Vor dem Ticketkauf müssen Sie sich erst Ihres Reisemobils entledigen. Möglichst für mehrere Tage, weil in der Nähe der Cinque Terre die übernachtungsgeeigneten Parkplätze äußerst rar (und seit der letzten Auflage noch rarer) und die wenigen Campingplätze sehr gut besucht, bisweilen schon am Vormittag belegt sind. Sestri Levante (Tour 7) ist, wir wiederholen uns, ein Ort, der sich als Quartier für die Cinque Terre eignet.

Bonassola (830 Einwohner) ist zweifellos der ruhigste der Orte rechts und links der Fünf Dörfer, aber für einen ganzjährigen Stellplatz am Strand nicht mehr ruhig genug. Die meiste Zeit des Jahres können Sie nur mit dem Zug, dem Rad oder zu Fuß ankommen. Der sehr schöne Strand wäre es wert. Immerhin dürfen Sie den Stellplatz am Strand außerhalb der Saison bewohnen, sofern nicht gerade Sommer ist, was aber eine unserer gegenüber den Mächtigen gebetsmühlenartig vorgetragenen Minimalforderungen erfüllt, Parkplätze zumindest nicht außerhalb der Saison zu sperren:

Bonassola

(086) Offizieller WOMO-Stellplatz: Bonassola

GPS: N 44°10'50" E 9°35'05". **Max. WOMOs**: Etwa 12.

Öffnungszeit: Der Platz ist nur in der Zeit zwischen Mitte Oktober und 31.5. offen, aber nicht vom Ostersamstag bis zum folgenden Wochenende, bisweilen nicht über den 1.5. (möglicherweise auch kürzer), nur auf einer Straßenseite und nur bis 8 m. In der übrigen Zeit dürfen WOMOs nicht nach Bonassola. **Ausstattung**: Mülleimer.

Beschreibung: Sie stehen hintereinander in einer Reihe am Ufer auf dem ehemaligen Bahndamm vor dem Tunnel östlich des Ortes und müssen in dieser Zeit die Pkw-Markierungen schräg zur Fahrbahn nicht beachten. Die Straße ist wenig befahren. Zum Strand sind es nur wenige Schritte, ins Zentrum und zum Bahnhof etwa 700 m. Sie stehen direkt am Radweg. Die Zufahrt in den Ort ist eng, nervig und nur bis 8 m Länge erlaubt. Falls der Platz belegt ist, war die Mühe der Zufahrt umsonst, weil es keine Alternativen gibt.
Preise: 15 €/24 Stunden, an Samstagen, Sonn- und Feiertagen möglicherweise mehr – wird kassiert.
Zufahrt: Fahren Sie am Ortseingang scharf links. Sie stehen dann auf Asphalt, aber recht schön in Strandnähe.

Meistens müssen Sie ins benachbarte **Levanto** (5.400 Einwohner, Betonung auf der ersten Silbe: Lévanto) ausweichen, das zu unseren persönlichen **Top Ten** gehört, obwohl der Stellplatz weitab des Meeres liegt, früher auch mal größer war und unverschämt teuer ist. Aber ohne diesen Ort könnten die Cinque Terre mit dem Wohnmobil so gut wie nicht bereist werden:

(087) Offizieller WOMO-Stellplatz: Levanto

GPS: N 44°10'28" E 9°37'04", SP 566 dir.
Max. WOMOs: Mindestens 20 (Sie dürfen bei Andrang vermutlich auf beiden Straßenseiten stehen).
Öffnungszeit: Ganzjährig.
Ausstattung: Ver- und Entsorgung, Mülleimer.
Beschreibung: Der Asphaltplatz innerhalb der Bebauung liegt gut 1 km hinter dem Strand und ist nicht besonders schön. Außerdem ist er wegen der nahen, am

meisten befahrenen Straße von Levanto und direkt unterhalb der Bahnlinie auch laut. Aber der Platz liegt gut, wenn man mit dem Zug zu den Cinque Terre fahren möchte. Trotz des hohen Preises ist er in der Hochsaison oder über ein sonniges Wochenende oft belegt.

Das Zentrum ist etwa 700 m entfernt.

Preise: 24 €/12 Stunden, 36 €/24 Stunden, 50 €/36 Stunden. Ein Trost: Sie müssen das nicht mit Münzen bezahlen.

Zufahrt: Der Stellplatz liegt an der Straße von Levanto zur Autobahnauffahrt *Carrodano/Levanto* bei einer Tankstelle, ein paar Meter nördlich der Eisenbahnunterführung, also in der Nähe des Bahnhofs von Levanto (wenn Sie von Bonassola kommen, müssen Sie dem Autobahnschild folgen).

Uns wundert, dass wir dort überhaupt Reisemobile stehen sahen. Der hohe Preis ist das Resultat des urkapitalistischen Gesetzes von Angebot und Nachfrage, das hier inzwischen fast das ganze Jahr, besonders an Ostern und Anfang Oktober (!), funktioniert (dann ist der Platz rappelvoll, angeblich auch an Weihnachten). Im Sommer zieht es die Besucher an Wochentagen mit Recht mehr auf die Campingplätze, von denen es in Levanto selbst vier gibt, die der Stadt so nahe sind, dass man zu Fuß oder mit dem Fahrrad den Strand erreichen kann, sowie einen fünften, der weiter weg liegt.

Nachdem wir nach Jahren endlich mehrfach auf *Acquadolce* einen Platz ergattert haben, bewerten wir dieses Campinggelände als das eindeutig beste in Levanto: schön am Rand der Natur, nahe zum Strand und absolut zentral. Der Platz, der das verkörpert, was Sie sich unter einem klassischen Campingplatz vorstellen, ist gerade bei Deutschen sehr beliebt und von Frühjahr bis Herbst während deutscher Schulferien, besonders an Ostern, aber auch nach Pfingsten und erst recht im Hochsommer, meistens belegt. Es lohnt sich, vorher zu reservieren und in Zwischenzeiten unbedingt vor der Mittagspause anzureisen:

(088) WOMO-Campingplatz: Levanto
Camping Acquadolce

GPS/Kontakt: N 44°09'59" E 9°36'49"; Via Guido Semenza 5. Tel. 0187 808465 meistens spricht jemand Deutsch; www.campingacquadolce.com.
Öffnungszeit: Ganzjährig.
Ausstattung: Auch von Fremden gerne besuchte und gute Pizzeria auf dem Platz.
Beschreibung: Das naturbelassene, schattige Gelände ohne Dauercamper und feste Behausungen bietet auf mehreren Ebenen relativ kleine, aber zahlreiche Parzellen. Je größer Ihr Fahrzeug ist, umso geringer ist die Chance auf Einlass. Ortszentrum und Strand sind 300 m entfernt.
Der Platz liegt vom Bahnhof über 1 km entfernt. Manche Leser wurden von den Kirchenglocken gestört, die während der ganzen Nacht zu jeder Viertelstunde die volle Zeit kundtun (also beispielsweise um 4.45 Uhr siebenmal schlagen). Uns hat das erfreut. Der Wanderweg nach Monterosso beginnt direkt vor dem Tor. **Preise**: 30 – 50 €.
Zufahrt: Der Platz ist östlich der Strandbucht beschildert, die Zufahrt erfolgt über den ehemaligen Bahndamm.

Wir kennen aber auch Leute, die alljährlich den **Campingplatz *Cinque Terre*** ansteuern, nach unserem Geschmack der zweitschönste Platz in Levanto, der richtig empfehlenswert ist, obwohl man zu Fuß ins Ortszentrum und zum Strand 15 bis 20 Minuten braucht. Am Anfang war er nur der Notnagel, als wir am Abend nach langer Fahrt in Levanto eintrafen und unseren früheren Stellplatz auf dem ehemaligen Bahndamm (das ist schon sehr lange WOMO-Geschichte) gesperrt vorfanden (nur Pkw). Wir steuerten den strandnahen *Camping Acquadolce* an, wo wir keinen Platz mehr bekamen, um dann auf *Camping Cinque Terre* wenigstens die Nacht zu verbringen. Aber in einem ruhigen, grünen Tälchen, mit Nachtigallen, schnaubenden Pferden, unter lichtdurchfluteten Akazien, Feigen und Mimosen blieben wir noch zwei Tage, obgleich wir längst in der Toskana angekommen sein wollten. Unmittelbar davor und ein paar Meter näher an Ort und Strand finden Sie zwei weitere Campingplätze, die an Ostern, vermutlich auch in der Hochsaison, ebenfalls sehr gut belegt sind:

Camping Cinque Terre

(089) WOMO-Campingplatz: Levanto
Camping Cinque Terre

GPS/Kontakt: N 44°10'25" E 9°37'31", Loc. Sella Mereti, Tel. 0187 801252; www.campingcinqueterre.it/. **Öffnungszeit**: Ostern bis Anfang November.
Ausstattung: Snack.
Beschreibung: Das schattige Gelände ohne nennenswerten Dauercamperanteil ist nicht sehr groß, weshalb die Parzellen klein ausfallen.

In das Ortszentrum und an den Strand sind es 1,5 km, Bustransfer; der Platz liegt mit nur 850 m Entfernung näher zum Bahnhof als *Camping Acquadolce*.
Preise: 28 – 40 €, je nach Zeitpunkt und Parzellengröße.
Zufahrt: Der Campingplatz ist von allen Richtungen beschildert; ab Levanto fahren Sie zunächst ähnlich wie zum vorgenannten Stellplatz.

(090) WOMO-Campingplatz: Levanto *Camping Pian di Picce*

GPS/Kontakt: N 44°10'30" E 9°37'24". Loc. Pian di Picce, Tel. 0187 800597; www.piandipicche.it/. **Öffnungszeit**: Ostern bis 1.11.
Ausstattung: Kleiner Laden, Snack, neues Sanitärgebäude.
Beschreibung: Das etwas weniger schattige Gelände ohne Dauercamper ist ebenfalls nicht sehr groß, die Parzellen sind etwas breiter.
Ortszentrum u. Strand sind 1,3 km entfernt, Bustransfer an den Strand; der Platz liegt mit nur 650 m Entfernung deutlich näher zum Bahnhof als *Camping Acquadolce*. **Preise**: 33 – 38 €.
Zufahrt: Der Campingplatz ist von allen Richtungen beschildert; ab Levanto fahren Sie zunächst ähnlich wie zum vorgenannten Stellplatz.

(091)
Benachbart liegt zusätzlich der Campingplatz ***Albero d'oro*** (1.4. bis Anfang November), für den die vorgenannten Angaben im Großen und Ganzen ebenfalls gelten, wo man aber noch dichter steht und zeitweise sehr eng vor dem eigentlichen Gelände;
GPS:/Kontakt: N 44°10'32" E 9°37'19", Tel. 0187 800400; www.campingalberodoro.com/.

Wenn gar nichts mehr geht, bleibt vielleicht noch ein kleiner Campingplatz in den Bergen, von dem aus man aber Ort, Bahnhof und Strand immer noch erreichen kann, zumindest mit etwas sportlichen Ambitionen oder dem Pedelec:

(092) WOMO-Campingplatz: Levanto *Camping San Michele*

GPS/Kontakt: N 44°10'30" E 9°37'58", Loc. Busco, Tel. 0187 976929; https://campinglevanto.eu/. **Öffnungszeit**: Unbekannt bis Ende Oktober.
Ausstattung: Sparsam.
Beschreibung: Das schattige Gelände hält 17 Plätze für Wohnmobile bereit, davon 6 für größere Fahrzeuge. In das Ortszentrum und an den Strand sind es 2,9 km teilweise bergauf, zum Bahnhof sind es 2,1 km.
Preise: 35 – 45 €.
Zufahrt: Der Campingplatz liegt an der Strecke von Levanto zu den Cinque Terre.

Sofern Sie sich auf *Camping Acquadolce* aufhalten, werden Sie, da dieser nur gut 200 Meter vom Strand entfernt ist, an der nächsten erreichbaren Stelle baden, an einem gar nicht schlechten Stadtstrand und in der Nähe bunter Boote. Etwas störend sind hier die kostenpflichtigen, teuren *Bagni* (bis zu 25 €/Tag) seitlich derer aber nach unseren Erfahrungen noch ausreichend Platz für die Allgemeinheit bleibt. Auf den anderen Campingplätzen wie auch auf dem Stellplatz werden Sie nach der schönsten **Badeecke** fragen, jedenfalls wenn Sie ein Fahrrad besitzen, was sich hier wirklich lohnt. Radeln Sie in Levanto direkt hinter dem Strand auf dem ehemaligen Bahndamm nach rechts, also nach Westen, und wählen Sie die nette Badebucht gleich nach dem zweiten Tunnel, die allerdings in der Hochsaison, wie fast alles hier, sehr stark belegt ist.

Badebucht zwischen Levanto und Bonassola

Der lohnende **Radweg auf dem Bahndamm** ist inzwischen bis zu den am Meer liegenden Teilen von Framura (Tour 7) weitergeführt und etwa sechs Kilometer lang, er verläuft aber zu einem erheblichen Teil in beleuchteten Tunnels (Sie können in Levanto Räder mieten).

Levanto – öffentliche Strände

Levanto - Sant'Andrea

Große Sehenswürdigkeiten werden Sie in Levanto nicht finden, lediglich in dem Rest des alten Ortsteils die **Kirche Sant'Andrea** mit einer sehr schönen Rosette.

Eine Bausünde des 19. Jahrhunderts

Dass in Levanto nur noch wenige alte Gassen erhalten sind, liegt an einer Bausünde des ausgehenden 19. Jahrhunderts, als man hinter dem Strand die Häuser zum Zwecke des Eisenbahnbaus platt gemacht hat. Dadurch entstanden hier, wie auch in anderen Orten weiter westlich, namentlich in Moneglia, merkwürdige Rampen, und damit Ortsbilder, die Ihnen beim ersten Besuch un-

Levanto – ehemalige Bahnrampe

gewöhnlich vorkommen werden. Erst nach einer Weile fällt Ihnen auf, was Sie so irritiert hat: Es fehlt die Öffnung der Ansiedlung zum Meer und Hafen, weil man den Ort durch den Bahndamm vom Strand abgetrennt hat.

Die Bahnstrecke, die wir heute benutzen und ohne die eine Cinque-Terre-Reise mit dem Wohnmobil gar nicht denkbar wäre, wurde in den Dreißigerjahren des 20. Jahrhunderts weiter landeinwärts gebaut, wobei die Tunnels, mit denen man die Berge durchstechen musste, wesentlich länger geworden sind. Ein Teil der alten Tunnels wurden nicht mehr gebraucht, und einige wenige hat man Jahre später bei Moneglia für den Autoverkehr recycelt. An vielen Stellen ist die Streckenführung aber auch gleichgeblieben, weshalb dort die Tunnels der Bahn erweitert oder durch eine daneben gebaute Röhre ergänzt worden sind.

Levanto – mit Kirche Sant'Andrea und ehemaliger Bahnrampe

In Levanto werden Sie sich mehrere Nächte aufhalten und essen gehen. Selbst wenn Sie hier nur eine Nacht bleiben, sollten Sie auswärts speisen, denn es gibt neben sehr viel Durchschnitt vorzügliche Adressen: Die ***Nuova Pizzeria Bruna*** für die preisbewussten Pizzarianer *(nur abends geöffnet und montags zu; an der Piazza Staglieno, das ist der dreieckige schattige Platz im östlichen Teil des Zentrums – nahe Camping Acquadolce; Sie sollten einen der wenigen Tische unbedingt vor 19 Uhr besetzen, weil Sie nur dann genießerisch die unendlich lange Schlange der wartenden Strandheimkehrer bedauern können).*

Ähnlich gut waren die **Pizzas** auf ***Camping Acquadolce***. Und zwar so überzeugend, dass sie sogar von Stadtbewohnern auf dem Campingplatz abgeholt worden sind; »*da asporto*«, wie man in Italien sagt. Und so köstlich, dass Sie als Gast, der seine Pizza vor Ort verspeisen möchte, sogar reservieren sollten (hier wurde umgebaut und seitdem waren wir nicht mehr dort).

Auch im **Fischrestaurant *L'Oasi*** werden Ihnen traurige und frustrierte Gesichter derjenigen geboten, die glaubten, außerhalb der Saison nicht reservieren zu müssen (wir haben uns in der Vorsaison zwei Stunden vor dem Essen angemeldet). Die Spezialität ist ein Fisch in Salzkruste, die den Saft bewahrt, und wir dürfen bekennen, dass uns auch in wesentlich renommierteren Häusern diese Zubereitungsart niemals vollendeter begegnet ist. Einer der Top-Tipps dieses Buches, wobei die Preise im Laufe der Jahre leider deutlich gestiegen sind. Sie finden das Ristorante an der Piazza Cavour, dem großen Platz im Inneren von Levanto *(Piazza Cavour, Tel. 0187 800856; Mi. Ruhetag, außer Juli August; relativ hohe Preise).*

Levanto ist einer der Hauptorte dieses Buches, weshalb viele Leser sich immer wieder für mehrere Tage hier aufhalten und bisweilen auch mal gepflegter essen gehen wollen, aber preiswerter als im *L'Oasi*. So erliegen gerade die Bewohner des nahen *Camping Acquadolce* leicht der Versuchung der traditionsreichen *Osteria Tumelin* – und erleben, wie ihnen für mäßige Qualität mit großer Routine viel zu viel Geld abverlangt wird, ehe sie unversehens schnell wieder auf der Straße stehen. Deutlich besser ist unweit das **Ristorante *Gattabriga*** *(Via Guani 47, Tel. 366 5273582, Mo. geschlossen, mittlere Preise).*

Vielleicht werden Sie eines Morgens umdisponieren. Sie klettern nicht in den Zug, um schon nach wenigen Minuten in Monterosso wieder auszusteigen, Sie wandern! Zumindest in eine Richtung – und nehmen die Bahn für die Rückfahrt, weil Sie derart einfach und komfortabel selten mit öffentlichen Verkehrsmitteln an den Ausgangspunkt Ihrer Wanderstrecke zurückbefördert werden. Und weil der Abschnitt von Levanto nach Monterosso, obschon in der Reise-Weltliteratur stets erwähnt – also auch bei uns – noch nicht den Eintritt kostet, wie einige Wege weiter östlich – aber an Brückentagen in der Übergangszeit, beispielsweise um den 3. Oktober, vielleicht gerade deshalb besonders überlaufen ist:

Von Levanto nach Monterosso al Mare

Gehen Sie in **Levanto** in der östlichen Ecke der Strandpromenade nach Süden, unterhalb von prächtigen Villen, bis Sie fast am Ende der Promenade von der rot-weißen Markierung nach links bergauf geschickt werden und möglicherweise erst jetzt zur Kenntnis nehmen, dass über Levanto auch eine Burgruine thront (Sie können auch vor dem *Camping Acquadolce* mit derselben Markierung bergauf starten).

Schwitzend passieren Sie einige Ferienhäuser, die Sie, wenn sie Ihnen aufgedrängt würden, wegen der Prachtsicht sogar gegen das WOMO

eintauschen würden; was Ihnen ja wirklich selten in den Sinn kommt, wenn Sie auf Ihren Reisen ein Ferienhaus sehen.

Bald stiefeln Sie ein Stück entlang der Straße, die Sie bei einem Hotel wieder verlassen, um kurz darauf hocherfreut in einen richtig schattigen Wald einzutreten, wo Sie es gerne verschmerzen, dass nun die Blicke aufs Meer etwas seltener werden. An einer Tafel, die eines abgestürzten deutschen Physik-Professors gedenkt, werden Sie sinnieren, wie es auf einem derart zivilisierten Weg zu einem solchen Unglück kommen konnte.

Wo sich die Wege Nr. 10 und Nr. 1 gabeln, nehmen Sie die Nr. 10 und halten sich gleich darauf rechts, um sich am **Eremo S. Antonio** und dem daneben liegenden **Punto Panoramico Punta Mesco** eines fantastischen Blicks auf die Cinque Terre zu erfreuen.

Blick von der Punta Mesco zu den Cinque Terre

Nach diesem kurzen Abstecher zum Aussichtspunkt danken Sie uns auf dem mit der Nr. 10 markierten Weg angesichts des steilen Abstieges nach Monterosso, dass wir Ihnen, die Sie nun abwärts bremsen dürfen, die Wanderung in dieser Richtung empfohlen haben. **Nach gut zwei Stunden** stehen Sie in **Monterosso al Mare**.

Vielfältig können Sie die Wanderung beenden: mit einem Bad, einem kühlen Getränk oder Sie wandern weiter bis ins nächste Dorf der Cinque Terre, vielleicht auch ins übernächste ... Die Wege sind bestens markiert, und die Wanderkarten *Cinque Terre* des Club Alpino oder von *Kompass* sind für die Routen entlang der Küste nicht erforderlich. Wohl aber, falls Sie ab Monterosso den Heimweg durch das Landesinnere wählen (und beim *Camping Cinque Terre* rauskommen). Auf der Kompass-App *Toskana* sind die Cinque Terre eingezeichnet.

Es gibt leider ziemlich viele Menschen, unglücklicherweise die meisten, die, weil sie dieses Buch nicht kennen, denken, sie könnten mal eben mit einem Wohnmobil in einem der Fünf Dörfer, der eigentlichen Cinque Terre, vorbeischauen.

Es sind oft dieselben, denen ein Reisemobil nicht groß genug sein kann, was das Problem nicht gerade verringert. Eigentlich sind nämlich die Dörfer schlecht zu erreichen, was über lange Zeit zu ihrer Abgeschiedenheit geführt und den Dörfern die Urtümlichkeit bewahrt hat, jene Schönheit also, die dann Ende der Siebzigerjahre die Touristen anzog. Breite Straßen gibt es immer noch nicht (das Projekt wurde nach dem Baubeginn gestoppt), ebenso wenig wie ausgedehnte Parkplätze. So sind die Fünf Dörfer für ein Wohnmobil eher ungeeignet, was ja nicht so schlimm ist, weil man von Moneglia, Deiva Marina oder Levanto aus bestens mit dem Zug hinfahren kann.

Leider ist zudem der Parkplatz in **Monterosso al Mare** (mit 1.700 Einwohnern der größte Ort der Cinque Terre), auf einer kleinen Halbinsel knapp über dem Meeresspiegel gesperrt worden. Auch wenn Monterosso das unspektakulärste der Cinque-Dörfer ist und im Grunde so wenig oder so viel dazu gehören dürfte wie Levanto, Bonassola oder Portovenere, wird das durch den relativ neuen, privaten Stellplatz oberhalb des Ortes nicht ganz wettgemacht:

(093) Offizieller WOMO-Stellplatz: Monterosso al Mare
Il Poggio

GPS/Kontakt: N 44°09'18" E 9°39'34", SP 38, Tel. 366 4246163; info@parkcamperilpoggio5terre.it. **Max. WOMOs**: 15.
Öffnungszeit: Ganzjährig.
Ausstattung: Ver- und Entsorgung, Strom, Mülleimer, kostenloser Shuttle-Service in den Ort.
Beschreibung: Unser Foto sagt fast alles über das klappstuhlgeeignete Gelände. Auf einem relativ steilen **Fußweg** sind es zu den ersten Häusern etwa 900 m unbeleuchtet, an den östlichen Strand etwa 1,5 km (gehen Sie vor dem Tunnel rechts, Sie stoßen hinter dem Ristorante auf einen **markierten Wanderweg**, der schon 100 m oberhalb des Stellplatzes die Straße kreuzt), auf der Straße ist es weiter, aber es gibt ja den Shuttle und einen öffentlichen Bus. Nach 200 m finden Sie das **Ristorante *Il Ciliegio***, das mit gutem Essen und einer Traumterrasse überzeugt – Di. geschlossen). Sie können hier loswandern, zum berühmten Weg ist es etwa 1 km. Ich empfehle dringend eine Reservierung!!
Preis: 30 €. Falls die Schranke geschlossen und der Betreuer nicht anwesend ist, müssen Sie die angeschlagene Nummer anrufen.
Zufahrt: Der Platz liegt seitlich der Zufahrtsstraße nach Monterosso.

Etwa ein Kilometer unterhalb des Stellplatzes stehen ständig WOMOs in einer ausgebauten Kurve. Hier werden von der Polizei häufig Strafzettel verteilt (über 40 Euro).

Monterosso al Mare - östlicher Strand im April

Von hier gelangen Sie auf den berühmten **Wanderweg**, auf dem ziemlich jeder von Dorf zu Dorf durch das Gebiet wandert, das seit 1997 von der UNESCO zum **Weltkulturerbe** erklärt worden ist (und Portovenere einschließt, das aber anders erwandert wird). Genau deshalb braucht man heutzutage für die Wege zwischen den Dörfern so etwas wie eine Eintrittskarte *(7,50 €/Tag)*. Sofern Sie für eine Strecke den Küstenweg und für den Rückweg die Bahn nehmen, brauchen Sie noch eine weitere Karte, die Fahr-, aber nicht unbedingt die Wanderkarte *(beachten Sie die oben genannten Pauschalpreise der kombinierten Ein-*

tritts- und Bahnkarte für die Strecke zwischen Levanto und La Spezia). Allerdings kann man den klassischen Weg, den **Wanderweg *Azzurro*** (ehemals und auch heute häufig als Nr. 2 bezeichnet) wegen Erdrutschen schon länger nicht mehr zwischen allen Dörfern gehen (siehe im folgenden grünen Kasten). Falls der Weg wieder durchgängig benutzbar ist, erledigt ein einigermaßen geübter Wanderer die Durchquerung auf dem berühmten Weg an einem Tag (15 km von Riomaggiore nach Monterosso al Mare). Die Dauer der Wanderung hängt stark von der Verkehrsdichte ab, wie oft Sie bei Gegenverkehr stehen bleiben müssen und wie gut Sie Kinder, Lahme und Hunde überholen können (Hundefreunde, die mir bisweilen schreiben, ich hätten sie vergessen, haben richtig gelesen: Hunde sind erlaubt, was ich an manchen, engen Stellen für fragwürdig halte). Wenn wir die Mächtigen wären, würden wir mit der Eintrittskarte auch das Schuhwerk kontrollieren und die Hasardeure in Badeschlappen nicht auf die teilweise hellschwarze Piste lassen (angeblich werden inzwischen für

Manarola

Zwischen Monterosso und Vernazza

In Riomaggiore

Flip-Flops Bußgelder bis zu 2.500 Euro erhoben). Die Strecke zwischen Monterosso und Corniglia ist zwar nicht lebensgefährlich, man kann auch nur schwerlich tief abstürzen, aber das mehrfache Hoch und Runter auf schmalen, teilweise etwas ausgesetzten Pfaden verlangt westlich von Corniglia deutlich mehr Sportlichkeit als gemeinhin beschrieben. Ein Spaziergang ist das nicht.

Wegen der Streckendauer verweise ich auf vielfältige Veröffentlichungen vor Ort, unter anderem in einem an den Bahnhöfen ausgelegten Prospekt. Die dort genannten Zeiten sind großzügig. Wir brauchten beispielsweise für das Stück zwischen Vernazza und Monterosso 1,5 Stunden und für die ganze Strecke 4 Stunden. Das war aber an Ostern, und wir waren noch jünger. An einem heißen Hochsommertag, an dem ich mit erstaunlich vielen Amerikanern die Piste geteilt habe, betrug der Wasserkonsum von Monterosso nach Vernazza einen Liter, und die Zeit konnte nur knapp gehalten werden.

Wanderweg zwischen Manarola und Corniglia

Nicht nur in den Wanderbüchern sind die Wege literarisch derart breitgetreten, dass die Welt nicht auch noch auf meine Darstellung wiederkehrender, genau genommen sogar nie aufhörender visueller Highlights gewartet hat. Beachten Sie, dass zeitweise die Begehung der Strecke im Sommer nur von 8 bis 18 Uhr erlaubt war.

Ich bin auch nicht der erste, der entdeckt hat, dass man die Laufrichtung des Weges der Tageszeit anpassen sollte. In Vorauflagen wusste ich alles besser und habe gegen den Trend den Start in Riomaggiore empfohlen. Ich bin lernfähig und differenziere: Am Nachmittag sollten Sie wegen des Sonnenstandes auf jeden Fall in Monterosso starten. Die meisten Wanderer brechen aber vormittags auf und müssen sich entscheiden, ob ihnen die Sonne das Gesicht bräunen soll. Dann starten sie gleichfalls in Monterosso und wandern mit den schönsten Blicken auf Vernazza und Manarola. Beim Fotografieren und beim Staunen stört allerdings das Gegenlicht, weil die Farben schwächer scheinen. Es sind vor allem die Farbtöne der Häuser, des Meeres, des Himmels, der Olivenbäume und der Rucksäcke, die das kleine Gebiet so unglaublich sehenswert machen. Starten Sie also an nicht zu heißen Tagen erst am Mittag in Monterosso, im Hochsommer hingegen möglichst früh in Riomaggiore (tunlichst nie am Wochenende) und schauen Sie sich dann häufig um.

Hinweise zur Begehbarkeit der Küstenwanderwege

Im September 2011 (und in den meisten Folgejahren) entluden sich in Ligurien schwere Unwetter. In Genua gab es sogar Tote, und von den Cinque Terre wurden Monterosso und Vernazza erheblich beschädigt (später wieder im Oktober 2018).

Im Bereich der Straßen und der Wanderwege war an mehreren Stellen die Erde abgerutscht, und von den Küstenwegen konnte zunächst nur das kurze, stark befestigte Stück von Riomaggiore nach Manarola weiterhin begangen werden. Die anderen Pfade direkt an der Küste mussten gesperrt werden, und Wanderer konnten die Dörfer, wenn überhaupt, nur »oben herum«, also über landeinwärts auf größeren Höhen verlaufenden Wegen, erreichen.

Der klassische Küstenweg *Azzurro* (das ist der mit der Nr. 2) zwischen Corniglia nach Manarola war schon vorher (seit dem Jahr 2010) gesperrt, wie auch Teilstücke von Monterosso nach Vernazza und von Vernazza nach Corniglia zeitweise immer mal wieder verboten waren, weil die Pfade durch Regenfälle ihre Stabilität verloren hatten oder sogar weggespült worden sind. Bedauerlicherweise hat es nämlich die Nationalpark-Verwaltung versäumt, die Eintrittsgelder in ausreichendem Umfang für die Pflege der Wege aufzuwenden.

Sie können die Begehbarkeit der Wege leicht selbst im Internet in perfektem Deutsch abfragen:

www.incinqueterre.com/de/trail-number2-blue
www.cinqueterre.eu.com/de/cinque-terre-wanderwege-situation
www.cinqueterre.eu.com/de/wanderwege.

Es wird diskutiert, eine Zugangsbeschränkung einzuführen, um den Ansturm zu regeln. Es ist beabsichtigt, das ebenfalls unter der genannten Internetadresse zu veröffentlichen.
Vor Drucklegung musste man immer noch die Abschnitte zwischen Corniglia und Manarola (nach Ankündigung bis Frühjahr 2024 – aber schon mehrfach verlängert) sowie zwischen Manarola und Riomaggiore (angeblich bis Juli 2024 und ebenfalls mehrfach verlängert) umgehen. Das klingt schlimmer als es ist. Das einzige Problem ist nach unseren Erfahrungen der größere Zeitbedarf. Wir wandern Ihnen gleich die Strecke von Manarola nach Corniglia vor und berichten Ihnen, dass der Weg über die Höhe deutlich schöner ist als der allerdings wesentlich kürzere Abschnitt direkt am Meer.

Auf Ihre dringendste Frage, was es eigentlich praktisch bedeutet, wenn ein Wanderweg gesperrt ist, habe ich leider keine erschöpfende Antwort. Da ich niemals einen gesperrten Weg gegangen bin, wurde ich auch nicht erwischt und kann demnach nicht von eigenen Erfahrungen berichten. Die Literatur allerdings weist darauf hin, dass auf den gesperrten Wegen das Rettungssystem nicht funktioniere, und dass man mit Strafen rechnen müsse, weil Kontrollen gar nicht so selten seien. Uns ist aufgefallen, dass wir auf den verbotenen Wegen keinen einzigen Wandersmann gesehen haben, die Strecken waren absolut verwaist. Und Fotos habe ich entnommen, dass der Küstenweg zwischen Corniglia und Manarola wegen des Erdrutsches schlechthin unbegehbar war.

Wenn Sie wirklich die Cinque Terre kennen lernen wollen, nehmen Sie sich mehrere Tage Zeit und wandern Sie auch mal heimwärts, indem Sie mit Hilfe der Wanderkarte die eingezeichneten und vor Ort beschilderten Wege oberhalb der Hauptroute wählen. Noch besser als entlang des Küstenweges können Sie dann die legendären Wein- und Gartenterrassen mit Trockenmauern aus unzähligen, geschichteten Steinplatten betrachten. Die Erde dahinter ist aufgefüllt und wird noch immer zum Anbau benutzt, vorwiegend von Wein, in breiteren Bereichen auch für Gärten und Oliven.

Ihr Beitrag zur Erhaltung der Umwelt

Wenn Sie die Strecke von Riomaggiore nach Monterosso abwandern, erst recht, wenn Sie von Manarola nach Corniglia ‚oben herum' spazieren, machen Sie sich so Ihre Gedanken über die Umwelt:

Sie halten die Einführung des Eintrittsentgeltes zum Wanderweg für sinnvoll (wenngleich Sie an zahlreichen Stellen wünschen, es würde ein wenig mehr von den eingenommenen Euro in die Pflege der Wege investiert). Niemals würden Sie Ihre Plastikflaschen schon unterwegs in einen der großen Säcke, die ein Hubschrauber abholt, entsorgen. Sie verlassen auch nicht zum Zwecke kleinerer Abkürzungen den Weg, und Sie zertrampeln somit keine wertvolle Natur. Außerdem sind Sie mit dem Zug angereist und haben Ihr Auto in Moneglia oder Levanto zurückgelassen.

Das reicht nicht!

Jedenfalls nicht zum Erhalt der Jahrhunderte alten Terrassen und Stützmauern, von denen jede durch Menschenhand aufgeschichtet worden ist – mit großem Können, Stein für Stein. Solche Trockenmauern zur Stützung landwirtschaftlich nutzbarer Böden wird man nirgends in Europa flächendeckend retten können. Die ungewöhnlich schmalen Terrassen der Cinque Terre jedoch, die Sie von Fotos kennen und an denen Sie bei den Wanderungen vorbeikommen, verdienen besonderen Schutz. Nicht die UNESCO oder die EU sind dafür gefordert, sondern Ihre Unterstützung:

Strice

Trinken Sie Wein!

Trinken Sie den *Cinque Terre*, dem schon 1973 die geschützte Herkunftsbezeichnung (DOC) zuerkannt worden ist. Es ist unter allen landwirtschaftlichen Produkten nämlich einzig der Wein, den man auf den schmalen Terrassen, den so genannten *Strice*, noch rentabel anbauen kann.

Sie möchten gesund leben? Das tun Sie, weil der Wein etwas teurer ist und Sie deshalb weniger trinken.

Sie können im östlichen Teil von Ligurien in den meisten Restaurants Weine der ***COOPERATIVA AGRICOLTURA 5 TERRE*** bestellen (meist unter 20 Euro) und ihn in fast allen Supermärkten oder Lebensmittelgeschäften kaufen. Neben einem Süßwein, dem *Sciacchetra* aus rosinierten Trauben (über 30 Euro für die 0,375-l-Flasche; die Herstellung können Sie in einem kleinen Museum in Manarola verfolgen), wird ausschließlich Weißwein produziert, der schlichte *Cinque Terre*, der uns am liebsten ist und den Sie im Laden für etwa 10 Euro bekommen, sowie *Costa de Campu di Manarola*, *Costa de Sera di Riomaggiore* und *Costa dá Posa di Volastra* für rund 13 Euro. Sehr gerne trinken wir den Wein des Weingutes ***La Polenza***.

Ambitionierte Umweltschützer bestellen den Weißwein auch von zu Hause unter *www.cantinacinqueterre.com/de* oder bei anderen Anbietern.

Auch bei der Beschreibung der **Dörfer** fassen wir uns eher kurz, bunt sind sie alle und einander sehr ähnlich. Bei unserer

Vernazza

Beschreibung bewegen wir uns, wie bei allen Ligurientouren in östlicher Richtung, und so ist **Vernazza** das erste Dorf nach Monterosso, das Idealbild eines Fischerdorfs an der ligurischen Küste, ja sogar im ganzen Mittelmeerraum (800 Einwohner und wie Manarola Mitglied im Club der *Borghi più belli d'Italia*). Wenn der Tourismus nicht allzu stark anbrandet, sieht Vernazza auch genauso aus, wie man solch einen Ort malen würde: Angefangen beim runden **Hafenbecken** mit den bunten Booten, deren einziger Gebrauchszweck nur noch darin besteht, eine Leuchtfarbe zu tragen, wie man sie schon seit Generationen auf Postkarten sieht. Dahinter schön getünchte und trotzdem abblätternde Fassaden und ein paar Bewohner, besser noch Netzflicker, oder Statisten, die so aussehen, als seien sie Einwohner oder Netzflicker. Vergessen wir auch nicht die Arkaden, die Cafés und Restaurants sowie das angereiste Publikum, das trotz aller Berühmtheit des Ortes in seiner Mehrheit noch nicht an allen Tagen die unangenehmen Verhaltensmuster der Massentouristen angenommen hat.

Vernazza

Am Hafen sitzt jeder, in die **Kirche Santa Margherita di Antiochia**, am Ende des Platzes beim Hafen, gehen die wenigsten. Dabei ist das Gotteshaus wegen seines trapezförmigen Grundrisses (eine Folge der beengten Platzverhältnisse), seines fast 40 Meter hohen Glockenturms und der Merkwürdigkeit sehenswert, dass es verkehrt herum gebaut ist, das Portal also auf der vom Platz abgewandten Seite liegt (siehe vorstehendes Foto und Seite 238).

Corniglia - in der Bildmitte Treppenweg zum Bahnhof

Das folgende **Corniglia** (500 Einwohner) schlägt aus der Reihe: Es ist ein Bergdorf, knapp 100 Meter über dem Meer, mit deutlich geringerem Zulauf und ohne größeres Hotel. Unsere Konkurrenz unter den Reiseführern zählt den langen Treppenweg hinab zur westlich gelegenen *Marina*, dem kleinen Hafenbecken, der in der Nähe des Hauptplatzes beginnt, zum touristischen Pflichtprogramm. Wir geben das unkommentiert weiter, denn wir sind ihn noch nicht gegangen. Genauso wenig wie wir die Spiaggia di Giuvano aufgesucht haben, den westlich von Corniglia gelegenen Nudistenstrand, den man nicht mehr durch einen Tunnel, sondern nur noch auf einem als gefährlich eingestuften Pfad erreichen kann.

Über mehr als zehn Jahre habe ich den Bürgermeister von **Manarola** (800 Einwohner; Manarola ist ein Ortsteil von Riomaggiore, weshalb die Verwaltung von Riomaggiore gemeint war) gelobt, weil auf einem Parkplatz oberhalb des Dorfes an der Parkuhr ein Wohnmobiltarif angezeigt war. Aber nachdem die Bevölkerung inzwischen flächendeckend mit Wohnmobilen versorgt ist, war diese Ausnahme nicht mehr zu halten: Es gibt nur noch Pkw-Parkplätze. Kaum weiter entfernt ist aber der Parkplatz weiter oben vor einem Straßentunnel, den ich wie seinen östlichen Nachbarn in diesem Buch nur erwähne, weil es sonst gar nichts gäbe und der nicht die Qualitäten besitzt, die Sie eigentlich von meinen Empfehlungen erwarten:

(094) WOMO-Parkplatz: Manarola / Riomaggiore

GPS: N 44°06'20" E 9°44'11", SP 370. **Max. WOMOs**: 7.
Ausstattung: Mülleimer.
Beschreibung: Der kleine Parkplatz seitlich der Straße vor einem Tunnel ist bedingt klappstuhlgeeignet, Gaststätten und Geschäfte finden Sie

nach etwa 900 m, eine Badestelle nach etwa 1,5 km, beides in Manarola. Sie können **zu Fuß** auf einem schmalen Gehweg durch den Tunnel gehen und danach an der Abzweigung nach Groppo und bei einem Zebrastreifen mit einer rotweißen Markierung nach **Manarola** absteigen, was auch beim Rückweg im Dunkeln gut funktioniert.

Außerdem führt von dem Parkplatz auch ein Fußweg hinunter nach **Riomaggiore**. Der vermutlich einfachere und kürzere Weg dorthin beginnt nicht direkt am Platz, sondern an der SP 370 ein Stück weiter östlich, wenn Sie sofort nach der Brücke der Markierung folgen; bis zu den ersten Häusern gehen Sie dann etwa 1 km, bzw. 20 Minuten ins Zentrum. Ich bin keinen Weg selbst gegangen und auch nicht sicher, ob man den Tunnel gefahrlos zu Fuß durchqueren sollte.

Bei der Besichtigung vor dieser Neuauflage lag auf dem Platz Baumaterial, und man konnte ihn nicht benutzen.

Zufahrt: Fahren Sie auf der SP 370 von Manarola nach Riomaggiore. Der Parkplatz liegt unmittelbar östlich eines kurzen Straßentunnels (in dieser Fahrtrichtung also nach dem Tunnel).

Hinweise: Hoffentlich parken Sie nicht so egoistisch, wie wir uns unbedacht (nur für das Foto) vor den rücksichtslosen Kollegen gestellt haben. Man parkt hier quer!!

(095) GPS: N 44°06'07" E 9°44'32".
Ein Stück weiter östlich sehen Sie seitlich der SP 370 einen **weiteren**, sogar noch etwas größeren Parkplatz, der für Busse und Pkw freigegeben ist und häufig auch von WOMOs in Anspruch genommen wird.
Preis: 1 €/Stunde von 8 – 22 Uhr.
Sie finden einen Fußweg hinunter nach Riomaggiore, wenn Sie von diesem Parkplatz etwa 100 m nach Westen, also auf den Tunnel zugehen. Sie sehen dann seitlich der Straße die bei Platz Nr. 094 erwähnte Markierung.
Hinweis: Auf den Busplätzen riskiert man eine nach meinen Informationen relativ seltene Strafe von rund 40 €, für die wir selbstverständlich nicht haften, die man aber mal verschmerzen kann, wenn man bedenkt, dass man beispielsweise in Levanto bereit war, für 12 Stunden legal schon 24 Euro abzudrücken.
Stellt man sich neben die Busparkplätze, behindert man die Müllentsorgung. In der großen Tonne ist ein Umschlagplatz für Hausmüll, der von kleinen Autos gebracht und am Morgen von einem großen **Müllauto** abgeholt wird. Man muss also so stehen, dass diese Vorgänge nicht behindert werden (möglicherweise notfalls seitlich der Straße). Trotzdem wird man am Morgen von den Geräuschen gestört.

In früheren Auflagen habe ich Ihnen an dieser Stelle von menschenleeren Dörfern am Abend, von urigen Tavernen und Bademöglichkeiten vorgeschwärmt. Das musste ich alles streichen, weil Sie nicht mehr oder nur noch in der Grauzone der Legalität im Wohnmobil übernachten können.

Wir würden auch den Wanderweg ab Manarola vom Zug aus beginnen und in Corniglia oder Vernazza wieder einsteigen. Der Alternativfußweg zum Wanderweg Nr. 2 über das hoch gelegene Dorf Volastra ist landschaftlich und wegen der prächtigen Ausblicke eindeutig die bessere, wenn auch zeitaufwendigere Wahl und seit Jahren und mindestens bis zum Frühjahr 2024 die einzige Möglichkeit zu Fuß von Manarola nach Corniglia zu gelangen:

Manarola

Von Manarola über Volastra nach Corniglia

Wir verlassen **Manarola** auf der Dorfstraße bergauf (rot-weiße Markierung Nr. 6) und wechseln bei den letzten Häusern auf einen Pfad seitlich des Bachs.

Beim Erreichen der Straße halten wir uns links und bleiben auf einem schmalen Weg unterhalb einer Fahrbahn, der uns etwa dort, wo die Straße nach Groppo abzweigt, links den Berg hinaufschickt. Wenn Sie bei **Platz Nr. 094** loswandern, gehen Sie durch den Tunnel und finden den Wanderweg bergauf bei der Abzweigung nach Groppo bei einem Zebrastreifen.

Auf einem schönen, nicht wenig anstrengenden Treppenweg gewinnen wir bald Höhe und können, wenn wir seitlich ein paar Schritte in die Weinberge hineintreten, zurück nach Manarola blicken.

Im Dorf **Volastra** haben wir in etwa die höchste Stelle der Wanderung erreicht und versorgen uns in einem kleinen Lebensmittelladen, den wir in diesem Minidorf nicht erwartet hätten, mit Proviant (vom Wanderweg ein Stück nach rechts durch die Dorfstraße). Der Wanderweg führt auf jener Straße nach links in westlicher Richtung und geht bald in einen Wein-

Blick auf Corniglia

bergpfad über. Hier erreichen wir das schönste Stück, vielleicht sogar einen der sehenswertesten Wanderabschnitte Liguriens, weil einerseits der Blick zurück nach Manarola reicht, andererseits auf das im Westen oberhalb einer steilen Klippe auftauchende Corniglia, vor allem aber auf das größte zusammenhängende Stück von Weinbergterrassen, die sogenannten *Strice*, die Sie sonst nirgends in einer solchen Einmaligkeit sehen, wie von diesem Wanderweg (und auf Fotos – siehe Seite 193). Sie können sich hier nicht verirren, weil Sie weiterhin der Markierung folgen und dann, bestens auf Sicht, nach **Corniglia** absteigen.

Wenn Sie meinen, die gut zwei Stunden seien für eine Wanderung zu wenig, sollten Sie in Corniglia noch westlich zur kleinen *Marina* (Hafen) hinunterklettern (siehe oben im Text), von wo aus Sie nicht weiter wandern können. Theoretisch dürfen Sie natürlich auch einen anderen der zahlreichen Wanderwege wählen, beispielsweise den nach Vernazza.

Wir haben uns für den Treppenabgang zum Bahnhof entschieden (der für sich auch irgendwie sehenswert ist) und sind von dort mit dem Zug nach Manarola zurückgefahren (oder nach Riomaggiore). Das Unternehmen fand an einem sonnigen Ostersonntag statt, zu einem Zeitpunkt also, der von Insidern für ein solches Unternehmen als völlig unpassend bezeichnet wird. Diverse Autoren schlagen bei einer derartigen Vorstellung entsetzt die Hände über dem Kopf zusammen. Vielleicht sprach gerade der Papst den Segen, oder es lief ein Rennen der Formel 1. Der allseits gefürchtete Massenandrang jedenfalls war ganz und gar ausgeblieben. Perfekter hätten wir einen Ostersonntag nicht gestalten können.

Auf den Fotos der vorstehenden Wanderung erkennen Sie die dort erwähnten **Weinbergterrassen** (*Strice* – siehe Foto Seite 193), die Sie auch betrachten können, wenn Sie zu den notorischen Nichtwanderern gehören und sich trotzdem zu den Cinque Terre gewagt haben. Und Sie müssen hier nicht einmal lesen, dass Sie dazu nur über ein schmales, kurzes oder niedriges Wohnmobil verfügen dürfen. Fahren Sie an der Abbiegung nach Manarola auf der SP 51 weiter und bergauf über Groppo und Volastra. Etwa 900 Meter hinter Volastra führt auf der Meerseite ein Zuweg zum Wanderweg. Wahrscheinlich finden Sie auch schon vorher seitlich der Straße entsprechende Abgänge, beispielsweise bei den letzten Häusern von Volastra. Das größere Problem ist der Abstellplatz für Ihr Wohnmobil, den Sie am Straßenrand finden werden. Sie können im Grunde überall dort von der Straße absteigen, wo Sie einen Weg zu einem Weinberg finden. Der Wanderweg verläuft kurz unterhalb der Straße und parallel zu dieser. Der Weg hinunter nach Corniglia ist mit 7a bezeichnet.

Blick auf Riomaggiore von Platz Nr. 094

Das berühmteste Stück der Küstenwanderstrecke, eigentlich ein Spazierweg, ist der zu perfekt betonierte Weg zwischen Manarola und **Riomaggiore** (1.400 Einwohner), die **Via dell'amore** (Liebespfad), wo einst die heranwachsende Jugend beider Dörfer verschämt Händchen hielt. Heutzutage geht vermutlich auf jedem Parkplatz einer Kleinstadtdisko wesentlich mehr ab. Aber die Legende hat sich gehalten, jedoch trotz mit viel Beton vorgenommener Ertüchtigung und Entromantisierung nicht allen Erdrutschen getrotzt. Der Weg ist nämlich seit Jahren gesperrt (siehe oben im grünen Kasten). Riomaggiore ist nicht ganz so bilderbuchmäßig wie Vernazza und Manarola, aber dennoch ähnlich farbenprächtig – bei mehr italienischem Alltag. Als wir nach vielen Jahren mal wieder dort wanderten, erfuhr die Liebe beim Anblick des überdimensionierten Parkhauses am Ortseingang aber einen Dämpfer.

Von dem großen Fluss, nach dem das Dorf seinen Namen hat, ist nichts mehr zu sehen, wenn Sie zwischen abgelegten Fischerbooten durch die relativ breite Dorfstraße aufsteigen. Hier verläuft auch der Weg zu einer Wanderung nach Portovenere, deren Streckenverlauf von vielen als der aufregendste aller Cinque Terre-Touren angesehen wird. Man sollte aber ein wenig Kondition mitbringen, weil man mehr als 500 Höhenmeter bewältigen muss:

Riomaggiore

Von Riomaggiore nach Portovenere

Lassen Sie sich nicht davon abhalten, dass diese Wanderung einen Nachteil gegenüber allen anderen Wanderstrecken zwischen den Cinque Terre hat, dass nämlich Portovenere nicht an der Bahnstrecke liegt, Sie also nicht einfach am Ende der Tour in den Zug steigen können, falls Sie die von uns empfohlene Gehrichtung von West nach Ost bevorzugen.

Wegen des Stellplatzes oberhalb von Portovenere (dazu gleich mehr) empfehlen wir Ihnen, dort Ihr Wohnmobil zu parken, zu Fuß hinunter zum Hafen zu spazieren (auch dazu gleich mehr) und möglichst morgens um 10 Uhr das **Boot nach Riomaggiore** zu besteigen (möglich ist am Vormittag auch 8:45 und 11 Uhr). Genau darin liegt der Schwachpunkt unserer Empfehlung, weil nämlich dieses Boot bei hohem Seegang nicht in Riomaggiore anlegt. Dennoch hat diese Wanderrichtung den Vorteil, dass Sie so schon am frühen Morgen wissen, was Sie am Nachmittag erwartet und Sie nicht erst nach der Wanderung erfahren, dass vielleicht kein Schiff fährt. Möglicherweise hält das Schiffchen in einem anderen Cinque-Terre-Ort, von dem Sie mit dem Zug dann nach Riomaggiore weiterfahren können (beim Fahrkartenschalter fragen). Möglich sind auch Bootspassagen **von Lerici oder La Spezia** nach Riomaggiore (siehe unter www.cinqueterre.eu.com/de/bootsausfluege).

Ist die Seefahrt eingestellt, muss die Wanderung gleichwohl nicht ins Wasser fallen. Allenfalls sind Sie etwas spät dran, weshalb wir an zweifelhaften Tagen empfehlen, schon um 8:45 Uhr am Hafen zu stehen, weil Ihnen dann noch genügend Zeit bleibt, den nächsten **Bus von Portovenere nach La Spezia** zu besteigen. Im Bus der Linie 11, der etwa alle 20 Minuten fährt und auch am Stellplatz hält, fragen Sie nach ‚*Stazione*' (Bahnhof), und man wird Ihnen vielleicht (bei unserem Versuch hat das nicht geklappt) die Haltestelle nennen, an der Sie aussteigen müssen. Falls Sie keine Auskunft bekommen, müssen Sie in La Spezia an folgender Stelle aussteigen: Der Bus ist seit Portovenere wenigstens 20 Minuten unterwegs, umfährt längere Zeit das Militärgelände am Hafen und Sie kommen dabei am Stadion vorbei, das Ihnen wegen seiner großen Sportlerskulpturen aus Stein auffällt. Nach dem Stadion fährt der Bus an einer großen Kreuzung noch geradeaus (nach links Straßenwegweiser zur ‚*Stazione*'); an der nächsten Haltestelle steigen Sie aus und halten sich links, später rechts – ab dem Aussteigen etwa 650 m zum Bahnhof. Wahrscheinlich müssen Sie sich trotz einiger Wegweiser zum Bahnhof durchfragen, was kein Problem sein dürfte (siehe hinten meinen Tipp zur Offline-Karte *maps.me*). Sie besteigen den nächsten **Zug nach Riomaggiore** und wandern genauso zurück, wie wenn Sie mit dem Boot gekommen wären.

Falls Sie mal in La Spezia **mit dem Zug ankommen**, suchen Sie die Haltestelle für den Bus (Linie 11) nach Portovenere: Fragen Sie nach dem *Stadio Picco* oder nach der näheren *Via di Monale*; N 44°06'23" E 9°48'57", etwa 650 m von der *Stazione* entfernt (siehe unter www.atcesercizio.it/ dort die Linie 11 anklicken, die Haltestelle heißt *Garibaldi*.

Sie fahren also mit Boot oder Bahn nach **Riomaggiore** und spazieren dort die Hauptstraße bergauf, die in einer scharfen Kurve endet, wo Ihnen fast nichts anderes übrigbleibt, als auf einem Treppenweg in östlicher Richtung zwischen Gärten und kleinen Weinbergen weiter zu wandern. Nach etwa 15 Minuten überqueren Sie die Landstraße und folgen dem Wegweiser ‚*Telegrafo*' und der Wegnummerierung 3. Nach einer Rechtsbiegung lässt die Steigung nach und der Weg wendet sich nach Süden, zum Meer hin, um Sie auf dem Vorplatz der Wallfahrtskirche **Madonna di Monte Nero** mit einem wunderbaren Blick aufs Meer und zu den Cinque Terre zu belohnen.

Sie gehen um die Kirche herum, steigen auf der Rückseite erneut an und müssen etwa 10 Minuten nach der Kirche darauf achten, dass Sie bei drei Steinstufen den nach rechts markierten Weg wählen und nicht geradeaus weiterwandern. Das wäre zwar nicht so schlimm, ist aber weniger schön. Bei diesen Stufen beginnt ein großflächiges, bis fast zum Telegrafo reichendes Gebiet, in dem vor nicht allzu langer Zeit ein Waldbrand gewütet hat. Hoffen wir auf eine baldige Wiederaufforstung und dass bis dahin nicht zu viel Erde weggeschwemmt wird. Bald entstehen nochmals kurze Orientierungsprobleme, die Sie meistern, wenn Sie wissen, dass Sie an der Häusergruppe von Lemmen vorbei wandern und noch einmal ein Stück ansteigen müssen, ehe Sie knapp zwei Stunden nach Riomaggiore den Gastronomiebetrieb auf dem **Telegrafo** (516 m) erreichen.

Oberhalb von Campiglia

Dort wählen Sie den asphaltierten Weg nach rechts, der ab hier bis nach Portovenere rot-weiß und mit der Nr. 1 markiert ist. Sie wandern an einem weiteren Kioskbetrieb vorbei und können sich bis zum Dorf **Campiglia** (knapp drei Stunden ab Riomaggiore) nicht verlaufen. Die meisten Wanderer legen hier bei schönen Blicken oder in den Hängematten des Café *Piccolo Blù*, wo Sie angeblich sogar Ihr Picknick auspacken dürfen (von uns nicht getestet), eine größere Rast ein, um sich nun für das aufregendste Stück der Wanderung zu wappnen.

Die erste Herausforderung folgt schon kurz hinter Campiglia am Ende eines kleinen Wäldchens, wo Sie intuitiv geradeaus wandern würden, aber scharf links abwärts abbiegen müssen, was man leicht übersieht, weil die Markierung erst jenseits der Abbiegung angebracht ist. Sie gelangen auf eine Straße und sind nun dank der guten Markierung erst einmal wieder vor allen Irrwegen gefeit. Das gilt auch, wenn der Pfad endgültig die Straße verlässt und sich über einem steilen Abgrund am Hang entlang zieht. Das Panorama könnte kaum großartiger sein, und obgleich der Weg für eine gute halbe Stunde ein klein wenig ausgesetzt ist, ist das Stück auch für Schwindelanfällige nach unseren Erfahrungen gut machbar. Bei nasser Witterung sollte man aber sehr vorsichtig sein.

Etwa eine Stunde nach Campiglia stößt man wieder auf ein Sträßchen, geht von dort zu einer anderen Straße, und dann auf einen Fahrweg, wo man auch leicht die Abzweigung versäumt. Dieser Weg führt hinun-

Blick auf Le Grazie und den Golfo dei Poeti

ter nach Le Grazie (was gar nicht so schlimm wäre, weil Ihr Wohnmobil letztlich zwischen Le Grazie und Portovenere parkt), das passt aber nicht zu unserer Empfehlung, nach der Sie nämlich von hoch oben steil nach **Portovenere** absteigen. Kurz gesagt, Sie müssen vor einem Steinbruch diesen Fahrweg nach rechts auf einem Pfad bergauf verlassen und können nun fortan nichts mehr falsch machen, wenn Sie auf die Markierung achten.

Insgesamt benötigen Sie für die Strecke 4 ½ Stunden, zu denen noch knappe 25 Minuten von Portovenere zum Stellplatz dazu kommen. Die Streckenführung ist auf allen Karten eingezeichnet. Der Weg ist einer der Klassiker und gilt als überlaufen, was nicht unseren Erfahrungen entspricht. Wir waren zuletzt an einem Gründonnerstag unterwegs und haben auf dem langen Stück weniger als 40 andere Wanderer gesehen.

Genauso wie Bonassola und andere Dörfer westlich davon den Cinque Terre ähneln, passt auch **Portovenere** (4.200 Einwohner) in die Reihe. Der touristische Auftrieb scheint hier aber wegen der besseren Verkehrsanbindung noch größer als in Vernazza. Straßen, wenden Sie ein, seien schließlich die Voraussetzung mobilen Reisens und daher gefälligst nicht zu verteufeln! Dann versuchen Sie doch mal mit Ihrem WOMO in Portovenere zu parken. Bei unseren früheren Versuchen – außerhalb der Saison – kam das nicht in Frage. Genauso wenig wie es Ende November in Frage gekommen wäre, es sei denn, die Verbotsschilder hätte man dann vorher zugehängt: WOMO-Sperrgebiet!

Was tun? Sie missachten die Schilder. Das funktioniert vielleicht in der letzten Novemberwoche, im Sommer aber nicht. Als wir nur anhalten, um einen Blick auf die Landkarte zu werfen, eigentlich ein eher löbliches, wenn auch seltenes und zudem aussterbendes Touristenverhalten, klopft schon eine Hostess so energisch an die Scheibe, dass wir lieber falsch, auf jeden Fall aber weiter fahren. Die zweite Alternative: Sie buchen bei Ihrem Busunternehmer eine Kaffeefahrt. Eine der wenigen

Chancen, Portovenere fahrend zu erreichen. Die dritte und einzig reale Möglichkeit: Sie parken in etwa 1,8 km Entfernung und nähern sich dem Ziel zu Fuß (25 Minuten auf der Straße südlich des Stellplatzes), mit Hilfe des kommunalen Shuttle-Busses oder der Linie 11. Der Ausgangspunkt ist die Stelle, an der Sie vielleicht auch übernachten. Leider haben sich die Bedingungen verschlechtert, seit im Jahr 2018 das schöne Naturgelände mit einer Höhenbegrenzung ausgestattet worden und nur ein Restplatz davor übriggeblieben ist:

(096) Offizieller WOMO-Stellplatz: Portovenere

GPS: N 44°03'34" E 9°50'54", Via Portovenere / Via Olivio.
Max. WOMOs: 5-7. **Öffnungszeit**: Ganzjährig. **Ausstattung**: Keine.
Beschreibung: Eigentlich ist dieses Gelände eine Wohnmobilabwehrwaffe im Gewande eines überteuerten Alibistellplatzes. Irgendeinen Rest wollte man dann doch anbieten. Man steht nicht sehr schön, schattenlos, außerhalb der Bebauung und dicht hintereinander. Der Platz ist abends oft belegt. Früh kommen und notfalls warten, bis ein Reisebus abfährt.
Das Gelände ist 1,8 km vom Ort entfernt, von Juni bis September gibt es einen Bus-Shuttle für 1 € – am Bus steht *Giro Portovenere.* Brot, Getränke, erstes Gasthaus und Badestrand erreichen Sie nach 10 Fußminuten.
Preise: 3 €/Stunde von 8 – 20 Uhr. Es wird ständig kontrolliert, und wahrscheinlich brauchen Sie immer noch Münzen. Aber die vorbeschriebe-

Portovenere

ne Wanderung lässt jeden Aderlass verschmerzen.
Zufahrt: Der offizielle Platz ist an der Straße von La Spezia, oberhalb von Portovenere, beschildert, wo die Straße nach Portovenere rechts abwärts abzweigt.

Absurderweise dürfen **Vans** bis 2,10 m Höhe und in unbegrenzter Anzahl auf dem früheren Gelände über Nacht bleiben – für 2 €/Stunde von 8 – 21 Uhr – und ohne öffentliche Toilette.

Wer **einsame Plätze** mit weiter Sicht (auf den Golfo dei Poeti und auf Portovenere) liebt, wer auf einer schmalen Asphaltstraße zurechtkommt und wer bereit ist, mit einem größeren Fahrzeug in Spitzkehren auch mal zurückzusetzen, verlässt die Küstenstraße noch **nördlich von Le Grazie** nach einer fast rechtwinkligen Rechtskurve bei einer Bushaltestelle schräg geradeaus aufwärts (Via Pezzino Alto), nimmt unterhalb einer großen Mauer die enge Spitzkehre nach rechts (man kann gut zurücksetzen) und an der Gabelung danach den linken Weg (nicht mehr bergauf).

Wenn nun die Küste tief unten liegt, gibt es **mehrere kleine Plätze**, teils mit Picknickbank, auf denen bisweilen auch andere WOMOs stehen, der erste bei
(097) GPS: N 44°03'39" E 9°49'15"und der letzte **(098)** bei N 44°03'27" E 9°49'40".

Der Fußweg vom Stellplatz Nr. 096 (den Platz im Rücken der linke, südliche Weg ist kürzer) oder die Fahrt mit dem Bus in den ehemaligen Fischerort lohnt sich sehr, da Portovenere in seiner Farbigkeit den Cinque-Terre-Orten ebenbürtig ist, besonders die den **Hafen** säumenden Fassaden, auf die kein Bildkalender verzichten kann. Sehenswert sind das alte Stadttor und die dahinter beginnende, schmale Hauptstraße, die vom Wasser umspülte Kirche San Pietro auf der vordersten Landspitze, die Kirche San Lorenzo im höheren Teil des Ortes und die Burg.

Wenn Sie Zeit haben, sollten Sie zur nahen **Insel Palmaria** schippern, an deren Ostseite Sie ausgezeichnet baden können. Die Insel ist auch ein lohnendes Wanderziel. Beispielsweise an Tagen, an denen man eigentlich nach Riomaggiore wollte, um von dort nach Portovenere zu wandern (siehe oben), was man aber nicht geschafft und auf den nächsten Tag verschoben hat. Alles das haben wir aber ebenso wenig getestet wie die 10 Minuten dauernde Überfahrt.

In Frage kommt auch die Möglichkeit per **Schiff** nach Portovenere zu reisen: beispielsweise von Lerici oder Levanto – genauso kommen Sie von Portovenere auf dem Boot zu den Cinque Terre, wie wir es bei der vorstehenden Wanderung beschrieben haben *(siehe unter www.cinqueterre.eu.com/de/bootsausfluege)*.

Wir haben uns auch nach einem Ristorante umgesehen und wären dabei fast gescheitert, weil uns alle Lokalitäten am Wasser abgeschreckt haben. Am Ende sind wir in der langen Hauptstraße, eine Etage über der Hafenpromenade, im **Ristorante *La Medusa*** hängen geblieben, dem einzigen Betrieb (außer der benachbarten *Antica Osteria del Carugio*, wo es aber nur kleinere Gerichte gibt), dem nicht der Wunsch nach dem besonders schnellen Euro quasi ins Gesicht geschrieben war. Und die mit Fisch gefüllten Ravioli waren nicht die einzigen, sie gehörten aber zu den besten Teigtaschen während eines zweiwöchigen Urlaubs *(Tel. 0187 790603; Di. geschlossen)*.

Auf jeden Fall sollten Sie den »Hafen der Venus« (die hier aus dem Meer aufgetaucht sein soll) auf Ihrer Ligurien-Reise einplanen, zweifellos einer der Top-Orte, den man wegen des kastrierten Stellplatzes leider nicht mehr ohne weiteres mit dem Wohnmobil besuchen kann.

Tour 9: Die Bucht der Dichter 75 km

La Spezia – Lerici – Tellaro – Montemarcello – Sarzana

Stellplätze:	in La Spezia, nördlich und südlich von Montemarcello, bei Luni Mare, am Fluss Magra, bei Marinella di Sarzana
Campingplätze:	bei Lerici und in Tellaro
Besichtigen:	La Spezia, Lerici, Tellaro, Sarzana
Wandern:	von Lerici oder Tellaro nach Ameglia oder Bocca di Magra
Essen:	Ristorante *Bontà Nascoste* in Lerici, *Osteria La Caletta* in Tellaro, Ristorante *Choccia d'Oro* bei Luni Mare
Karte:	Seite 174

Erneut habe ich nach Alternativen zum Stellplatz von Portovenere gesucht, die es (außer den einsamen Plätzen im Gebirge) nicht gibt. Denn in Le Grazie, dessen Zentrum zum Stellplatz von Portovenere (Tour 8) sogar ein Stück näher liegt als das Zentrum von Portovenere, müssen Sie sich keine Mühe mehr geben. Die früher empfohlenen Möglichkeiten am südlichen Rand des Hafenbeckens sind für Wohnmobile seit Jahren gesperrt.

La Spezia – Hafenanlagen

La Spezia (93.000 Einwohner) besichtigen Sie am besten ebenfalls mit dem Zug – ab Levanto oder Moneglia. Mehrere Internetforen publizieren einen Stellplatz auf der Piazza d'Armi, in dessen zu kleinen Parkbuchten wir noch nie eine freie Möglichkeit gefunden haben; zudem ist es hier vermutlich sehr laut, weshalb ich die Koordinaten nur der Vollständigkeit halber weitergebe: [**099**: N 44°06'27" E 9°48'31"].

Oder Sie nehmen eine andere, von uns nicht getestete Buslinie, die in der Nähe des neuen offiziellen Stellplatzes von La Spezia hält, der aber wie der alte am Rand einer gewerblichen Ansiedlung und nicht in einem Feriengebiet liegt:

(100) Offizieller WOMO-Stellplatz: La Spezia

GPS/Kontakt: N 44°06'34" E 9°51'52", Via delle Casermette, Tel. 0187 1875305; https://parkcampersp.business.site/. **Max. WOMOs**: 36.

Öffnungszeit: Ganzjährig.

Ausstattung: Ver- und Entsorgung, Toilette, warme Dusche, Strom, Mülleimer.

Beschreibung: Die Stadt La Spezia hat erst ihre Straßenschilder privat verwalten lassen und den Konzessionsträger später mit der Vermietung der öffentlichen Parkplätze beauftragt; der hat am Stadtrand in einem früheren Waldgebiet einen Wohnmobilstellplatz aus dem Boden gestampft. Noch ist die gesamte Infrastruktur proper und nagelneu, denn der Platz wurde so kurzfristig eröffnet, dass wir ihn nicht mehr inspizieren konnten. Ihre Klappstühle stehen nicht im Matsch, sondern auf glattem Asphalt. Sie gelangen mit dem Bus in die ca. 4,5 km entfernte Innenstadt und von dort nach Portovenere (vermutlich mit der Buslinie 15, aber das konnten wir nicht recherchieren; das können Sie vor Ort aber erfragen). Ihren Ligurienurlaub im Wohnmobil haben Sie sich allerdings so nicht vorgestellt. Höchstens 36 Stunden.

Preis: 15 € plus 5 € Kaution für die Magnetkarte. Sie müssen sich innerhalb von 20 Minuten nach der Einfahrt an der automatischen Kasse anmelden.

Zufahrt: Der Platz liegt südlich des Endes der A 15 neben der *Metro*.

Hier nächtigt vermutlich nur, wer nichts Besseres gefunden hat, sich auf der Durchreise befindet, Portovenere oder die Cinque Terre, womöglich sogar La Spezia besichtigt. Letzteres erfordert eine leicht überdurchschnittliche Affinität zu Ligurien oder erheblich überdurchschnittlich viele Urlaubstage. La Spezia gehört nämlich nicht zu den bevorzugten Touristenzielen. Ein mittelalterliches *Centro storico* fehlt schon deshalb, weil die Stadt erst Anfang des 19. Jahrhunderts wegen ihres Hafens Bedeutung erlangt hat. Es war Napoleon, der während der französischen Besatzungszeit im Jahr 1808 die überaus günstige Lage des tief eingeschnittenen Golfes als optimale Voraussetzung für einen geräumigen Kriegshafen erkannt hat. Zugleich war genügend Platz vorhanden, um hier Schiffe zu bauen. So entstand ein größerer Werftenkomplex, und mit der beginnenden Industrialisierung kamen diverse Fabriken dazu, sodass La Spezia sich zu einer richtigen Soldaten- und Arbeiterstadt entwickelt hat. Innerhalb von 25 Jahren wuchs die Stadt von 4.000 auf 80.000 Einwohner. In den Glanzzeiten wohnten sogar rund 120.000 Menschen am Nordrand des gigantischen, natürlichen Hafenbeckens.

Die Industrie hat in den letzten Jahrzehnten viel an Bedeutung verloren. Wahrscheinlich spielt auch die italienische Marine militärisch keine große Rolle mehr, aber sie ist in La

Spezia weiter unübersehbar präsent. Und auch unüberhörbar, wie Sie an den Trompetenstößen bemerken werden, die am Morgen – vermutlich aus Lautsprechern – auf dem kastrierten Stellplatz von Portovenere zu vernehmen sind. Die meisten Touristen kennen La Spezia nur von der Durchfahrt, weil man auf dem Weg nach Portovenere auf einem langen Stück zwischen Hafen und Innenstadt im Verkehr steckt, dabei ein wenig die Größe der Hafenanlagen erahnt, sich aber vornimmt, keine kostbare Urlaubszeit in einer Fast-Großstadt zu verplempern. Zumal die Stadt im zweiten Weltkrieg stark zerstört und nur mäßig gefällig wiederaufgebaut worden ist. Sehenswert sind trotzdem das **archäologische Museum** im ***Castello* San Giorgio** über der Innenstadt *(9:30 – 12:30 und 14 – 17 Uhr, Mo. 9:30 – 12:30, Di. geschlossen; 5,50 €)* und das **Museo Tecnico Navale** (Schifffahrtsmuseum) im schon von Napoleon errichteten Marine-Arsenal *(am Hafenbecken westlich der Innenstadt; Viale Mandola; Mo. bis Sa. 8 – 18:30 Uhr; So. 8 – 13 Uhr; 5 €);* vielleicht auch das aus einer Privatsammlung hervorgegangene Kunstmuseum **Museo Civico Amedeo Lia** mit etwa 1000 Exponaten aus verschiedenen Epochen vom 13. bis zum 18. Jahrhundert *(Via del Prione 234, das ist im nördlichen Teil des Zentrums; 10 – 17:30 Uhr, Mo. geschlossen; 8 €).*

Lerici

Südöstlich des größten italienischen Militärhafens ist unser Pulver noch nicht verschossen, womit ich nicht für die sich weiter im Süden anschließende und von mir beschriebene Toskana werben möchte. Vorher gibt es noch ein kleines Juwel, das von Ihnen Campingplatzgeneigtheit ebenso verlangt wie die Möglichkeit, außerhalb der Hochsaison zu verreisen oder mit Glück auf einen freien Platz zu hoffen. Der wunderbar gelegene Campingplatz von **Lerici** ist teuer, wegen uralter Olivenbäume eng und deshalb für große Wohnmobile nur bedingt geeignet und selbst in der Nebensaison – sofern überhaupt geöffnet – am Nachmittag bisweilen ausgebucht. Aber er ist ein Traum all jener, die gerne unter knorrigen Olivenbäumen mit dem Rauschen des Meeres in den Schlaf gleiten. Schöner steht man selten:

(101) WOMO-Campingplatz: Lerici
Camping Maralunga

GPS/Kontakt: N 44°04'12" E 9°54'36", Via Carpanini, Tel. 0187 966589; http://campeggiomaralunga.it/en/home-ing/ – Sie können nur eingeschränkt reservieren, nur fragen, ob ein Platz frei ist.
Die Fluktuation ist relativ hoch, weshalb ich annehme, dass auch in der Hochsaison täglich Plätze frei werden. Nach unseren Erfahrungen werden am Montagmittag viele Plätze frei, ungünstig sind die Abende von Do. und Fr. Je größer ein WOMO, umso geringer ist die Chance auf einen Platz.

Öffnungszeit: 1.6. (manchmal schon ab dem Wochenende davor) bis 30.9. (gelegentlich auch ein paar Tage länger).

Maralunga

Ausstattung: Kein Strand, aber kleine, private Felsplateaus, von denen aus Schwimmer (!) bei ruhiger See gut baden können, teurer Laden, Snack mit Pizza. **Vor Drucklegung gab es Gerüchte, der Platz werde dauerhaft geschlossen** – schreiben Sie mir bitte!

Beschreibung: Traumhafte Lage direkt am Meer, von den meisten Plätzen schöner Blick über eine Bucht. Die Sanitärausstattung ist spartanisch (nur Stehtoiletten), teilweise veraltet und bisweilen überfordert, aber die Duschen funktionieren gut.

Sie können hier sehr gut loswandern (siehe unten).

Das Ortszentrum ist in 10 Minuten zu Fuß erreichbar: Gehen Sie aus dem Campingplatz links und sofort wieder rechts auf einem steinigen Weg bergauf. Nehmen Sie später oben auf der Straße in einer rechtwinkligen Rechtskurve nach links erst ein paar Meter eine abwärts führende Straße und dann links den Treppenweg *Via tagliata* oder – weniger bequem – die Treppe beim Hotel *Europa,* wenn Sie in jener Rechtskurve noch nicht abgebogen sind; trotz spärlicher Beleuchtung sollten Sie für alle Wege abends eine Taschenlampe mitnehmen.

Nur für Fahrzeuge bis 7,30 m Länge. **Preise**: 42 – 53 €.

Zufahrt: Der Platz ist erst an der Straße von Lerici nach Tellaro beschildert.

Uns bezaubert nicht nur die Lage des Platzes, von dem man von einigen Stellen geradezu eine Traumsicht genießen kann, von hier aus starten wir auch zu einer der Wanderungen, die uns in Ligurien am besten gefallen haben:

Von Lerici nach Ameglia

Wir verlassen den **Campingplatz *Maralunga*** nach links, gehen nach wenigen Metern rechts den steinigen Weg bergauf, auf dem man den Zugang zur Fahrstraße abkürzt, und bleiben oben angekommen auf der Straße, bis diese auf die Landstraße von Lerici nach Tellaro stößt. Dort sehen wir zum ersten Mal die rot-weiße Markierung. Wir gehen hier rechts und nehmen nach ca. 60 m einen scharf links den Hang hinaufführenden Pfad. Der Weg ist mit Nr. 3 gekennzeichnet, er wird die Nummerierung wechseln, aber bis fast zum Ende der Wanderung hervorragend markiert bleiben.

Die Strecke mit vielfältigem Pflanzenbewuchs ist ungewöhnlich schattig und ermöglicht trotzdem immer wieder Blicke aufs Meer, den ‚Golf der Dichter', das gegenüberliegende Portovenere und gleichzeitig auch zurück auf die malerischen Häuser des am Hang liegenden Dorfes **Serra**, unterhalb derer wir allmählich nach Süden vorankommen. Achten Sie darauf, dass Sie sich nicht auf die gelegentlich zum Meer abbiegenden, mit der Nr. 3 und einem zusätzlichen Buchstaben bezeichneten Wege verirren. Sie müssen stattdessen die Höhe halten. Nach gut einer Stunde liegen die auf einer Halbinsel verschachtelten Häuser des alten **Tellaro** unter uns. Ein faszinierender Blick, der mit denen in den Cinque Terre gebotenen durchaus mithalten kann.

Nun steigt der Weg nochmals deutlich an, und nach insgesamt etwa einer Stunde und 40 Minuten erreichen wir beim Weiler **Le Figarole** (vielleicht nennt sich die kleine Ansiedlung auch **Zanego**) wieder eine

Blick auf Tellaro

asphaltierte Fahrstraße, an deren Rand eine Wandertafel angebracht ist (diese Stelle wird Ihnen weiter unten als Stellplatz empfohlen).

Diese Tafel erklärt den – ebenfalls rot-weiß markierten – Weiterweg nach Ameglia. Wir brauchen etwa 30 Minuten, um in das auf der Nordostseite des Naturschutzgebietes **Parco di Montemarcello** an den Hang geklebte Dorf **Ameglia** zu gelangen, wo wir erfreut feststellen, dass am Fuße einer alten Burg in exponierter Lage noch richtige Bewohner verblieben sind, wo sonst die Ferienhaus-Aufkäufer nicht zu halten waren. Zumal man von hier, wie auch auf dem weiteren Weg, und das macht die Wanderung besonders reizvoll, einen tollen Blick in die andere Richtung hat: nicht mehr in den Golf von La Spezia, sondern nun auf das breite **Magra-Tal** und die dahinter aufragenden weißen Marmorberge der Apuanischen Alpen bei Carrara.

Nachdem wir von Ameglia ein kleines Stück auf unserem Hinweg zurückgegangen sind, zweigt der mit Nr. 2 bezeichnete und nach Lerici weisende Weg ab, auf dem wir bald wieder Höhe gewinnen und jetzt auch für kurze Zeit die Carrara und Massa vorgelagerten Strände sowie die Hafenanlagen von Carrara sehen. Es ist angenehm schattig, so gelingt es uns, auch im Sommer ohne Kollaps in 40 Minuten ab Ameglia die Häuser von **In Cima al Monte** und damit wieder eine Asphaltstraße zu erreichen. Diese verlassen wir allerdings bald auf einem Pfad nach links (den man leicht übersieht), woraufhin wir den Kamm in westlicher Richtung überschreiten, um erneut auf Serra, den ‚Golf der Dichter' und Portovenere zu blicken. Wir steigen nun ziemlich steil und schattenlos bergab und stehen bald in dem Dörfchen **Serra**, wo uns die Markierung nach rechts in nördliche Richtung schickt.

Das ist, wenn man auf den Campingplatz von Maralunga zurück möchte, etwas unpraktisch. Aber wir haben keine direkte Abstiegsmöglichkeit gefunden und nehmen daher den Heimweg über Lerici, was ja nun wirklich kein Unglück ist, auch wenn man gegen Ende der Strecke etwa 15 Minuten entlang der Landstraße wandern muss.

Mithilfe der *Kompass-Karte Nr. 644, Cinque Terre oder* der *EDM-Karte SP 43, Golfo dei Poeti,* ist die Streckenfindung einfach, vermutlich geht es auch ohne. Sehr gut eignet sich die Karte des *Gold-Abo* von Rother. Die Wanderung ist auch auf der Kompasskarte *Toskana* (von *ape@map*) dargestellt. Wir waren ohne längere Pausen **4 Stunden** unterwegs und empfehlen Ihnen, die Wanderung in der von uns gewanderten Richtung anzugehen, weil Sie dann auf dem steilsten Stück oberhalb von Serra, das zugleich das schattenloseste ist, abwärts wandern.

Mit Freude haben wir von einem **offiziellen Stellplatz** in Lerici gehört und ihn erwartungsvoll angesteuert. Aber der zuständige städtische Bedienstete kann nur ein Wohnmobilhasser sein. Schlechter als am verkehrsreichsten Kreisverkehr des Ortes und vor einem Straßentunnel kann man die Nacht nicht verbringen. Aber Sie dürfen sonst fast nirgends parken und schlechte Plätze sind leider der Nachteil dieses Teils von Ligurien [**102**: N 44°4'55" E 9°54'46", Via Giacomo Matteotti 16; 15.4. – 30.9. von 8 – 24 Uhr 3 €/Stunde].

Dass es auf dieser Seite des Golfes von La Spezia keinen freien Stellplatz in Meeresnähe gibt, ist umso betrüblicher, als nämlich **Lerici** (10.000 Einwohner, die Betonung liegt auf der ersten Silbe, Lérici) eine angenehme Kleinstadt ist, durchaus

Lerici

touristisch, aber viel urbaner als Portovenere. Lerici hat alles zu bieten, was zu einer Urlaubshochburg mit Postkartenansicht gehört, insbesondere ein geschwungenes Hafenbecken nebst prächtiger Festung darüber. Hinter den farbigen Hausfassaden leben noch italienische Familien im Alltag, und sonntags sind auf dem *Lungomare*, zumindest außerhalb der Hochsaison, die werktags in La Spezia Werktätigen in der Mehrheit. In Lerici stimmen nicht nur die Farben, es stimmt auch die Mischung, selbst wenn keine hochrangigen Sehenswürdigkeiten zu Buche stehen. Das **Castello** mit paläontologischem Museum und Dinosaurier-Modellen – neben einer gotischen Burgkapelle von 1250 – ist von außen interessanter als von innen.

Lerici ist ein Ort, in dem man gerne ausgeht, obwohl man eigentlich auf *Camping Maralunga* so schön über dem Meer

Bontà Nascoste

sitzt. Unendlich viele Lokale kommen infrage. Und trotzdem musste ich mehrfach Ersatz für einen früheren, nicht mehr empfehlenswerten Tipp suchen und habe ihn in der zentralen Gasse gefunden: ***Bontà Nascoste***, ein **Fischlokal** mit noch bezahlbarer Küche und zumindest teilweise ausgefallener Karte *(Via Cavour, 52, das ist die lange, schmale, in Ost-/Westrichtung verlaufende und kurz nördlich des Hafens beginnende Hauptgasse, das Meer im Rücken bergwärts geradeaus, Tel. 347 0703249, kein Ruhetag).*

Lerici - Hafen und Castello

Der Küstenabschnitt ist von der Natur begünstigt. Nicht ohne Grund nennt man den Golf von La Spezia ***'Golfo dei Poeti' (Bucht der Dichter)***, weil am Ostufer dieses Meerbusens Leute wie der Maler Arnold Böcklin, die Schriftsteller D.H. Lawrence *(Lady Chatterley's Lover)* oder das Ehepaar Shelley (Frau Shelley war Autorin des *Frankenstein*) gewohnt haben – und vor allem Lord Byron, dessen Namen wir zugegebenermaßen nur deshalb kennen, weil jedes Buch ihn im Zusammenhang mit Lerici erwähnt, von wo aus er zu Beginn des 19. Jahrhunderts nach Portovenere geschwommen ist. Wir empfehlen Ihnen lieber das Boot, falls Sie Portovenere auf dem Wasser erreichen möchten.

Tellaro

Zu dieser anmutigen Umgebung passt perfekt das Dorf **Tellaro** (1.200 Einwohner, Tellaro gehört verwaltungstechnisch zu Lerici), dessen alter Teil mit den Cinque Terre problemlos konkurrieren kann und sich mit gutem Grund zu den *Borghi più belli d'Italia* und zu unseren persönlichen **Top Ten** zählen darf. Leider stehen aber viele Häuser alltags leer, und der Metzger hat schon lange aufgegeben. Trotzdem ist Tellaro **eines der schönsten Dörfer Liguriens**, mit einem kleinen Dorfplatz, einer Postkartenansicht und einem engen, aber malerischen Hafen samt fotogener Kirche.

Die Schönheit hat lediglich einen entscheidenden Haken: Sie können Tellaro mit dem Wohnmobil nur besuchen, wenn Sie sich auf dem nachfolgend beschriebenen Campingplatz *Gianna* einmieten. Der Parkplatz oberhalb des Dorfes wäre vielleicht auch wohnmobilgeeignet, er ist jedoch mit Verbotsschildern bestückt, weil sonst die Zweitwohnungsbesitzer keinen Parkraum finden würden. Auch der Optimist wird vergeblich einen Stellplatz suchen. Außerhalb der Saison kann man zwischen Lerici und Tellaro, nördlich des Ortsteils **Fiascherino** und etwa 1,5 Kilometer vor Tellaro, an einer einzigen Ausbuchtung parken, an der man nicht übernachten darf, was jedoch nachhaltig missachtet wird (N 44°04'00" E 9'55'15", <u>hier stehen täglich WOMOs über Nacht</u>, Strand in der Nähe).

Man kann auch ab La Spezia oder ab der Hauptstraße oberhalb von Camping *Maralunga* (in Lerici – siehe oben) mit dem Bus fahren (ab Lerici stündlich), oder Sie nehmen das Fahrrad. Tellaro muss man sich auf jeden Fall ansehen, weshalb wir den Campingplatz, den wir früher gemieden, in den letzten Jahren jedoch mehrfach getestet haben, reinen Gewissens empfehlen dürfen:

(103) WOMO-Campingplatz: Tellaro – *Camping Gianna*
GPS/Kontakt: N 44°03'40" E 9°55'47", Via Fiascherino 2 a trav.
Tel. 0187 966411¸ www.campeggiogianna.com/it.

Öffnungszeit: 1.4. – 1.11.
Ausstattung: Großer Pool, Pizzeria mit Brot- und Getränkeverkauf.

Beschreibung: Das ist ein schöner, etwas enger Platz, dessen hinterer und größerer Teil von Dauercampern dominiert wird, was weniger stört, als es klingt. Leider sind daher die verfügbaren Plätze sehr begrenzt. Fragen Sie nach einer Parzelle im oberen Teil des Platzes, von der Sie einen sensationellen Blick auf den Golfo dei Poeti haben könnten (Leser haben aufgrund dieses Tipps mehrfach und auf Nachfrage solche Plätze bekommen; *auf der Höhe* heißt: *all'altezza*).

In manchen Bereichen keine Hunde.

In der Nähe erreichen Sie zwei **Badestrände**: Gehen Sie vor dem Campingplatz rechts bergab auf die Straße nach La Spezia und dort nach wenigen Metern links auf einer Treppe hinunter zum Meer zu einem kleinen Badestrand. Besser und größer ist der Strand, wenn Sie auf der Straße nach La Spezia noch etwa 250 m in nördlicher Richtung, also aus dem Ort heraus, weitergehen und dann einen Treppenweg an einen Strand nehmen, der im Sommer sicher sehr stark belegt ist (unser Foto von Seite 222 wurde in der Woche nach Pfingsten aufgenommen).

Tellaro

Bei Tellaro

Das Ortszentrum mit Gaststätten und Geschäften ist 300 m entfernt. Sie können hier sehr gut loswandern.

Preise: 35 – 45 €.

Zufahrt: Fahren Sie von Lerici nach Tellaro und biegen Sie bei den ersten Häusern von Tellaro beschildert nach links ab (nehmen Sie keine andere Zufahrt, auch wenn das Navi protestiert!!).

Tellaro ist ein Dorf, in dem man sich gerne länger aufhält und sich nicht entscheiden kann, wo man abseits der eigenen rollenden Wände zu Abend essen möchte. Die Auswahl ist groß, und der Überlebenskampf der Wirte scheint hart. Wir waren mehrfach in der ***Osteria La Caletta***, auf deren Terrasse man mit Meerblick speist, wo es aussieht, wie bei einem Lieblingsitaliener und auch so schmeckt, *(Tel. 0187 964000; möglicherweise Di. geschlossen).*

Wenn wir uns gerade mit den kulinarischen Freuden befassen, darf der Hinweis auf den örtlichen **Olivenölproduzenten** nicht fehlen. Wie die meisten ligurischen Öle ist das Produkt eher mild. Es zeichnet sich aber durch feine Geschmacksnoten aus, solange man es für Speisen verwendet, die selbst ein zurückhaltendes Aroma entwickeln, oder wenn man es mit Weißbrot tunkt. Der Produzent heißt **Agri-Tur, Azienda Agricola Il Portesone** (Sie bekommen das Öl im Ort in dem Lebensmittelladen auf der linken Seite vor dem Dorfplatz für 15 €/Liter).

Bevor Ihnen noch eine in Tellaro beginnende Wanderung erklärt werden soll, muss man Ihnen erst noch eine Hilfe an die Hand geben, die bitternotwendig ist, wenn *Camping Gianna* belegt sein sollte. Vielleicht können Sie für den nächsten oder übernächsten Tag reservieren und müssen sich nun vorübergehend behelfen:

Fahren Sie zurück Richtung La Spezia, um oberhalb von Lerici auf die Straße nach Serra und Montemarcello abzubiegen:

(104) WOMO-Parkplatz: Le Figarole (Zanego)

GPS: N 44°03'20" E 9°56'49", Montemarcello, Via Borea.
Max. WOMOs: 5-7. **Ausstattung**:Keine.
Beschreibung: Sie stehen mit schönem Blick auf einem geschotterten, schattenlosen Parkplatz seitlich der Straße in angenehmer Umgebung in der Nähe von Häusern, Bushaltestelle und unweit einer gut bewerteten Gaststätte. Unsere nachfolgende Wanderung kommt hier vorbei. Leser haben hier häufig übernachtet. Das **Ristorante *Pescarino*** (das könnte mal jemand testen und davon berichten, zumal es bei *TripAdvisor* und *Google* hochgelobt wird – bei allen Vorbehalten, die ich gegen diese Bewertungen habe)

hat einen eigenen Parkplatz, ebenso wie die beschilderten Ferienhäuser.

Zufahrt: Fahren Sie ab La Spezia auf der SP 28 durch das Dorf Serra Richtung Montemarcello. Der Ortsteil **Le Figarole** (möglicherweise heißt er auch **Zanego**) gehört zum Dorf Montemarcello, das wiederum Teil der politischen Gemeinde Ameglia ist. Der Parkplatz liegt an der SP 28 nördlich von Montemarcello, also davor. Sie kommen an ihm vorbei (Schild *'Ristorante Pescarino'*).

Wenn sich die Bedingungen inzwischen nicht geändert haben, können Sie sogar aussuchen, ob Ihnen nicht der kleine Parkplatz <u>südlich</u> von Montemarcello, wo Sie einen Hauch von Infrastruktur antreffen, besser gefällt:

(105) WOMO-Parkplatz: Montemarcello

GPS: N 44°02'37" E 9°58'00", Via della Pace. **Max. WOMOs**: 5-6.
Ausstattung: Wasser (zurück Richtung Dorf, nach etwa 150 m links, nur mit Transportgefäß), Mülleimer.
Beschreibung: Sie stehen am Rand des Dorfes unter jungen Bäumen auf Asphalt mit grasigen Rändern und können zu Fuß nach wenigen Metern Gaststätten und einen kleinen Laden erreichen. Unser Wanderweg führt hier vorbei. Der Platz ist am Wochenende gelegentlich von Pkw besetzt. Parken Sie auf der großen Fläche nicht auf dem schmalen Bereich direkt an der Straße.
Zufahrt: Fahren Sie auf der SP 28 auf Montemarcello zu und halten Sie sich unterhalb des Dorfes rechts Richtung Bocca di Magra/Punta Bianca. Der Stellplatz liegt dann am südöstlichen Ortsausgang von Montemarcello.

Wenn Sie sich vor einem steilen, mühsamen Rückweg nicht fürchten, können Sie von hier aus in etwa 20 Minuten an einen einsamen **Badestrand**, zu der sogenannten Punta Corva, absteigen. Gehen Sie dazu vom Parkplatz aus Richtung Ort und biegen Sie nach links ab Richtung *'Punto Panoramico'*. Gleich danach gehen Sie nicht links zum Aussichtsplatz, sondern geradeaus und gelangen so auf einem schmalen steilen Pfad hinunter ans Meer (siehe auch bei der nachfolgenden Wanderung).

Montemarcello ist politisch ein Teil der Gemeinde Ameglia und darf sich zu den *Schönsten Dörfern Italiens* zählen, was der

Ameglia

Ansiedlung schmeichelt und nach unserem Geschmack eher zu dem hoch gelegenen historischen Ortsteil von Ameglia passen würde, den ich Ihnen bei der folgenden Wanderung empfehle, wo Sie aber mit dem Wohnmobil ebenfalls nur schlecht parken können.

Die schöne Gegend ist eine zweite Wanderung durch den **Naturpark Montemarcello-Magra** wert, bei der wir uns auf einem kurzen Stück wiederholen:

Von Tellaro nach Bocca di Magra

Sie verlassen den Campingplatz in **Tellaro** und spazieren hinunter zu der in das Dorf hineinführenden Hauptstraße, die Sie kurz vor dem Hotel *Miramare* (nicht *Miranda*!) auf einem Treppenweg bergauf und geleitet von einer rot-weißen Markierung verlassen. Nach einem Anstieg stoßen Sie auf den mit Nr. 3 markierten Querweg, auf dem wir auch schon bei der vorigen Wanderung marschiert sind. Sie wenden sich in südöstlicher Richtung nach rechts und gewinnen bei schönen Rückblicken hinunter auf Tellaro auf einem schrägen Hangweg immer mehr an Höhe, bevor Sie in der Nähe von Stellplatz Nr. 104 bei den Häusern von **Le Figarole** (oder Zanego) auf die Landstraße SP 28 stoßen.

Sie überqueren nun den großen Parkplatz (siehe Foto) und wählen zwischen einer Mauer und einem kleinen roten Haus den weiterhin markierten, leicht bergauf führenden Wanderweg (Achtung: Auf keinen Fall nach links bergab gehen). Sie spazieren nun zwischen Häusern und können sich nicht verlaufen, wenn Sie auf die Markierung achten, zumal Sie letztlich oberhalb der Straße, aber noch auf der Westseite des Bergkamms, nach Süden wandern. Der Weg kreuzt dann zweimal die Straße, und nachdem Sie zum dritten Mal auf die SP 28 gestoßen sind, können Sie beim Ortsschild **Montemarcello** und bei einem Müllbehälter erneut nach links auf einen Pfad abbiegen. Bequemer ist der Straßenrand, auf dem Sie bald das Dorf erreichen, um zu bemerken, dass die Zweitwohnungsbesitzer auch hier die Überhand gewonnen haben. Bummeln Sie nun durch den alten Ortskern, um südöstlich des kleinen Zentrums wieder eine Fahrstraße zu erreichen (kurz vor Stellplatz Nr. 105).

Montemarcello

Dort lohnt sich auf jeden Fall ein Abstecher zum **Punto Panoramico**. Sie können die Abzweigung an der Via della Pace nicht verfehlen. An der schönsten Stelle befindet sich ein mit Graffiti beschriftetes, merkwürdiges Gebäude mit unerklärlichem Bestimmungszweck.

Punto Panoramico

Spazieren Sie nun zurück in den Ort und suchen Sie in der Nähe des nördlichen Parkplatzes rechts, also östlich der Straße, die Markierung Nr. 3 hinunter nach **Bocca di Magra**. Bevor Sie das Dorf an der Flussmündung erreicht haben und nach dem Überqueren der Straße, stoßen Sie noch oberhalb eines Castello und eines Klosters auf den Wanderweg mit der Nr. 3a, auf dem Sie sich nach rechts in Richtung Punta Bianca wenden. Nun bleiben Sie auf einem waldigen Pfad oberhalb der rauen Küste etwa auf halber Höhe des steilen Hangs und wandern wieder nach Norden zurück. Bevor Sie auf einem markierten Weg wieder nach Montemarcello aufsteigen könnten, entscheiden Sie sich an einer Gabelung nicht für den Weg mit der Nr. 3b, der rechts bergauf führt, sondern Sie bleiben im unteren Bereich. Der Weg müsste als Nr. 4 bezeichnet sein und Sie nach Tellaro zurückbringen. Sie können nichts falsch machen, denn schlimmstenfalls wandern Sie wieder hoch nach Montemarcello und nehmen ab hier wieder den Hinweg. Interessanter ist der Pfad eine Etage tiefer, auf dem Sie am südlichen Ende des Dorfplatzes in Tellaro eintreffen.

Die Wanderung dauert gut **4 Stunden** und ist auf der Kompasskarte 644 (Cinque Terre) nicht optimal abgebildet. Noch besser ist die *EDM-Karte SP 43, Golfo dei Poeti.* Der Weg ist auch auf der Kompasskarte *Toskana* bei *ape@map* dargestellt. Sehr gut eignet sich die Karte des *Gold-Abo* von Rother. Ein Teil der Strecke ist auch im Rother-Wanderführer erwähnt.

Gerne würde man auf der anderen, der östlichen Seite des Berges, im Mündungsbereich des **Flusses Magra** und in der

Bocca di Magra

Nähe mehrerer Freizeithäfen, ein paar Stunden oder gar eine Nacht stehen bleiben. Trösten Sie sich damit, dass Sie ohnehin nicht in die trüben Fluten eintauchen würden. Stellplatzmäßig wurden der Ort **Bocca di Magra** und die Ufer zum Sperrgebiet erklärt. Aber im flachen Teil von Ameglia, also auf dem Westufer der Magra, gibt es zwischen Berg und Fluss mehrere **Campingplätze**, die wir noch nie angeschaut haben und hier nur der Vollständigkeit halber erwähnen, weil es ja sein könnte, dass Sie eine oder zwei Nächte beim Warten auf einen Platz in Tellaro überbrücken müssen.

In Sarzana

Auf der Ostseite des Flusses, wo man bereits die Toskana vermutet, ragt noch ein kleiner Zipfel von Ligurien nach Südosten, mit einer Stadt, die kaum ein Tourist besucht, obwohl sie über ein gut erhaltenes **historisches Zentrum**, Stadttore, Turmhäuser, eine Bischofskathedrale mit Glockenturm aus dem 13. Jahrhundert und einen lebhaften Zentralplatz verfügt. **Sarzana** beherbergt 22.000 Einwohner und wird von einer gewaltigen Festung überragt, der **Fortezza di Sarzanello** *(März bis Juni täglich 10 – 13 Uhr und am Wochenende 15 – 19 und 16:30 – 19:30 Uhr, im Winter kürzer oder nur vormittags; sie-*

Sarzana - Fortezza di Sarzanello

he unter www.fortezzadisarzanello.com/; 4 €). Vor allem die Sicht von dort ist lohnend. Sie können in etwa einer halben Stunde vom Zentrum zu Fuß zur Burg spazieren, wenn Sie an der innerörtlichen Festung beim südlichen Altstadttor die Straße wählen, die gerade bergauf auf die Fortezza zuführt. Die Festung in der Stadt heißt übrigens Fortezza Firmafeda (dort wird im August zwei Wochen lang ein Antiquitätenmarkt abgehalten, so wie auch jeden zweiten Sonntag im Monat auf den Straßen der Altstadt). Der Weg mit dem WOMO zur Fortezza di Sarzanello ist deutlich weiter, und die Straße endet erst auf einem Parkplatz am Fuß der Festung. Dieser eignet sich leider gar nicht für die freie Übernachtung, weil er düster und mit Papiertaschentüchern übersät ist, was jedem erfahrenen Italienreisenden beweist, welcher Zweckbestimmung das Gelände nach Einbruch der Dunkelheit dient. Und was uns mal wieder in Erinnerung ruft, dass sehr viele Jungerwachsene in Italien noch zu Hause wohnen. Die Älteren unter unseren Lesern werden sich vielleicht an die Zeiten erinnern, als auch in Deutschland die Autos derart multifunktional genutzt worden sind.

Wer antike Ausgrabungen mag, wird mit Freude durch das **Ausgrabungsgelände** der **Römerstadt Luna** spazieren, die bei der heutigen Stadt Luni (die bis 2017 Ortonovo hieß), direkt an der Grenze zur Toskana liegt und über die Autobahnabfahrt Carrara bzw. an der Via Aurelia in Richtung Marina di Carrara beschildert ist. Luna lag in der Antike noch am Meer und war an der Mündung des Flusses Magra ein wichtiger Kriegs- und zugleich Handelshafen, um den Marmor der nahen Apuanischen Alpen zu verschiffen. Man benötigt heute im Grabungsgelände viel Fantasie, um sich die römische Stadt vorstellen zu können, weshalb man unbedingt das örtliche Museum besuchen sollte,

Römisches Mosaik aus Luna

wenn man schon die Mühe der Visite auf sich nimmt *(Di. bis Sa. 8:30 – 18:30 Uhr, So. bis 13 Uhr, Mo. geschlossen; 4 €).*

Östlich des Flusses finden Sie auch wieder bessere Stellplätze:

(106) Offizieller WOMO-Stellplatz: Luni Mare *Choccia d'Oro*

GPS/Kontakt: N 44°03'44" E 10°01'15", Via Appia 9, Tel. 0187 66689.
Max. WOMOs: 5. **Öffnungszeit**: Ganzjährig.
Ausstattung: Toilette, Strom, Spielplatzwiese, Verkauf landwirtschaftlicher Produkte.

Beschreibung: Das ist der Parkplatz des empfehlenswerten **Ristorante/ Pizzeria *Choccia d'Oro***, das zugleich ein bäuerlicher Betrieb mit Tieren (Federvieh, Ponys u.a.) ist, der auch eigene Produkte verarbeitet. Das Restaurant ist montags geschlossen, man kann dann aber trotzdem dort ohne Toilette und Strom übernachten. Die Betreiber sind sehr freundlich und einladend.

Zufahrt: Der Platz liegt nahe dem Amphitheater und Ausgrabungsgelände von Luna.

(107) Offizieller WOMO-Stellplatz: Ameglia *La Meridiana*

GPS/Kontakt: N 44°03'35" E 9°58'37", Via Poggio Scafa 20, Tel. 393 1504337; https://area-sosta-camper-rv-park.business.site/.
Max. WOMOs: 10. **Öffnungszeit**: Ganzjährig.

Ausstattung: Ver- und Entsorgung, Toilette, Dusche, Strom, Mülleimer.

Beschreibung: Sie stehen unmittelbar am Ufer und Hafen des Flusses Magra seitlich des Bootslagerplatzes, sozusagen vor hochgebockten Freizeitschiffen. Die Anlage ist gepflegter als das klingt, wenngleich Sie den Pool nicht benutzen dürfen, weshalb der Preis zu hoch ist. Zum Meeresstrand sind es 1,7 km, wobei ich an der Flussmündung nicht baden würde.

Preis: 30 €.

Zufahrt: Die Zugehörigkeit zu Ameglia täuscht. Der Platz liegt auf dem östlichen Flussufer südlich von Sarzana nahe der SP 432.

(108) Offizieller WOMO-Stellplatz: Marinella di Sarzana

GPS: N 44°03'03" E 10°00'29", SS 432. **Max. WOMOs**: 40.

Öffnungszeit: Unbekannt, jedenfalls nur im Sommer, vermutlich Juni bis Ende September.

Ausstattung: Ver- und Entsorgung, Toilette, Mülleimer.

Beschreibung: Sie stehen auf gewachsenem Untergrund unter alten Bäumen vom Badestrand nur durch eine Straße getrennt. Eine geschlossene Ortschaft ist nicht in der Nähe, es gibt aber diverse strandnahe Gaststätten. Der private Stellplatz ist im Hochsommer sehr gut besucht. Campingverhalten ist nicht erlaubt (siehe im folgenden Text, es gibt offenbar immer wieder Probleme mit der Erlaubnis). **Preis**: 15 €.

Zufahrt: Der Platz liegt nördlich von Marinella di Sarzana an der Küstenstraße, wo diese auf das Meer trifft.

Dass diesem privat betriebenen Stellplatz einmal die Ehre zuteil wird, die Tourenbeschreibungen eines WOMO-Reiseführers abzuschließen und in einem anderen, mit dem ich Sie in die Toskana begleite, als erster Stellplatz am Meer erwähnt zu werden, also doppelt vorzukommen, hätte ich selbst nicht für möglich gehalten, als ich vor Jahren den Platz fotografiert habe. Argwöhnisch wurde ich nach dem Grund der Fotos gefragt, denn private Stellplätze waren gerade erst im Kommen, und die Campingplatzbetreiber wachten noch eifersüchtig darüber, dass ja kein Wohnmobilurlauber mit Markise und Klappstühlen campiert. Diese Ehre wird dem Platz auch nicht gerecht, sondern sie belegt nur das zu geringe Angebot strandnaher Stell- und Campingplätze am gesamten nördlichen Mittelmeer. Und inzwischen ist man froh, im hinteren Teil wieder einigermaßen ruhig übernachten zu können, nachdem vermutlich die genannten Querelen den Platz eine Zeit lang stillgelegt haben

Was soll ich Ihnen im Zusammenhang mit diesem Platz am Ende meiner Touren noch mit auf den weiteren Weg in die Toskana geben?

Sie könnten am Anfang eines weiteren Reiseweges stehen.

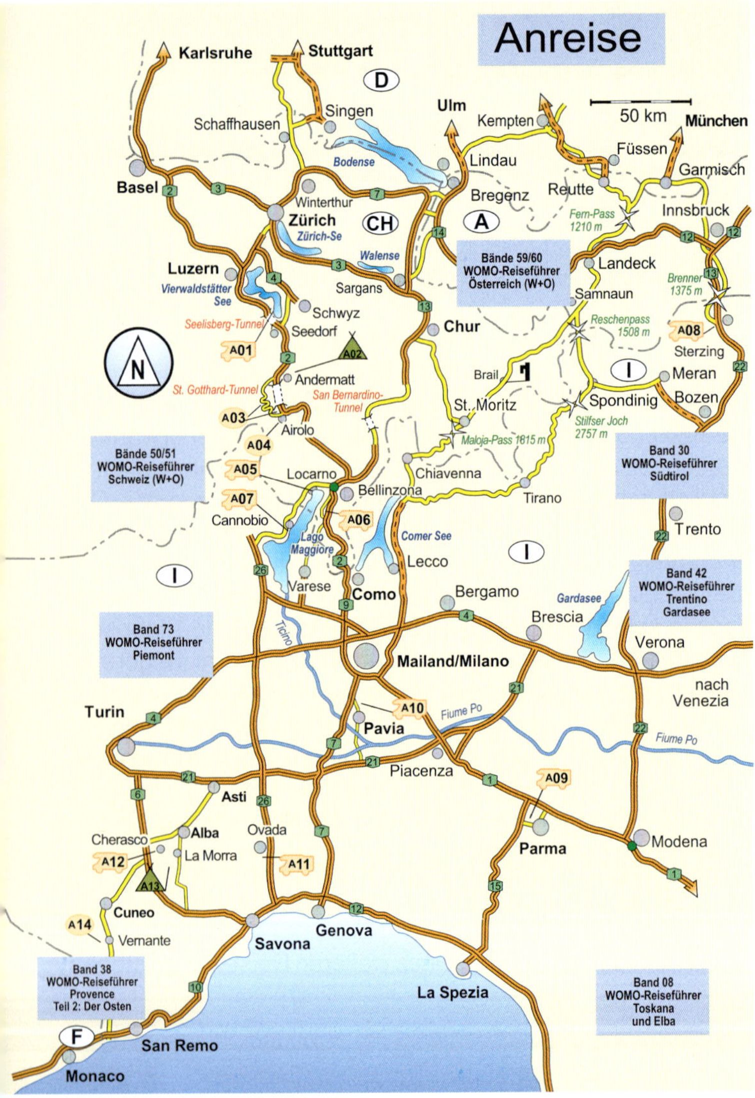

Anreise

Wenn ein und derselbe Autor Wohnmobilreiseführer über das Piemont, die Toskana, Umbrien, die Marken und dann auch noch über Ligurien verfasst, ist es schlechterdings ausgeschlossen, dem Leser immer wieder den ultimativen Geheimtipp am Rand des Weges zum Ziel zu verraten. Eine Anreise ähnelt der anderen und führt bei allem Bemühen um Alternativen meist doch über den Brenner, den Gotthard oder den San Bernardino. Mit hoher Geschwindigkeit durcheilt der Leser Gebiete, zu denen andere Autoren des WOMO-Verlages ganze Bücher geschrieben haben, die jener Leser vielleicht besitzt, weshalb er schon deshalb in vorliegendem Buch so gut wie nichts Neues erfahren kann. Von den Stellplatzforen im Internet ganz abgesehen (siehe dazu unten bei dem Stichwort *Freies Camping*.

Jener Leser möchte meistens sowieso nur wissen, wo er auf der Anreise nahe der Hauptstrecke sein Haupt betten kann. Bei den Hinweisen dazu wiederholt man sich zwangsläufig nicht weniger als bei den Tipps am Ende des Buches. Und die Auswahl zu empfehlender Etappenplätze ist, offen gesagt, etwas beliebig, und ich habe sie so getroffen, dass Sie von den Hauptzufahrtsstraßen möglichst wenig weit abfahren müssen. Ligurien ist ein von West nach Ost lang gezogenes Reisegebiet, was jene Auswahl von Plätzen nicht einfacher macht. Wenn Sie Ihren Urlaub an der französischen Grenze beginnen und in Bayern oder Ost-Österreich gestartet sind, ist Ihre Anreiseroute eine völlig andere als diejenige der Leser, die beispielsweise in Baden zu Hause sind und die Cinque Terre im östlichen Teil von Ligurien als erstes Ziel ansteuern. Es gibt also nicht <u>den</u> klassischen Anreiseweg und seine Alternativen, jedenfalls nicht südlich der Alpen. Erst recht macht es deshalb wenig Sinn, Ihnen umfangreiche Stellplatzempfehlungen nördlich der Alpen zu liefern.

Trotz aller dieser Einschränkungen folgen nun einige Hinweise auf freie Stell-, Park- und (vereinzelte) Campingplätze an der Strecke – ohne den Anspruch auf verschwiegene Geheimtipps, aber mit dem Ziel, Sie möglichst wenig auf Abwege zu führen:

(A 01) Offizieller WOMO-Stellplatz: Isleten (Schweiz):

Verlasse Sie die Schweizer AB A 2 an der AS Altdorf Nord/Schwyz (hinter dem Seelisbergtunnel am Ende des Vierwaldstätter Sees) und folgen Sie dem Wegweiser nach Seedorf. Dort schickt Sie der Wegweiser nach Isleten/Bauen auf das Westufer des Sees. Sie bleiben auf der Uferstraße, bis bei den Häusern von Isleten gegenüber dem Gasthaus Seegarten links der Straße vor einer Felswand ein großer, geschotterter Parkplatz auftaucht. Die Parkgebühr funktioniert nur mit CHF-Münzen und den Park-Apps *Easypark* und *Parkingpay*: 1,50 CHF/Stunde zwischen 8 und 20 Uhr, 1,20 CHF/Stunde für die Nacht; Badestelle und Gasthaus auf der anderen Straßenseite, kein Seeblick. **GPS**: N 46°55'03" E 8°35'40".

(A 02) WOMO-Campingplatz: Andermatt (Schweiz):
Gotthard Camping Andermatt; Schweizer AB A 2 bei der AS Göschenen (nördlich des Gotthardpasses oder -tunnels) verlassen und nach Andermatt fahren; der Platz liegt südlich des Zentrums an der Gotthardstraße und ist eine Mischung aus Camping- und Stellplatz. **GPS**: N 46°37'55" E 8°35'31"; 1.440 m; Mitte Mai bis Anfang Oktober; ca. 35 CHF; Gaststätten und Geschäfte in der Nähe.

(A 03) WOMO-Parkplatz: Gotthard-Pass (Schweiz):
Schweizer AB A 2 bei der AS Göschenen (von Norden) bzw. Airolo (von Süden) verlassen und zum St. Gotthard-Pass fahren. Auf dem Pass gemütliche Gaststätte und ruhig-frische Parkplätze u. a. neben dem kleinen See auf der Passhöhe. Der sehr lohnenswerte Umweg über den Pass (statt Tunnel) beträgt 17 km. Zwei Straßenvarianten sind möglich: die alte, gepflasterte Passstraße oder die gut ausgebaute, neue Strecke.
GPS: N 46°33'25" E 08°34'07"; 2.102 m.

(A 04) WOMO-Parkplatz: Airolo-Seilbahn (Schweiz):
Verlassen Sie die Schweizer AB A 2 bei der AS Airolo/St. Gotthard-Pass/Nufenenpass und fahren Sie Richtung Nufenenpass bis zur Talstation des Airolo-Liftes, dort entdecken Sie mehrere ebene Parkplätze gegenüber der St. Gotthard-Käserei mit Gaststätte, Käseverkauf und Schaukäserei.
GPS: N 46°31'26" E 08°36'12"; 1.186 m.

(A 05) Offizieller WOMO-Stellplatz: Locarno (Schweiz):
Verlassen Sie die Schweizer AB A 2 bei der AS Bellinzona Süd und fahren Sie bis Locarno. Fahren Sie am Seeufer entlang und vor dem Sportstadion in den Viale del Isolino, von dort rechts in die Via della Posta
GPS: N 46° 09'50" E 08°47'55".

(A 06) Offizieller WOMO-Stellplatz: Monte Ceneri (Schweiz):
Verlassen Sie südlich von Bellinzona bei der AS Nr. 48 die schweizerische A 2 und fahren Sie auf der N 2 nach Monte Ceneri, bis etwa 600 m nach der Autobahn seitlich der Straße der Stellplatz auf einer Wiese liegt.
GPS: N 46°08'19" E 8°54'25"; 5 €/erste Stunde, danach 1,50 €/Stunde inkl. Strom; Ver- und Entsorgung.

(A 07) Offizieller WOMO-Stellplatz: Cannobio (Italien – Westufer des Lago Maggiore):

Suchen Sie an der Durchgangsstraße etwa in der Ortsmitte den leicht übersehbaren Hinweis *'Area Service'* mit dem Wohnmobil-Signet und fahren Sie an die vom See abgewandte Seite des Ortes beim Fluss; der Platz ist groß, aber leider auch sehr gut besucht;

Lago Maggiore – bei den Campingplätzen

GPS: N 46°03'42" E 8°41'33"; 20 €, Toilette, Ver- und Entsorgung, warme Dusche; sehr netter Spaziergang durch den Ort an den See! Schöne Lokale an der Seepromenade.
Gute **Campingplätze** finden Sie nördlich des Ortes am See.

(A 08) Offizieller WOMO-Stellplatz: Sterzing/Vipiteno (Italien – Brennerroute):
Ausgeschilderter (kostenpflichtiger) WOMO-Parkplatz *Top Stopp* in AB-Nähe. Direkte Zufahrt von der italienischen Autobahn A 22 (ausgeschildert) oder von der SS 12 bei Sterzing/Vipiteno. 18,50 €; Pizzeria, kleiner Laden, viele Lkw. **GPS**: N 46° 52'50" E 11° 26'18".

(A 09) Offizieller WOMO-Stellplatz: Parma (Italien):
Der Platz liegt westlich der 4 km entfernten Innenstadt, Sie können mit dem Rad oder dem Bus gut das historische Zentrum besuchen; Zufahrt am besten von der Abfahrt *Parma-Ovest* der A 15 nach La Spezia oder von der Abfahrt *Parma* der A 1, Wegweiser *,Aeroporto'*; gut besucht, abends gelegentlich belegt, Anreise nur bis 23 Uhr.

GPS: N 44°48'32" E 10°17'04", Viale XXIV Agosto 17, 10-20 €, Ver- und Entsorgung, Toilette, Dusche, Strom.

(A 10) Offizieller WOMO-Stellplatz: Certosa di Pavia (sehr sehenswert und südlich von Milano, Italien):
Die Certosa di Pavia liegt ca. 10 km nördlich von Pavia und östlich der AB A 7. Sie verlassen die A 7 entweder im Norden an der AS *,Binasco'* oder im Süden bei *,Pavia Nord'*. Sie fahren in beiden Fällen Richtung ,Pavia' und folgen später dem Wegweiser zur *,Certosa di Pavia'*. Der Stellplatz liegt etwa 450 m vor dem Klosterkomplex.
GPS: N 45°15'25" E 9°8'30"; Via di Vittorio; 15 €, Toilette, Ver- und Entsorgung (schlechter Zustand), Restaurants.

(A 11) Offizieller WOMO-Stellplatz: Ovada (Südöstliches Piemont, nördlich von Genua, Italien): Verlassen Sie die italienische A 28 (Alessandria – Genova) bei der Abfahrt Ovada und wählen Sie den als Stellplatz ausgewiesenen Parkplatz unter dem Hügel östlich der nahen Altstadt.
GPS: N 44°38'25" E 8°38'59"; Ver- und Entsorgung, Restaurants.

(A 12) Offizieller WOMO-Stellplatz:Cherasco (westlich von Alba, Italien): Der Platz ist südlich des Zentrums (Richtung Narzole) und westlich der Durchgangsstraße beschildert. **GPS**: N 44°38'56" E 7°51'18", Piazza Giovanni Paolo II, bescheidene Ver- und Entsorgung, Strom.

(A 13) WOMO-Campingplatz:
Vergne (südwestlich von Alba und westlich oberhalb von Barolo)
Camping Sole Langhe
GPS: N 44°36'44" E 7°55'16", Via Rittane, 7; keine Dauercamper, Laden. Pool und gute Gaststätte gegenüber.

(A 14) WOMO-Parkplatz: Vernante (Italien, 13 km nördlich des Tunnels de Tende und daher erst wieder nach der Neueröffnung des Tunnels sinnvoll): Biegen Sie nördlich des Zentrums von der E 74 über die Brücke ans Flussufer ab. **GPS**: N 44°14'41" E 7°31'57".

Für Reisemobile **bis 3,5 t** kostet in der **Schweiz** die Vignette 40 CHF (41 €). WOMOs mit mehr als 3,5 t brauchen in der **Schweiz** keine Vignette, dafür bezahlen sie zwingend eine **Schwerverkehrsabgabe** (PSVA). *Wohnmotorwagen* kosten mindestens 25 CHF für sieben frei wählbare Tage. Die Abgabe wird heute praktikabel mit der **App *Via Strassenabgaben*** entrichtet.

Die 10-Tages-Vignette in **Österreich** kostet 9,60 Euro, die 2-Monats-Vignette 28,20 Euro. Für die Brennerautobahn müssen Sie zusätzlich Maut bezahlen. Die Maut für Reisemobile **über 3,5 t** wird in **Österreich** abhängig von der Fahrstrecke, der Anzahl der Achsen, der Schadstoffemission, der Lärmbelastung und sogar der Tageszeit erfasst. Dazu ist eine *Go-Box* erforderlich, die mit einem Guthaben aufgeladen werden kann *(Pre-Pay)*. Sie können aber auch im Nachhinein auf Rechnung bezahlen *(Post-Pay)*. Für Wohnmobile über 3,5 t mit zwei Achsen werden abhängig von der Emissionsklasse pro Kilometer ab rund 0,22 Euro berechnet (je nach Schadstoffklasse). Dazu kommt auf mehreren Strecken eine Sondergebühr, die ebenfalls über die *Go-Box* abkassiert wird (Zweiachser bezahlen für den österreichischen Teil Brennerstrecke rund 25 Euro; Näheres unter https://go-maut.at/go-maut-bezahlen/tarife-go-maut/).

Es ist zu bestimmten Zeiten nicht möglich, von der Brennerstrecke auf Nebenknoten auszuweichen. Es gibt auch kostenlose Streckenbereiche.

Die Autobahngebühr in **Italien** ist bezahlbar geblieben und kein Grund, Autobahnen zu meiden (Näheres unten beim Stichwort *Verkehr*).

Bis in die Schweiz hinein kann man deutsche Verkehrsfunknachrichten hören, die auch von Staus an der Zufahrt zum Gotthard-Tunnel berichten. Bis zum Gotthard-Tunnel und – auf dem Heimweg – sogar südlich desselben empfangen Sie den deutschsprachigen schweizerischen Sender DRS 1 auf den Frequenzen 95,4 oder 89,4 oder DRS 3 auf 104,4. Man kann dann häufig noch rechtzeitig über Zürich, Chur und durch den **Sankt-Bernardino-Tunnel** ausweichen oder neben der Autobahn auf der Landstraße fahren (falls die Einfahrt vor dem Tunnel gesperrt ist, wird Ihnen das an der Straße mitgeteilt). Oder Sie fahren im Sommer einfach über den **Gotthard-Pass**, was für WOMOs aller Größen überhaupt keine Schwierigkeiten bereitet. Bei einer Anreise über Basel rentiert sich der Umweg durch den Sankt-Bernardino-Tunnel nach unseren Erfahrungen (wegen der meistens auch dort entstehenden Staus) erst bei einer Wartezeit am Gotthard von über einer Stunde.

Spätestens im Tessin, bei Locarno, führen alle Strecken wieder zusammen. Das nächste Nadelöhr ist dann die schweizerisch-italienische Grenze bei Chiasso, wo man die Fahrzeugschlange an der Zollstation rechts umfahren darf, wenn man die Fahrspur für Busse und Wohnwagen benutzt, ehe dann auf dem Weg nach Milano bald die erste Mautstelle zum Bremsen nötigt.

Wenn Sie aus den östlichen Gefilden Deutschlands oder Österreichs stammen, werden Sie zwangsläufig die **Brenner-Strecke** nehmen und wissen, dass Sie sich zur Reisezeit am Wochenende auch dort mit ähnlicher Geduld wappnen müssen, weshalb ich auch hier wieder die Landstraße zur Diskussion stelle, falls sie überhaupt befahren werden kann.

Zusätzliche Infos zur Autobahn lesen Sie bei den Tipps unter *Verkehr*.

Auf **Leuchttafeln** über der italienischen Autobahn werden die durchschnittlichen Fahrzeiten bis zur signalisierten Ausfahrt angezeigt. Sie erahnen daraus etwaige Staus.

In der Schweiz gilt Lichtpflicht. Achten Sie dort auch auf die hinterhältigen Blitzer in den Tunnels. Schon geringste Geschwindigkeitsüberschreitungen sind deutlich teurer als in Deutschland.

Autoaufbrüche / Diebstahl

In meinem Führer über den Westteil der Provence berichte ich Ihnen, dass an unserem Fahrzeug die Seitenscheibe der Beifahrertür eingeschlagen worden ist und wie man sinnvollerweise mit einem solchen Ereignis umgeht. Das Einschlagen einer Scheibe ist in Frankreich eine der gebräuchlichsten Aufbruchvarianten, die nach meinen Erfahrungen in Italien hingegen wesentlich seltener praktiziert wird. Dort werden nach den mir zugehenden Berichten und einem eigenen Erlebnis eher die Schlösser geknackt. Gegen eingeschlagene Scheiben kann man sich nur damit schützen, dass man den Ort, an dem man das Fahrzeug unbeaufsichtigt parkt, nicht leichtfertig auswählt, dass man die wichtigsten Wertsachen nicht im Fahrzeug zurücklässt (schon gar nicht sichtbar) und dass man Vorkehrungen trifft, die ein Öffnen der Türen durch die eingeschlagene Scheibe einschließlich der Aufbau- oder Schiebetür verhindert, nachdem eine schmale Person in das Fahrzeug geklettert ist. Sonst räumen die Diebe im ungünstigsten Fall das ganze Fahrzeug leer. Um dem vorzubeugen, benötigt man **mechanische, abschließbare (!) Verriegelungen, die zugleich gegen aufgebrochene Schlösser** wirken. Der WOMO-Verlag verkauft Ihnen den *WOMO-Knacker-Schreck*, den Sie auch in Mietmobilen einsetzen können und der das Öffnen der Vordertüren verhindert (funktioniert nicht bei Ford-Modellen, weil die Armlehnen in den Türen eine Öffnung zum Einhaken haben müssen). Die beste Lösung auch gegen das Aufbrechen von Schlössern sind die Zusatzschlösser der Firma ***Heosafe*** (*www.heo-solution.de*). *Heosafe* hat auch ein taugliches Angebot im Programm, mit dem sich die Schiebetür eines Fiat Ducato (Peugeot, Citroën) Kastenwagens auch nachts von innen perfekt verriegeln lässt, sowie Schlösser für die Schiebetür und die Hecktür von außen.

Sinnvoll ist außerdem eine **Alarmanlage**, die auch in unserem Fall die Diebe vertrieben hat, bevor besonders viel gestohlen werden konnte. Abgesehen davon, dass eine solche Vorrichtung Lärm macht, den Sie im benachbarten Restaurant oder an einem Badeplatz möglicherweise selbst hören, dürften schon entsprechende Aufkleber an den Seitenscheiben oder ein blinkendes Lichtchen eine gewisse Warnfunktion haben. Der Einbau ist leider teuer und kostet gut und gerne 500 Euro, aber er belohnt Sie mit einem sorgenfreieren Urlaubserleben. Zufrieden bin ich mit der Alarmanlage des Herstellers ***Thitronik***, der einen beeindruckenden Service bereitstellt (*www.thitronik-automotive.de/*).

Wegen der beschädigten Scheibe wenden Sie sich am besten an die Firma *Carglass*, die uns mit einer Notscheibe geholfen hat (siehe im Internet).

Ein ganz wichtiger Tipp: Bewahren Sie wertvolle Dinge und wichtige Utensilien (täglich benötigte Medikamente) nicht in Aktentaschen oder kleinen Koffern auf. Alles, was ein Schloss hat, wird als erstes geklaut; besonders der Schminkkoffer, der, wie uns die Leserbriefe zeigen, nicht nur zum festen Repertoire eines deutschen Mietmobils, sondern auch zur Lieblingsbeute eines eiligen WOMO-Knackers gehört. Ständig benötigte Medikamente sollten Sie doppelt dabeihaben, davon einmal in einem sicheren Versteck. Auch in unserem Fall wurden solche Medikamente gestohlen!

Es gilt eine **Grundregel**, die Sie eisern befolgen müssen: **Verlasse nie dein WOMO mit nichts als dem Autoschlüssel in der Hand**. Denn die Diebe lauern womöglich hinter den Büschen und wissen, dass Sie mehr als diesen Autoschlüssel mit auf die Reise genommen haben: Geld, einen Laptop und die Damen eine Handtasche. Tragen Sie aber nichts unterm Arm, müssen diese Dinge zwangsläufig im WOMO zurückgeblieben sein.

Das betrifft besonders die Leser, die ein Wohnmobil gemietet haben, weil diese Fahrzeuge gegen Autoknacker schlechter gesichert sind. Die Besatzung solcher Mietmobile muss damit rechnen, das schwächste Glied in der Kette zu sein. Den Fahrzeugen, durchweg neuesten Modellen mit wenig individuellen Innereien, sieht der erfahrene Einbrecher an, dass die Mieter unkundiger und sorgloser sind als alte Hasen. Das dürfen Sie in keiner Minute vergessen, schon gar nicht auf dem Autobahnrastplatz oder an anderen Stellen, an denen Sie nur kurz Ihr Fahrzeug verlassen. Die wenige Minuten dauernde Einkehr ist oft die beste Gelegenheit, im

Auto herumliegende Wertgegenstände zu stehlen. Wenn es irgendwie geht, sollte auf Rastplätzen immer ein Familienmitglied im Auto bleiben. Ansonsten müssen die Wertsachen zur kurzen Erfrischung (und Entleerung) mitgenommen werden!

Trotz aller Warnungen hören wir immer wieder von Diebstählen, bei denen die Besatzung das WOMO zu einer Besichtigung nur kurze Zeit verlassen und sogar abgeschlossen hat, während aber alle Wertgegenstände im Fahrzeug verblieben sind, einschließlich Geld und Ausweise, häufig in einem Rucksack auf dem Bett oder an einem anderen deutlich sichtbaren Ort.

Ein ähnlich beliebter Fehler ist es, auf der Rückseite des Fahrzeuges mit geöffneter Tür zu sitzen, oder zwar vor der Tür jedoch mit offenem Fenster und Handy auf dem Tisch und/oder nicht verschlossener Fahrertür.

Das alles hat mit der **Übernachtungssicherheit** auf freien Stellplätzen nichts zu tun. Ich kann mich an keine Italienurlauber erinnern, die mir im Verlauf von über 30 Jahren von einem nächtlichen Einbruch berichtet. Ich warne aber in allen Ländern vor den Autobahnrastplätzen! Der nächtliche Diebstahl unterscheidet sich von dem, der tagsüber stattfindet, dadurch, dass man nachts versucht, heimlich und ohne große Geräusche das Schloss zu knacken. Die genannten mechanischen Hürden verhindern natürlich auch das Öffnen der Türen, wenn Schlösser aufgebrochen worden sind.

Falls Sie bestohlen wurden, benötigen Sie eine Bescheinigung der **Polizei**, dass Sie den Diebstahl angezeigt haben, nur dann, wenn das ganze Auto verschwunden ist oder Sie eine Reisegepäckversicherung unterhalten, die normalerweise Leistungen für Diebstähle aus dem Fahrzeug allenfalls erbringt, wenn der Diebstahl auf Campingplätzen stattgefunden hat, nicht aber, wenn das Fahrzeug außerhalb derselben aufgebrochen worden ist. Den Glasschaden einer eingeschlagenen Scheibe ersetzt die Kaskoversicherung auch ohne Nachweis einer Anzeige. Die Polizei nimmt den Diebstahl erst dann auf, wenn sie vorher im Tabakladen für die Verlustanzeige ein Formular gekauft haben, die *Carta bollata*.

Zur etwa notwendigen Kartensperrung lesen Sie Näheres beim Stichwort *Geld*.

Bahn und Bus

In Ligurien sind Sie, wie in vermutlich keinem anderen Zielgebiet der WOMO Reihe, auf öffentlichen Nahverkehr angewiesen, weil Sie diverse Topziele nur mit der Bahn, dem Bus, mit dem Schiff oder zu Fuß, jeden-

Bahnhof von Genova Pegli (Tour 5)

Vernazza (Tour 8)

falls nicht mit dem WOMO, erreichen können. Ohne die guten ligurischen Zug- und Busverbindungen gäbe es vorliegendes Buch nicht. Es stellen sich in diesem Zusammenhang mehrere Fragen:

Welche Ortschaften haben einen Bahnhof?

Sie können das relativ leicht feststellen, wenn Sie eine gute Autokarte, eine Wanderkarte, die Internetkarte ViaMichelin (gibt es auch als App) oder Google Maps zurate ziehen. In unseren Reisebeschreibungen weise ich meistens darauf hin, wenn ein touristisch bedeutsamer Ort keinen Zuganschluss hat. Dann fährt aber ein Bus.

Wie finde ich den Bahnhof?

In den kleinen Orten ist das kein Problem, in den größeren Städten müssen Sie notfalls fragen *(Stazione).* Bahnhöfe sind immer beschildert. Meistens wird sich das Problem nicht stellen, weil Sie bereits am Bahnhof ankommen und Sie sich nur den Rückweg dorthin merken müssen.

Wann fahren Züge?

An den Bahnhöfen der Cinque Terre und in La Spezia verkehren die Züge so häufig, dass Sie tagsüber nie lange warten müssen. Zu allen Strecken finden Sie unter www.trenitalia.com eine gut verständliche Zugauskunft. An vielen touristisch relevanten Orten, beispielsweise auf Campingplätzen, hängen Fahrpläne aus. Am besten laden Sie die kostenlose **App *Trenitalia*** auf Ihr Smartphone. Dort werden in perfektem Deutsch alle Verbindungen angezeigt, und Sie können damit sogar Tickets kaufen.

Wie bekomme ich Fahrkarten?

Zugtickets können Sie über die genannte App und an den Bahnhöfen meist am Schalter erwerben, bisweilen auch nur an prinzipiell gut funktionierenden, auf Deutsch einstellbaren Automaten. Jedes Ticket muss danach, ähnlich wie in deutschen Bussen, an einem oftmals gelben Automaten entwertet werden (meist am Eingang zur Unterführung). Den eben erwähnten Ticketkauf über die App habe ich noch nicht selbst getestet. Fahrscheine für **Busse** kann man weder an der Haltestelle noch beim Fahrer erwerben. Theoretisch müsste man sie in Tabakläden bekommen, stellenweise aber nur an Kiosken oder auf Campingplätzen. Verkaufsstellen machen meist mit einem Aufkleber *(Biglietti Bus)* an der Scheibe oder

der Eingangstür auf sich aufmerksam. Auch diese Tickets müssen entwertet werden. Wir hatten nicht den Eindruck, dass jeder Italiener einen Fahrschein besitzt. Mehr als einmal mussten wir notgedrungen, weil wir wirklich nirgends fündig geworden sind, *‚schwarzfahren'*. Kontrollen sind uns nie aufgefallen.
Die Fortbewegung in ligurischen Bahnen und Bussen haben wir als erfreulich problemlos und preiswert empfunden. Und wenn man sich angewöhnt hat, bei passender Gelegenheit ein Busticket zu kaufen und demnach nicht davor zurückschrecken muss, mit leeren Händen in den Bus einzusteigen, funktioniert das Busfahren unerwartet gut.

Wann fahren Busse?
Fahrpläne von Bussen finden Sie für den westlichen Teil von Ligurien unter www.rivieratrasporti.it/, für die Mitte unter www.tpllinea.it, für den Bereich von Genua unter www.amt.genova.it/amt/ und für den östlichen Teil unter www.atcesercizio.it/. Busse fahren am 1. Mai nur eingeschränkt. Italiener geben an Haltestellen **dem herannahenden Bus** ein **Handzeichen**, dass sie mitfahren möchten!

Was heißt *‚feriale'* auf Fahrplänen?
Werktags!

Campingplätze

Italienische Campingplätze sind oft unverschämt teuer (an der Küste und in der Hochsaison für vier Personen regelmäßig über 50 EUR/Tag). Es mag Sie trösten, dass heutzutage in den meisten Fällen für das warme Wasser in der Dusche keine kostenpflichtigen *Gettoni* mehr nötig sind.
Einige Jahre habe ich eine sogenannte *CampingCard* des **ACSI** besessen *(man spricht nur von der ‚Axicard'; Näheres unter www.campingcard.com/de; Lieferzeit von über zwei Wochen!)*, mit der man in der Nebensaison (!) erhebliche Preisvorteile erzielen kann, für die sich der Preis der Ermäßigungskarte für etwa 17 Euro pro Jahr lohnt. Aber ich wurde seit der letzten Bestellung mit Zahlungserinnerungen und einem Dauerauftrag belästigt, den ich bewusst nicht abgeschlossen hatte. Das hat mir die Freude genommen. Außerdem wurden zunehmend die Preisvorteile nur noch bei der Belegung von unattraktiven Parzellen gewährt, jedenfalls nicht für die schönen Stellen, die wir uns auf Campingplätzen ausgesucht hatten. Die Plätze an oder in der Nähe der Küste sind in der Hochsaison, zumin-

Campingplatz in Sanremo am Abend (Tour 2)

dest wenn Sie erst am Spätnachmittag anreisen, häufig ausgebucht. Wir nennen Ihnen bei den Touren daher die Telefonnummern der Campingplätze, damit Sie reservieren oder nach einem Platz fragen können (wobei wir mit der Angabe der Telefonnummer nicht versprechen, dass eine Reservierung überhaupt möglich ist). Je früher am Tag Sie den Campingplatz beehren, umso größer sind die Chancen auf Einlass. **Die beste Zeit ist vormittags zwischen 11 und 12 Uhr**, wenn andere Urlauber gerade aufgebrochen sind. Besonders montags, weil viele Italiener das Wochenende erst am Montag gegen Mittag beenden.

Hunde sind in der Regel erlaubt, ich weise auf Verbote hin – möglicherweise nicht ganz vollständig.

In Italien muss für jeden Besucher ein Ausweis vorgelegt werden, der an der Rezeption nur abgeschrieben, bisweilen aber auch für die Dauer des Aufenthaltes eingesackt wird. Campingplätze müssen manchmal bis 10 Uhr verlassen werden.

Auf manchen italienischen Campingplätzen pflegt man eine ausgedehnte **Mittagspause** (häufig zwischen 13 und 15 Uhr), in der Sie sich nicht anmelden können. Bisweilen darf man auch nicht auf das Gelände fahren, und oft kann man nicht nachfragen, ob noch ein Platz frei ist, weil die Rezeption geschlossen ist. Gelegentlich hängt dort aber dann ein Schild mit dem unfreundlichen Wort *completo*.

WiFi (WLAN) gibt es inzwischen so gut wie auf allen Plätzen. Häufig aber nur innerhalb bestimmter Bereiche, insbesondere der Rezeption. Erstaunlich oft ist es kostenlos, ähnlich oft aber auch langsam. Ich weise bewusst nicht mehr darauf hin, weil ich für eine seriöse Information Angaben über Kosten, Reichweite, Geschwindigkeit und Stabilität machen müsste. Diese Eigenschaften verändern sich ständig, häufig abhängig von der Tageszeit und der Anzahl anderer Nutzer. Hinweise darüber gaukeln demnach verlässliche Infos nur vor.

Nennt sich ein Platz auch ***Parco (di) vacanze***, müssen Sie mit mehr oder weniger zahlreichen Dauercampern rechnen. In seltenen Fällen kommt er auch für Ihre Zwecke in Betracht. Ich weise darauf hin (Näheres siehe im beigen Kasten bei Tour 4).

Sie finden in Ligurien keine Campingplätze am Meer, wie Sie diese vielleicht vom westlichen Teil Südfrankreichs oder von der Toskana-Küste kennen, also keine großflächigen Familien-Ferien-Plätze direkt am Strand und mit Unterhaltungseinrichtungen für heranwachsende und gelangweilte Kinder. Ligurien ist in vielen Teilen wunderschön, aber es ist kein Campingeldorado. Wir kennen kaum einen Platz, der uns keine Kompromisse abfordert, keinen einzigen Platz, der nicht sogar mehrere Nachteile in sich vereint. Sie müssen wirklich flexibel sein.

An dieser Stelle möchte ich noch einmal einem Missverständnis vorbeugen, das mir bei einem Vorvorgängerbuch einige auch im Internet veröffentlichte Kritik beschert hat. Viele Leser meinen, ein Reiseführer dürfe nur die positiven Aspekte des Zielgebietes herausstellen und verstehen alle Zwischentöne als Miesmacherei. Deshalb wiederhole ich es hier noch einmal: Ich würde keinen Wohnmobil-Reiseführer über Ligurien schreiben, wenn ich die dortigen Stell- und Campingplätze in ihrer Mehrheit als inakzeptabel empfinden würde. Sie müssen aber wissen, dass die Campingplätze in Ligurien nur eingeschränkt die üblichen Erwartungen an Strand- und Badeurlaub erfüllen.

Freies Camping / Stellplätze / WOMO-Parkplätze

Bei *Amazon* bekam die Vorauflage (neben Bewertungen mit fünf Sternen) von einem Käufer nur einen einzigen Stern. Weniger geht nicht. Begründet wurde das mit einem für Wohnmobile zu geringem Angebot im Buch. Ich hatte also zu wenig Stell- und Campingplätze beschrieben, eine Rüge, die bisweilen so ähnlich auch in Leserbriefen und zu meinen Touren entlang der Côte d'Azur geäußert wird.

Richtig ist aber, dass die Erwartungen der Leser und Käufer an das Zielgebiet falsch sind. Wo es nämlich keine einigermaßen brauchbare Stell- und Campingplätze gibt, kann ich auch keine herbeischreiben. Und wenn ich mich mal dazu hinreißen lasse, einen Parkplatz zu empfehlen, bei dem man die Markierungen nicht einhalten kann, schicken mir die Leser vorwurfsvolle Fotos ihres Strafzettels (in Italien häufig mit 42 Euro) oder, wenn ich den Straßenrand für eine Notlösung ausgebe, des abgefahrenen Außenspiegels. Mit noch deutlicheren Worten: Wer mit einem Fahrzeug von 7,50 Meter Länge unterwegs ist, trifft saisonunabhängig an der ligurischen Küste auf eingeschränkte Möglichkeiten, und für einen Achtmeterzwanzigelefanten kommen insgesamt weniger als 30 Stell- oder Campingplätze infrage – solange noch nicht ein gleichgroßer Kollege vor Anker gegangen ist. Es gibt einfach zu wenig Stell-, Park- und Campingplätze, besonders dort, wo man sie aus touristischen Gründen am meisten brauchen würde. Meine Reisebegleiter und mich frustriert das bei jeder Neuauflage am meisten. Derart schlechte Amazonbewertungen könnte man nur damit vermeiden, dass der WOMO-Verlag den Ligurienführer einstellt. Wo wir beim Thema sind: Vergeben Sie doch selbst mal Sterne, Sie müssen das Buch nicht bei *Amazon* gekauft haben.

WOMO-Parkplatz in Pigna (Tour 1)

Stellplätze werden Ihnen heute von verschiedenen Internetforen in Europa Zehntausendfach angeboten, mit Fotos (häufig einfach aus *Google-Earth* kopiert und demnach nicht aktuell), Koordinaten und Kommentaren der Nutzer. Vorbei sind die Zeiten, in denen ich Ihnen erklären durfte, wo und mit welchen Hilfsmitteln alte Hasen die besten Plätze aufspüren. Mit geeigneten Programmen drücken Sie an Ihrem Smartphone auf einen Touchscreen und es erscheinen alle Stellplätze (und Campingplätze) im Umkreis, und wenn Sie möchten, können Sie sich sogar dorthin navigieren lassen.

Wer die Szene aufmerksam beobachtet, findet auf diesen Internetseiten auch Plätze, die von Autoren des WOMO-Verlages und, bei aller Bescheidenheit, ebenfalls von mir vor vielen Jahren entdeckt und publiziert worden sind. Bisweilen konnte man dort sogar die eigenen Fehler wiederfinden. Auch insoweit haben sich die Zeiten geändert. Denn die Autoren der WOMO-Reihe – es sind möglicherweise nicht alle, aber ich gehöre dazu – orientieren sich selbstverständlich ebenso an dem reichhaltigen Angebot des Internets. Aber wir wählen aus! Wir trennen die Spreu vom Weizen, und eine Aufgabe meiner Reiseführer besteht heute darin, Ihnen, soweit es um anderweitig veröffentlichte Stellplätze (und Campingplätze) geht, nur diejenigen in meine Bücher aufzunehmen, die ich für geeignet halte. Wenn Sie also mit dem erwähnten Klick die Stellplätze der Umgebung abrufen und diese bei mir wiederfinden, können Sie annehmen, dass ich sie mir angesehen habe. Und es gibt immer noch vereinzelt Plätze, die Sie zumindest vorübergehend nur bei mir finden.

Es existieren zweifellos gute, vielleicht sogar hervorragende Plätze, die ich nicht kenne oder die nach dem Erscheinen dieses Buches neu entstanden sind. Von dieser Einschränkung abgesehen sind Sie auf der sicheren Seite, wenn Sie möglichst solche Plätze anfahren, die wir Autoren für gut befunden haben.

Wenn ich gelegentlich im Internet in Wohnmobilforen, unter anderem im Forum des WOMO-Verlages, surfe, lese ich immer wieder Klagen über **Parkgebühren** oder **andere Entgelte**, und es entsteht der Eindruck, dass nur der die perfekte Wohnmobilreise erlebt, der möglichst wenig ausgibt. Das verstehe ich nicht, so habe ich nämlich nicht den Eindruck, die meisten meiner Kollegen hätten nach der Anschaffung ihres Wohnmobils den letzten Groschen aus der Hand gegeben. Wie kann man sich darüber beklagen, dass man für eine Nacht zehn Euro bezahlen muss, wenn man Fünfzigtausend oder mehr für ein einziges Auto hingeblättert hat.

In einer Welt, in welcher der Tourismus eine feste Wirtschaftsgröße ist, sollten wir in keiner Sekunde daran zweifeln, dass wir nur dort, wo wir auch Geld ausgeben, in Zukunft geduldet sind. Damit meine ich nicht verschwiegene Plätzchen in untouristischen Gebieten, sondern den Wohnmobilurlauber als eine in Haufen auftretende Spezies. Warum sollten einer solchen Gruppierung Wasser, Müllkapazitäten, Toilettenanlagen, wertvolles Bau-, Garten- oder Agrarland unentgeltlich zur Verfügung gestellt werden, wenn der Nutzer nur das konsumiert, was er in seiner voluminösen Heckgarage herangekarrt hat? Diese Zeiten sind in allen Gebieten, in denen mit dem Tourismus Geld verdient wird, vorbei. Sie werden auch nicht wiederkehren, ganz gleich, wie laut man das beklagt.

Ich rate Ihnen demnach, in Ihrem Fahrzeug ein **Depot von Ein- und Zwei-Euro Münzen** anzulegen, vielleicht noch von ein paar Fünfzigern, und dafür zu sorgen, dass dieses stets gut gefüllt bleibt. Viele Stellplätze müssen nämlich mittels Münzeinwurf in **Parkscheinautomaten** bezahlt werden. Polizeikontrollen sind erstaunlich häufig.

Italien ist **das** Land der Wohnmobile, entsprechend großzügig ist die Obrigkeit. Und wenn Sie wirklich einmal von der Polizei weggeschickt werden, bricht die Welt auch nicht zusammen, allenfalls wird Ihr deutscher Gehorsam angekratzt. Neuerdings berichten Leser allerdings auch von Bußgeldern – meistens in Höhe von 42 Euro. Das ist, wenn es Sie nicht ständig erwischt, ein Risiko, welches Ihnen nicht den Urlaub verdirbt, wenn man bedenkt, dass Stellplatzgebühren bis zu 30 Euro betragen können. Obwohl in fast ganz Italien das freie Übernachten unproblematisch ist, möchte ich an dieser Stelle erneut darauf hinweisen, dass weder Verlag noch ich die Gewähr dafür übernehmen, dass Sie auf den in diesem Buch empfohlenen Plätzen legal die Nacht verbringen dürfen.

Der Wohnmobiltourismus wäre ohne die sogenannten Offiziellen Stellplätze in den touristischen Regionen Mitteleuropas gar nicht mehr möglich. Schilder mit Symbolen oder den Hinweisen ***Sosta Camper*** oder ***Area di Sosta*** weisen Ihnen in Italien den Weg zu Stellplätzen, die ganz unterschiedlich und häufig mit Stromsteckdosen ausgestattet sind. Vor allem an der Küste geht der Trend zum ebenso bezeichneten, **privat betriebenen** und kostenpflichtigen Stellplatz, weil sich damit eine schlichte Wiese oder nur ein Asphaltplatz gut vermarkten lassen. Manchmal sieht man auch dort das Schild mit *,No Camping'* (Markisen, sowie Klappstühle sind verboten), weil der Wiesenbesitzer keine Campingplatz-Lizenz bekommen hat und man bei ihm nur Tag und Nacht – auch mehrere Nächte hintereinander – »parken« darf. Längst nicht alle dieser privaten Plätze sind von ihrer Lage empfehlenswert. In diesem Zusammenhang interessiert Sie vielleicht ein kurzes Glossar:

Area Attrezzata (meistens mit Wohnmobilsymbol)	speziell hergerichteter Platz
Camper	Wohnmobil
Camper Service	Ver- und Entsorgung
Camper Sosta	Wohnmobilparkplatz
Punto Sosta	Parkplatz

Gas

Wenn Ihr Gas zur Neige geht, können Sie sich in Italien auf vielen Campingplätzen und in Eisenwaren-/Freizeitgeschäften *(Ferramenta)* eine teure blaue *Camping-Gaz* Flasche kaufen. Für den Einsatz im WOMO braucht man aber auch ein spezielles Anschlussstück (möglichst schon zu Hause kaufen und ausprobieren, ob es an Ihren Regler passt). Man kann auch die kleine, blaue italienische Gasflasche (5 kg) leihen, die billiger ist als die *Camping-Gaz* Flasche und in den deutschen Flaschenkasten passt. Das Pfand wird bei der Rückgabe ersetzt.

Langzeiturlauber benötigen unbedingt ein Füll-Set, mit dem sie in Italien an einigen Stationen die eigene Flasche füllen lassen können. Zuständig ist auch hier die *Ferramenta* oder der *Distributore-Gas*, die meistens daran zu erkennen sind, dass sich am Haus oder im Schaufenster ein kleines Dreieck mit Flamme befindet. Eine Liste von ligurischen Gasverkäufern finden Sie unter www.paginegialle.it/liguria/gas.html, wenn Sie nach dem Öffnen der Seite in das Suchfeld >*bombole gas*< eingeben (dass an jeder Adresse Flaschen befüllt werden, ist unwahrscheinlich). Nach einer Füllstation fragt man bei den zahlreichen Gastankstellen, die nur eingebaute Tanks befüllen, oder auf Campingplätzen, die bisweilen sogar von mobilen Abfüllern besucht werden (*füllen* heißt *riempire* und *Gasflasche* heißt *Bombola di gas).* Ohne das aus Deutschland (Österreich oder der Schweiz) mitgebrachte Set geht in der Regel nichts, weil die Abfüller kein Anschlussstück für deutsche Flaschen besitzen.

Zuccarello (Tour 4)

Hier eine Adresse: In Cervo (Tour 3) sehen Sie an der SS 1, der Via Aurelia, auf der Meerseite zwischen Camping del mare und Camping Lino die Füllstation *Emilia Forciniti* (Tel. 0183 400058).

Ohne Adapter aus dem **Euro-Flaschenfüll-Set D** (kostet ca. 20 €) geht in der Regel nichts, weil es das passende Teil, mit dem man eine deutsche Flasche auffüllen kann, in Italien nicht gibt.

Falls Sie eine italienische Gasflasche anschließen möchten, benötigen Sie außerdem das **Euro-Entnahme-Set**, mit dem Ihr Anschlussschlauch an die fremde Flasche passt (ebenfalls etwa 20 €).

Wohnmobilbesitzer mit **fest eingebautem Gastank** oder einer **Tankflasche** können die Hoffnung, diese betanken zu können, endgültig aufgeben. G.P.L.' (das heißt Gas Propano Liquido) an Tankstellen darf nämlich aus steuerrechtlichen Gründen nur für den Betrieb von Kraftfahrzeugen, nicht aber zum Heizen, Kochen und Kühlen verkauft werden. Von meinen früheren Tipps, schnell heimlich zu tanken oder den Tankwart zu bestechen, distanziere ich mich ausdrücklich. Selbstbedienung ist beim Gastank

nicht möglich, und Tankwarte sind schon aus Furcht nicht korrupt. Sie verweisen darauf, dass die Polizei von Zeit zu Zeit die Daten der Videoüberwachung auswertet und dabei erkennt, wenn eine Tankflasche befüllt worden ist bzw. ein Wohnmobil betankt worden ist, das praktisch nie mit Gas betrieben wird. Sie müssen sich daher eine italienische Gasflasche anschaffen, die sie vor Ort tauschen können. Eigene Erfahrungen – wie in Frankreich – dazu, mit welchen Flaschen das funktioniert, haben wir nicht.

Die meisten neuzeitlichen Fahrzeuge sind mit einer Schlauchbruchsicherung und/oder dem Strömungswächter ***Monocontrol CS*** (oder *Duocontrol CS*, beides von Truma und Nachfolger von *SecuMotion*) ausgerüstet, der serienmäßig einen Crashsensor enthält. Dieser Regler ist am Fahrzeug montiert, danach folgt der Schlauch und dann meistens noch eine Schlauchbruchsicherung, die an die Flasche oder den Euro-Entnahme-Adapter geschraubt wird. Für (ältere) Fahrzeuge ohne diesen Schutz empfehle ich eine **Schlauchbruchsicherung**, der Einbau dauert 15 Minuten. Sie ist unerlässlich, wenn Sie unterwegs mit Gas kühlen. Die Sicherung verhindert, dass Gas bei einem Unfall oder nach einem Schlauchbruch in großer Menge ausströmt.

Portovenere (Tour 8)

Geld

Geld zog man bislang flächendeckend mit PIN-Code aus dem **Bankautomaten**, entweder mit der (deutschen) **Girocard** (so heißt seit 2007 die frühere ec-Karte), fast genauso oft auch mit der **Kreditkarte** (Visa oder Eurocard, insoweit stehen allerdings Änderungen bevor), was aber deutlich teurer war. Ab 2023 kann möglicherweise nicht mehr jede Girocard aus Gründen, die ich hier nicht erläutern möchte, im Ausland eingesetzt werden. Es ist bei Redaktionsschluss dieses Buchs nicht abzusehen, ob eine Zahlung mit der Girocard in Zukunft möglich oder praktikabel ist.

Die Kreditkarte steht allerdings grundsätzlich nicht auf der Kippe, weshalb ich dringend dazu rate. Sie benötigen diese ohnehin beim Tanken, was häufig nur entweder mit Kreditkarte oder mit Geldscheinen funktioniert (oder nur gegen teuren Aufschlag für die Bedienung). Beim Gaststättenbesuch sollten Sie zur Sicherheit ausreichend Bares dabeihaben oder zumindest vorher fragen, jedenfalls dann, wenn Sie in einem Dorf speisen, in dem es keinen Bankautomaten gibt. Es gibt auch Campingplätze oder kleiner Läden, die nur Bargeld annehmen.

Zu den Reisedokumenten höchster Wichtigkeit, deren diebstahlgeschützter Ablageplatz niemals in Vergessenheit geraten darf, gehört der Zettel mit der Kreditkarten- und Scheckkartennummer sowie der Telefonnummer der Zentrale. Beides brauchen Sie für die Kartensperre: In Deutschland erreichen Sie unter 0049-116 116 die Hotline für etwa 90 Prozent aller Bank- und Zahlungskarten wie Maestro, EC, Euro/MasterCard, VISA und American Express (Näheres unter *www.kartensicherheit.de*). Rufen Sie dort **umgehend** an, wenn die Karte abhandengekommen ist, und sei es auch mitten in der Nacht. Nur wenn Sie davon berichten können, dass Ihnen das Stück Plastik gerade erst, vor wenigen Minuten, verlustig gegangen ist (und dass Sie die Geheimzahl nirgends aufgeschrieben haben), zahlt die im Kredit- oder Scheck-Kartenvertrag enthaltene Versicherung, falls ein Bösewicht Missbrauch treibt!

GPS / Navigation

In diesem Reiseführer sind für alle Stell- und Campingplätze die Koordinaten angegeben. Das nutzt Ihnen nur, wenn Sie selbst ein Navigationsgerät (oder Smartphone) besitzen, in das man Koordinaten eingeben oder, noch besser, zugleich eine Datei mit allen Koordinaten aufspielen kann. Sie können beim WOMO-Verlag die Koordinaten in den von Ihnen benötigten Formaten aller Stell- und Campingplätze als sogenannte **POIs** (das ist die Abkürzung von **P**oint **o**f **I**nterest) beziehen und auf Ihr Navi überspielen. Falls Sie das Navi wechseln und die Koordinaten in einem anderen Format benötigen, können Sie diese mit dem kostenlosen Computerprogramm *RouteConverter* selbst umwandeln.

Viele Leser navigieren mit dem **Smartphone** und dabei mit ***Google Maps***. Man kann sogar offline navigieren, wenn man sich zuvor den Kartenausschnitt heruntergeladen hat. Die Routensuche mit *Google Maps* funktioniert überraschend gut, wenn man weiß, wie man dort Koordinaten eingibt: Man tippt N oder E (groß oder klein) ein und danach die Ziffern. Sonderzeichen für Grad, Minuten und Sekunden sind bei Google Maps nicht erforderlich. Anstelle dieser Sonderzeichen muss man ein Leerzeichen eingeben, bei etwaigen Nachkommastellen anstelle des Kommas einen Punkt.

Ich bekomme immer wieder Zuschriften von Lesern, die mir andere Apps empfehlen, vor allem *Navigator* oder *maps.me*. Die meisten Ratschläge probiere ich aus, aber ich würde mich verzetteln, wenn ich mich an dieser Stelle damit näher befassen würde. Nach meinem Eindruck navigieren die meisten Menschen, besonders die jüngeren, mit Google Maps, oft sogar dann, wenn im Fahrzeug ein anderes Navigationssystem eingebaut ist.

Bei fast allen festeingebauten Geräten kann man die **Darstellung** der Koordinaten einstellen. Der WOMO-Verlag hat sich für die Angabe von **Grad, Minuten und Sekunden** entschieden, aber es gibt sowohl Geräte wie auch Publikationen mit anderer Schreibweise. **Wir bekommen immer noch Zuschriften irritierter Leser, die die Stellplätze nicht finden, weil sie in ihr Gerät statt Sekunden einen Nachkomma-Wert von Minuten eingeben!**

Wer sein Gerät nicht umstellen kann, benötigt eine App (zum Beispiel *LatLon Convertor* oder www.fcc.gov/media/radio/dms-decimal) für das Smartphone oder einen Taschenrechner im Handschuhfach und muss umrechnen: Um die Sekunden und Minuten zu dezimalisieren, muss man jeweils mit 0,01667 multiplizieren (zuerst also den Sekundenwert multiplizieren, danach dasselbe mit dem Minutenwert). Umgekehrt geht es auch: Man nehme den Nachkomma-Anteil der Gradzahl, multipliziere mit 60 und setze das Komma nach der zweiten Stelle (Beispiel: aus 43,84537 Grad rechnet man 0,84537 x 60 = 50.7222 Minuten = 43°50.722'). Um die Sekunden zu erhalten, muss man den Nachkomma-Wert erneut mit 60 multiplizieren und bekommt so 43 Sekunden; die Winkelschreibweise führt nun also zu 43 Grad, 50 Minuten und 43 Sekunden (= 43°50'43"). Sie müssen das ausprobieren. Vielfaches Hin- und Herrechnen bringt allerdings Rundungsdifferenzen.

In diesem Buch werden Ihnen überwiegend keine Nachkommastellen genannt, die viele Geräte gar nicht anzeigen. Sie werden die Nachkommastelle für die Navigation zu einem Stell- oder Campingplatz allenfalls in extremen Ausnahmefällen benötigen.

Ich warne Sie vor allzu großer Navigationshörigkeit. Sie müssen die vorgeschlagene Strecke und vor allem das Ziel überprüfen, bevor Sie der Technik vertrauen und die Navigationsführung bei jeder zweifelhaften Abbiegung infrage stellen. Man wird sehr häufig auf ungeeignete Strecken geleitet. Außerdem sollten Sie meine Ratschläge unter *Landkarten* sorgfältig beachten. Ich bekomme immer wieder Zuschriften, in denen sich Leser beklagen, sie hätten das Ziel aufgrund der Koordinaten nicht gefunden, was vielfältige Gründe haben kann (z. B. geänderter Straßenverlauf, neue Zufahrten, niedrige Brücken).

Hunde

Die schlechte Nachricht zuerst: Sie dürfen höchstens fünf Hunde mitbringen.

Im Übrigen benötigen Sie den **EU-Heimtierausweis** mit einer Beschreibung des Tieres, mit dem Namen und der Adresse des Eigentümers, dem Nachweis der Tollwutimpfung sowie mit der Chip-Identifizierungsnummer.

Für in Deutschland geimpfte Hunde muss das Mindestalter bei der Erstimpfung 3 Monate betragen und diese muss wenigstens 21 Tage zurückliegen. Sie sind verpflichtet, eine Identifikation (Chip) bei ihren Hunden anbringen zu lassen. Ist Ihr Liebling jünger als drei Monate, gelten Sonderbestimmungen.

Maulkorb und Leine müssen stets zur Hand sein, und angeblich drohen Geldbußen bis 200 Euro, wenn der Vierbeiner bei der Fahrt nicht im WOMO festgezurrt ist. Nicht auf allen Campingplätzen sind Hunde erlaubt. Das gilt auch für die Strände.

Aktuelle Infos finden Sie unter https://italien.diplo.de/it-de/themen/willkommen/-/1604976.

Landkarten – auf Papier und virtuell

Selbst neben dem tollsten und teuersten Navigationsgerät benötigen Sie für das Verständnis dieses Reiseführers eine detailgenaue Landkarte. **Das Navigationsgerät alleine reicht auf keinen Fall.** Am genauesten ist die Karte von **freytag&berndt** ***Ligurien – Italienische Riviera – Genua*** im Maßstab 1:150.000 (1 cm = 1,5 km). Empfehlenswert ist auch die **Marco Polo** Karte ***Ligurien*** im Maßstab 1:200.000 (1 cm = 2 km)(. Ich setze eine dieser Karten in vorliegendem Buchvoraus.

Wenn ich mich online orientieren oder nur die Verkehrslage checken möchte, verwende ich die kostenlose Seite von ***ViaMichelin***. Sobald Sie (am Smartphone) am Rand der Karte den Punkt mit den beiden Fahrzeugsymbolen berühren, wird die Verkehrslage ein- oder ausgeschaltet. Grüne Straßen sind freie Straßen, schwarze Straßen zeigen Sperrungen an, rote bedeuten Staus und orange Zähflüssigkeit. Man muss für diese Funktion, im Gegensatz zu *Google Maps*, keine Route eingeben.

Mit ***Google Maps*** orientieren wir uns kostenlos online innerhalb von **Städten** und **Dörfern**, wenn wir konkrete Ziele, beispielsweise eine Gaststätte, (zu Fuß oder mit dem Rad) suchen. Das funktioniert derart perfekt, dass ich bei den Touren kaum noch Wegbeschreibungen zu Gaststätten angebe.

Falls Sie ab und zu wandern möchten, suchen Sie natürlich nach **Wanderkarten**, die es inzwischen von den meisten Wandergebieten gibt; Näheres wie auch zur brauchbaren App können Sie unter der Überschrift *Wandern* nachlesen.

Besitzer eines Smartphones laden ***maps.me*** und orientieren sich gerade in Städten, und zwar **offline**, also völlig kostenlos (siehe beim Stichwort *GPS*).

Lebensmittel / Getränke

Das Angebot an **Lebensmitteln** ist enorm. Sie brauchen also nicht Ihr WOMO mit heimischen Konserven zu überladen. Nur dunkles Brot, das sich mehrere Wochen hält, sollten Sie einpacken. Brot und *Panini* in unserem Zielgebiet sind meist salzarm. Die Auswahl an Obst und vor allem Gemüse ist erwartungsgemäß breiter als in unseren Läden. Aber die Preise sind nicht unbedingt niedriger.

Dies mag auch daran liegen, dass sich die Verbrauchergroßmärkte auf der »grünen Wiese« vor der Stadt in Italien nur langsam durchsetzen. Der tägliche Einkauf findet entweder im kleinen oder mittelgroßen Selbstbedienungsladen statt, in geringem Umfang auch noch in einem Geschäft, das bei uns »Tante-Emma-Laden« heißt, aber in unseren Städten schon fast ausgestorben ist (solch ein Laden heißt in Italien *negozio*).

Über Mittag macht fast jeder kleinere Laden zu, meist zwischen 13 und 16:30 Uhr; am Abend bedient man Kunden normalerweise noch bis 20 Uhr. Es gibt keine einheitlichen Ladenöffnungszeiten.

Das **Getränkeangebot** ist groß. Der Deutsche freut sich vor allem darüber, dass er aus Flaschen sogar 0,65 l Bier in seine durstige Kehle schütten darf. In den italienischen Bars – nicht in den Restaurants – gibt es häufig auch Fassbier. Sprudel und stilles Mineralwasser haben gemeinsam, dass auf beiden zumeist *Aqua minerale naturale* steht, auf der Sprudelflasche muss zusätzlich noch *addizionata di anitride carbonica* oder *frizzante* aufgedruckt sein. Wenn man nach Sprudel fragt, muss man *Aqua minerale con gas* verlangen. Fruchtsäfte werden relativ teuer verkauft. Dem *Wein* gönnen wir weiter hinten ein eigenes Stichwort.

Literatur

Ligurien ist auf dem Reiseführermarkt schon lange gut vertreten, weil es am Meer liegt. Zwei schöne Bücher gehören ins Gepäck: ***Ligurien*** von **Sabine Becht** und **Sven Talaron**, aus dem **Michael Müller Verlag**, ausführlich und großartig recherchiert, sowie die »Bibel« für das Gebiet östlich von Genua, ***Cinque Terre – Ligurische Küste*** von **Christoph Hennig**, aus gutem Grund bereits in der 25. Auflage – und wirklich in jedem deutschen Rucksack zwischen Levanto und Portovenere.

Notfälle

Ärzte

Wir empfehlen dringend eine sehr preisgünstige **Auslandskrankenversicherung** (bis zu 45 Tagen). Sie sollte für jeden Wohnmobilreisenden eine Selbstverständlichkeit sein. Wer sich dazu nicht entschließen kann, benötigt für Italien und die Transitländer die **europäische Krankenversichertenkarte** (EHIC). Das Dokument kann direkt bei Ärzten und Kliniken vorgelegt werden. Wer in Deutschland gesetzlich versichert ist, muss die Karte nicht beantragen, sie ist automatisch auf der Rückseite der Versichertenkarte aufgedruckt. Gewährt werden bei der Vorlage alle notwendigen Leistungen – allerdings zu den Bedingungen, die vor Ort gültig sind. Wer die EHIC nicht vorweisen kann, wird zu entsprechenden Tarifen als Privatpatient behandelt und muss in Vorleistung treten. Gegen Rechnungsvorlage wird in der Heimat möglicherweise ein Teil wiedererstattet. Das gilt auch für zahnärztliche Behandlungen, bei denen Ihnen die EHIC nicht hilft.

Sestri Levante (Tour 7)

Adressen deutschsprachiger **Ärzte** erhält man bei den Konsulaten oder vom ADAC, München (Tel. 0049 89 22 22 22), aber auch bei den örtlichen Touristenbüros oder beim Campingplatzverwalter.
Im schlimmsten aller schlimmen Fälle: Wenn Sie einen Auslandsschutzbrief haben, werden Sie, Ihre Familie und das WOMO kostenlos nach Hause transportiert; ADAC siehe eben.

Apotheken

Die Öffnungszeiten: 9 – 13 und 16 – 20 Uhr; die Anschrift der Nachtapotheke kann man an jeder anderen Apotheke erfahren, zumeist unter der Überschrift *turno*.

Botschaften

Deutsche Botschaft in Rom, Tel. +39 06 492131, Notruf in dringenden Fällen +39 335 7904170; https://italien.diplo.de/itde/vertretungen/botschaft.
Österreichische Botschaft in Rom, Tel. +39 06 841 8212; Notruf in dringenden Fällen +39 335 7089749;
www.bmeia.gv.at/oeb rom/.
Schweizerische Botschaft in Rom, Tel. +39 06 809 571;
www.eda.admin.ch/countries/italy/de/home/vertretungen/botschaft.html.

Notruf

Polizeinotruf und Rettungsdienst: 113, Feuerwehr: 115, Carabinieri: 112 (funktioniert alles auch per Handy).

Pannendienst

Automobil Club Italiano - ACI: 116
Notrufdienst des ADAC: Tel. +49 89 22 22 22
ÖAMTC-Notrufzentrale Wien: +43 1 38 31 111.
Weitere Infos erhalten Sie unter dem Stichwort *Unfall*.

Preise

Fast nichts ist teurer als Campingplätze. Billig sind Speiseeis, Pizza, Café und Mineralwasser im Restaurant. Der Rest kostet ähnlich viel wie in Deutschland. Restaurants in Italien sind, solange man nicht Pizza bestellt, unter dem Strich teurer als in Deutschland. Eintrittspreise reißen ebenfalls große Löcher in die Urlaubskasse.

Radfahren

Ich habe mich schon frühzeitig entschlossen, in meinen Reiseführern Aktivurlaubern bevorzugt Wanderstrecken anzubieten, da jeder gesunde Wohnmobilreisende zu Fuß unterwegs sein kann, aber nicht unbedingt Fahrräder dabeihat. Außerdem kann ich nicht sowohl Wandervorschläge als auch Radtouren seriös recherchieren.

Das gilt umso mehr, als es unter den Radfahrern inzwischen unterschiedliche Gruppierungen gibt: die Rennradfahrer, die E-Biker und den Rest, der immer kleiner wird. Diese Gruppierungen fahren auf unterschiedlichen Strecken, und sie erfordern auch unterschiedliche Wohnmobile, weil man die E-Bikes nicht mehr ohne Weiteres auf allen Heckgepäckträgern transportieren kann.

Wer seinen Urlaub hauptsächlich auf einem Campingplatz verbringt, der abseits einer Ortschaft liegt, wer sein WOMO dort wohnwagenmäßig installiert, kann auf einen Drahtesel nicht verzichten. Wer das Fahrrad hingegen mitnimmt, um damit unser Reisegebiet zu durchstreifen, wird möglicherweise etwas enttäuscht. Denn die Bedingungen sind keineswegs ideal: Es gibt in Italien kaum Radwege.

Von Ausnahmen abgesehen: In Sanremo (Tour 2) ist ein etwa 23 Kilometer langer Fahrradweg direkt am Meer auf der ehemaligen Eisenbahnstrecke angelegt. Auch zwischen Levanto (Tour 8) und Framura (Tour 7) wurde der Bahndamm auf etwa 6 Kilometer zur *Pista ciclabile* umgebaut (viele beleuchtete Tunnels). **Bahntrassen-Radwege** gibt es auch an anderen Stellen der Küste, sie werden ständig erweitert (siehe dazu www.achim-bartoschek.de/bahneur_i.htm#07, bzw. Stichwort *Bahntrassenradeln* bei *Google*).

Sollten Sie zu den Gestrigen gehören, die Wert auf ein möglichst kleines WOMO legen und den entbehrlichen Leerraum, den man Heckgarage nennt, lieber nicht durch die Gegend fahren, sondern nur bei Bedarf ein Rad auf einen Heckgepäckträger schnallen, benötigen Sie unbedingt eine rot-weiße **Warntafel** (*Panello* – gibts im Kfz-Zubehörhandel oder beim Campinghändler). Ohne dieses Teil riskieren Sie in Italien Strafen bis zu 200 Euro sogar dann, wenn Ihr Gepäckträger gar nicht benutzt wird und hochgeklappt ist, aber übersteht.

Reisezeit / Klima / Feiertage

Die Beschreibung der klimatischen Verhältnisse ist für unser Zielgebiet einfach, weil Ligurien in Nord-Süd-Ausdehnung überaus schmal ist und demgemäß zwischen den einzelnen Bereichen der Region keine großen klimatischen Unterschiede bestehen. Auch in den östlichen Bereichen sind Wetter und Klima ganz ähnlich wie im westlichen Teil. Wir hatten allerdings den Eindruck, dass bei unstabiler Wetterlage in der Nähe von Genua die Regenwahrscheinlichkeit größer war, ohne das wissenschaftlich abgesichert zu haben. Vielleicht lag das auch daran, dass wir während der letzten Reisen Regentage für Besuche in Genua genutzt haben. Das in der Meteorologie bekannte *Genuatief* hat damit wenig zu tun, es ist ein im Golf von Genua entstehendes Tiefdruckgebiet, das für ergiebige Regenfälle im zentralen und östlichen Mitteleuropa bis in Gebiete nördlich der Alpen, vor allem in Bayern und Österreich, verantwortlich ist.

Ligurien ist ein ideales Reisegebiet für die **klassische Frühjahrsreise über Ostern**. Die italienische Riviera wird gerade in dieser Reisezeit auf ganzer Länge gerühmt – wie ihre französische Schwester. Das liegt an dem bis fast an die Küste heranreichenden Gebirge, das kalte Nordwinde abhält. Nach unseren Erfahrungen ist in Ligurien das Wetter an Ostern meistens sogar besser und wärmer als in der Toskana. Da wir aber nicht gleichzeitig in beiden Bereichen urlauben, ist auch das eine sehr subjektive Aussage. Erwarten Sie bitte in den Monaten März und April keine Wettergarantie. Wir waren mehrfach über Ostern bis zu zwei Wochen am Stück in Ligurien und hatten nie ausschließlich gutes Wetter. Es waren jedoch immer warme, sonnige Tage dabei, und wir sind insgesamt nie nach Hause gekommen mit der Aussage: »Das Wetter war schlecht«. Es gibt keine Garantie, dass das Wetter an späten Ostertagen besser ist als an frühen. Ohne Heizung und mit der Erwartung, einen Osterurlaub überwiegend auf Klappstühlen zu verbringen, sollten Sie lieber nicht anreisen. Der Frühjahrsurlaub ist die ideale Zeit für Wanderungen, fast alle unsere diesbezüglichen Erfahrungen resultieren aus solchen Urlauben, die Aktivurlaube waren.

Über **Ostern** ist in Italien wirklich jeder, der ein Wohnmobil besitzt, auf Achse. Zu keiner anderen Zeit sind die Stellplätze derart bevölkert. Am Abend des Karfreitags geht es los, und wir kennen Plätze, auf denen wir

Laigueglia – (Tour 3) – Anfang September

am Ostersonntag und -montag (in Italien im Gegensatz zum Karfreitag ebenfalls ein Feiertag) über 100 Fahrzeuge sahen, während in den Sommermonaten dort nur wenige Reisemobile anzutreffen waren. Ostern ist die Zeit, in der Wohnmobilverbotsschilder völlig ignoriert und die Verstöße genauso wenig geahndet werden. In der Sie aber auch planen sollten und sich an den Gewässern sowie an sonstigen Topzielen spätestens am Nachmittag des Karfreitags einfinden müssen. Es ist ziemlich aussichtslos, beispielsweise am Ostersonntag an der ligurischen Küste einen freien Stellplatz zu suchen. Ersparen Sie sich diesen Frust und meiden Sie am Nachmittag des Ostermontags jede Art von Fernstraße, namentlich die Autobahn. Der **25. April** ist übrigens Nationalfeiertag, und wenn Ostern in dessen Nähe liegt, was allerdings nur selten vorkommt, ebbt der Andrang auch am Nachmittag des Ostermontags noch nicht ab.

Deutlich wärmer ist das Klima in der Zeit um **Pfingsten**. Dann sind die Strandbäder in Betrieb, man kann am Meer liegen und ohne Weiteres schon baden. Aber auch diese Zeit ist keineswegs regenfrei. Wir hatten mehrfach, wenn wir in ein und demselben Jahr an Ostern und an Pfingsten in Ligurien auf Tour waren, an Ostern regenärmeres Wetter als an Pfingsten. Falls Sie Glück haben, können Sie aber im **Mai/Juni** auch eine Woche ohne Regentropfen genießen. In dieser Zeit ist auch die touristische Nachfrage schwächer, aber während der Pfingstferien in Baden-Württemberg und Bayern war jedenfalls in der Zeit nach Corona vieles ausgebucht. Schwierig ist auch das **Wochenende um den 2. Juni**, der in Italien ein Feiertag ist.

Eine sehr schöne Periode ist die erste **Julihälfte**, in deren Genuss meist diejenigen kommen, denen die Kultusminister keine Pfingstferien bescheren. Die Einheimischen sind dann noch, wie auch über Pfingsten, meist zu Hause. Das soll sich jedoch nicht so anhören, als wünschten wir uns ein Italien ohne Italiener.

Ab Mitte Juli beginnt die wärmste, klimatisch stabilste, aber auch problematischste Zeit. Ich habe bei den Touren schon einige Warnungen ausgesprochen und bitte Sie nochmals, das nicht als Miesmacherei anzusehen. Sie können leider nicht damit rechnen, **zwischen Mitte Juli und dem 25. August** gerade auf Campingplätzen problemlos Einlass zu finden. Die Strände sind rappelvoll, besonders die immer weniger werdenden öffentlich zugänglichen Abschnitte. Es ist leider so, niemand kann es ändern, und Sie müssen sich darauf einrichten. Vermutlich werden Sie mit diesem Buch trotzdem einen schönen Urlaub verbringen, weil ich Ihnen alternative Nischen nenne.

Viele Italiener beenden ihre Sommerferien am **Wochenende nach dem 15. August**, dem sogenannten *Ferragosto* (Mariä Himmelfahrt und in Italien Feiertag). Wenn Sie mithilfe unserer Bücher nur den einzigen folgenden Tipp beherzigen, hat sich das Geld schon gelohnt: Meiden Sie an den beiden Wochenenden vor und nach dem 15.8. jedweden Verkehr auf italienischen Fernstraßen. Sie vergeuden sonst wertvolle Lebenszeit. Die Straßen, insbesondere die Autobahnen, sind dann noch voller als an Ostern, an den Mautstellen schwitzen Sie in langen Schlangen (das ist die Gelegenheit, Ihnen mal wieder die blauen Fahrspuren für die *VIAcard* in Erinnerung zu bringen, wo Sie Ihre Kreditkarte, nicht aber die EC-Karte, meist ohne Wartezeit in den Schlitz schieben).

Nach etwa dem 25. August wird es deutlich leerer. Allerdings bleiben die Badeorte am Meer bis Mitte September gerade von Italienern erstaunlich gut besucht, ohne überfüllt zu sein. Die italienischen Schulferien enden nämlich erst im September.

Erstaunlich voll wird es wieder **Anfang Oktober**. In den letzten Jahren hat sich über den deutschen Nationalfeiertag geradezu eine **kurze Superhochsaison** entwickelt, jedenfalls, wenn man Brückentage bilden konnte.

Unsere eigenen Erfahrungen enden im Herbst. Man hat uns aber berichtet, der Italiener mit Wohnmobil sei an **Weihnachten** noch reiselustiger als an Ostern. Sollten Sie also einmal in dieser Zeit den Sprung nach Ligurien wagen, müssen Sie ebenfalls rechtzeitig vor dem Beginn der Feiertage einen freien Platz ergattern. Häufig ist die Luft in dieser Zeit besonders klar. Die Einheimischen legen sich auch dann gerne in Kleidern – an den dann überall frei zugänglichen Strand.

Feiertage in Ligurien sind:

1. Januar Neujahr *(Anno Nuovo)* – gefeiert wird an Silvester *(Capodanno)*

6. Januar Heilige Drei Könige *(Befana)*

März / April Ostersonntag *(Pasqua)* sowie Ostermontag (*Pasquetta*)

25. April Befreiungstag *(Festa della Liberazione)*. Dieser Tag erinnert an den Sieg der Alliierten in Italien und an das Ende der deutschen Besatzung und Mussolinis

1. Mai Tag der Arbeit *(Festa del Lavoro)*

2. Juni Gründung der Italienischen Republik *(Festa della Republica)*

15. August	Mariä Himmelfahrt *(Ferragosto)*
1. November	Allerheiligen *(Ognissanti)*
8. Dezember	Tag der Unbefleckten Empfängnis *(Concezione Immaculata)*
25. Dezember	Erster Weihnachtstag *(Natale)*
26. Dezember	Zweiter Weihnachtstag *(Festa di Santo Stefano)*

Restaurants

Hauptsächlich im Hinterland, jedoch immer seltener, werden Ihnen in Ligurien noch traditionelle Menüs aufgetischt. Gereicht wird dann zu einem (meist günstigen) Pauschalpreis eine mehr oder weniger **feste Menüfolge**, die heutzutage in Touristengegenden kaum noch angeboten wird, weil die Fremden ständig und unerträglich umbestellt und am Ende noch den Preis benörgelt haben. Das ist sehr schade, weil sich diese Sequenzen typischer Gerichte, besonders von Vorspeisen, meist durch ein optimales Preis-/Leistungsverhältnis auszeichnen. Wenn Sie sich darauf nicht einlassen möchten (Sie müssen ja nicht alles essen), wechseln Sie lieber das *Ristorante*.

Osteria del Olio Grosso (Tour 2)

Normalerweise wird Ihnen gar kein Menü angeboten, und bei der Vorstellung an aus der Speisekarte gesondert auszuwählenden *Antipasti, Primi, Secondi e Dolci*, genau genommen bei der Addition der Preise dafür, wird Ihnen ganz schwach, weil Sie mal gehört haben, jeder italienische Kellner werde Sie schlecht behandeln, wenn nicht sogar des Lokals verweisen, falls Sie nicht das volle Programm abarbeiten – und bezahlen. Das ist falsch! In normalen wie auch in besseren oder teureren *Ristoranti* dürfen Sie bestellen, so viel, aber auch so wenig Sie wollen. Italiener pflegen das ebenso, und auch eine Gruppe von vier Italienerinnen beispielsweise hat überhaupt keine Skrupel, an einem eigens reservierten Tisch mit großen Worten und Gesten nur eine Vorspeise und ein Dessert zu bestellen.

La Caravella (Tour 1)

Sie bekommen, wenn Sie das wollen, auch zweimal Pasta nacheinander und müssen nur beherzigen, dass das Hauptgericht *(Secondo)* bisweilen immer noch nur aus einem Stück Fleisch oder Fisch besteht, wenn Sie keine *Contorni* (Gemüse, Kartoffeln oder Salat) dazu ordern.

Das Essen im Lokal ist in Ligurien trotzdem eher teurer als in Deutschland oder Österreich, ganz gleich, ob sich das Etablissement *Ristorante, Locanda* oder *Trattoria* nennt. Preiswert, und zwar auf ähnlichem Niveau wie in Deutschland sind nur Pizzerien. Eine **Pizza** schmeckt in Italien inzwischen wie in Deutschland (ich glaube, so rum ist es richtig). Sie wird Ihnen, wenn Sie das möchten, in einem Karton mit auf den Weg gegeben – wie in Deutschland und in allen Touristengegenden sowie auf fast allen Campingplätzen (oder in deren Nähe) kann man sich mit Pizza und offenem Rotwein sogar einigermaßen bezahlbar ernähren. Lange macht das aber keinen Spaß.

Ligurien ist das Land des ***Pesto***, einer grünen Basilikumsoße zu Spaghetti und Nudeln, die sich vom Produkt aus dem *Barilla*-Glas durch eine frische, leuchtende Farbe unterscheidet, aber oftmals nicht so sehr auf den mitteleuropäischen Geschmack zugeschnitten ist, der im Laufe der letzten Jahrzehnte zunehmend salziges Essen bevorzugt.

Wein ist in italienischen Gaststätten erstaunlich preiswert. Selbst gute Flaschen kosten kaum mehr als im Geschäft oder beim Erzeuger.

Wenn Sie sofort, nachdem Sie Platz genommen haben, vom Kellner nach Ihrem **Wasserwunsch** gefragt werden, ist das keine Geschäftemacherei, sondern italienische Höflichkeit, zumal das Mineralwasser in italienischen Gaststätten fast nichts kostet.

Pane e coperto, also der Grundpreis dafür, dass Sie zu Tisch sitzen dürfen, ist immer noch üblich, wenngleich nicht mehr flächendeckend.

Ich bin nicht mehr sicher, ob und in welcher Höhe in Italien **Trinkgeld** zur Selbstverständlichkeit gehört. Und fragen Sie mich nicht, wie man das Trinkgeld übergibt, wenn die Rechnung, wie es in mindestens der Hälfte der Lokale üblich geworden ist, nicht am Tisch, sondern an der Kasse bezahlt wird. Ich übergebe das Trinkgeld dort, nachdem mir aufgefallen ist, dass Italiener am Tisch kein Geld liegen lassen (vielleicht gewähren sie auch keins). Mein Lieblingsitaliener hier in Schwetzingen hat mir gesagt, man stecke dem Kellner das Geld zu, weil es sonst der Chef an der *Cassa* für sich einsackt.

Es gibt auch keine Gesetzmäßigkeit, ob in *Ristoranti* überhaupt noch die Rechnung an den Tisch gebracht wird – außer derjenigen, dass dies umso naheliegender ist, je edler der Laden daherkommt. Am besten beobachten Sie, wie Italiener bezahlen.

Bitte beachten Sie, dass sich die von uns bei den einzelnen Touren angegebenen Öffnungszeiten von Jahr zu Jahr verändern. Deshalb empfiehlt sich ein vorheriger Anruf.

Gerne folgen wir den Tipps der App ***Osterie d'Italia***, die aber leider längst nicht flächendeckend sind. Sie können sich die App kostenlos runterladen. Kostenpflichtig sind die Daten für die jeweilige Region *(ganz Italien 6,99 Euro für iPhone und Android erhältlich).*

In den bekannten Restaurants sollte man sich so frühzeitig wie möglich anmelden, insbesondere für das Wochenende. Andererseits reicht es nach unseren Erfahrungen, wenn man sich um die Mittagszeit (nachmittags nimmt oft niemand das Telefon ab) für denselben Abend noch einen Platz vormerken lässt. Die notwendige Redewendung hierfür: »*Vorrei ordinare un tavolo per questa sera*« (»*Ich möchte für heute Abend einen Tisch reservieren*«).

Sehenswürdigkeiten / Öffnungszeiten / Schönste Dörfer

Montags sind außer den Kirchen viele Sehenswürdigkeiten geschlossen! Auch an anderen Tagen scheitern Besichtigungen häufig an **Öffnungszeiten**, die für Mitteleuropäer ungewohnt sind. Sie müssen nämlich grundsätzlich davon ausgehen, dass über Mittag, also zwischen 13 und 15 Uhr, vieles dicht ist, wobei wir auch die Kirchen mit einbeziehen. Es gibt zwar Gotteshäuser und Museen, die den ganzen Tag über offen sind, gerade bei den Kirchen ist das aber die Ausnahme. Unangenehm ist, dass es keine Gesetzmäßigkeit

oder Verlässlichkeit gibt. Soweit wir bei den Reisebeschreibungen Öffnungszeiten angegeben haben, sind diese also mit Vorsicht zu genießen!! An den Pforten der Museen knöpft man Ihnen hohe **Eintrittsgebühren** ab, kleinere Schulkinder lässt man oftmals umsonst hinein. Dabei ist man bezüglich des Alters der Kinder großzügig. Kirchen sind überwiegend eintrittsfrei.

Zu meinen beliebtesten Zielen gehören die Dörfer, die als Mitglied der Vereinigung ***I borghi più belli d'Italia*** *(Die schönsten Ortskerne Italiens)* aufgenommen worden sind – Näheres dazu bei Tour 3. Ich zähle die bei den Touren beschriebenen Orte hier nochmals auf (Reihenfolge nach Touren; vier Orte werden von uns nicht besucht):

Apricale (Tour 1)
Perinaldo (Tour 1)
Triora (Tour 1)
Lingueglietta (Tour 2)
Taggia (Tour 2)
Cervo (Tour 3)
Diano Castello (Tour 3)
Laigueglia (Tour 3)
Castelvecchio (Tour 4)
Finalborgo (Tour 4)
Noli (Tour 4)
Verezzi (Tour 4)
Zuccarello (Tour 4)
Brugnato (Tour 7)
Deiva Marina (Tour 7)
Framura (Tour 7)
Moneglia (Tour 7)
Varese Ligure (Tour 7)
Vernazza (Tour 8)
Montemarcello (Tour 9)
Tellaro (Tour 9).

Genova - in der Via Garibaldi, eine der Strade Nuove (Tour 5)

Wenn ich mich mit Listen beschäftige, sollen hier auch die Bauwerke und Landschaften unseres Reisegebietes zusammengefasst werden, die auf der **UNESCO-Liste des Welterbes** stehen, welche sich zusammen setzt aus Stätten des Weltkulturerbes, des Weltnaturerbes und des Erbes der immateriellen Kulturgüter:

Kulturlandschaft Portovenere und Cinque Terre (Touren 6 und 8)
Le Strade Nuove und Palazzi dei Rolli in Genua (Tour 5).

Ventimiglia (Tour 1)

Telefonieren

Die **Ländervorwahlziffer** nach Italien ist stets die 0039, danach **muss die 0 der Ortsvorwahl mitgewählt** werden. Von Italien sind die Ländervorwahlziffern (ohne 0 der Ortsvorwahl):

von Italien nach Deutschland 0049
von Italien in die Schweiz 0041
von Italien nach Österreich 0043

In Italien wird (außer bei Notruf) immer die Ortsvorwahl einschließlich der 0 mitgewählt – auch aus demselben Ortsnetz – wie aus dem Ausland! Aber bei Anrufen auf ein italienisches **Handy** *(cellulare)* ist das anders: Dort wird keine 0 gewählt. Eine italienische Handynummer beginnt immer mit einer 3. Bitte beachten Sie das bei den in diesem Buch angegebenen Telefonnummern.

Toiletten / Entsorgungsstationen / Wasser

Viele Leser denken bei dem Stichwort Toilette nur an die legalen Entleerungsmöglichkeiten für das Chemieklo. Eine saubere **öffentliche Toilette** entlastet aber auch das eigene Klo und spart Chemie; darauf kann man gar nicht oft genug hinweisen. Wenn wir bei den Stellplatzempfehlungen Toiletten nennen, geschieht das nicht, um Ihnen einen Fingerzeig zur Entleerung Ihrer bordeigenen Chemietoilette zu geben, sondern das dient den Lesern, die ohne Toilette unterwegs sind oder ein Örtchen nur außerhalb der fahrbaren vier Wände aufsuchen (die Anzahl derer ist größer als man denkt). Die Chemietoilette sollten Sie dort möglichst nicht entleeren, weil das so gut wie nie ohne Spritzer abgeht und weil es dazu ausreichend Alternativen an den zahlreichen **Entsorgungsstationen** gibt. Sie finden diese auf unseren Touren und den Tourenkarten flächendeckend, wenn auch längst nicht immer kostenlos. Seien Sie sparsam im Umgang mit Chemie.

Ständig beobachte ich Kollegen, die einen an der Station angebrachten Schlauch oder Wasserhahn in den **Ausguss ihres Toilettentanks** (!!!!) halten. Machen Sie das auch? Weil ich das befürchte, meide ich viele Wasserstellen an solchen Stationen und desinfiziere im Zweifel den Hahn. Ich benutze so gut wie nie einen fremden Schlauch!

Wir haben noch in keinem anderen Reisegebiet so viele öffentliche Wasserzapfstellen gesehen. Wir verfügen allerdings über einen etwa 8 m langen Wasserschlauch und setzen Ähnliches auch bei Ihnen voraus. Wenn Sie nämlich nur ein kurzes Schläuchlein mit einem einzigen Anschlussstück mitführen, wird es gelegentlich Probleme geben. Wir besitzen außerdem verschiedene, etwa 40 cm lange Schlauchenden (es gibt in den Baumärkten bei uns durchsichtige PVC-Schläuche, bei denen der jeweils kleinere genau in den nächstgrößeren hineingesteckt werden kann), mit deren Hilfe man seinen Schlauch jeder Dicke eines Wasserhahns, der vorne kein Gewinde hat, anpassen kann. Notfalls kann man den

Schlauch auch in den Wasserhahn hineinstecken. Außerdem gibt es im WOMO-Handel (zumeist mit einem Duschkopf) einen kurzen Schlauch mit einem dehnbaren Gummianschluss, den man über die meisten Wasserhähne schieben kann. Befestigen Sie dieses Gummiteil an Ihrem Füllschlauch! Wir halten es allerdings für völlig unangebracht, den Schlauch in einem Friedhof anzuschließen – oder generell fremdes Wasser im Übermaß kostenlos und ungefragt zu bunkern.

Wir hantieren seit Jahren mit einer Zehnlitergießkanne, es gibt nichts Praktischeres, wenn man diese sauber hält und unterwegs Platz für sie hat. Alternativ empfehle ich einen faltbaren Wasserkanister, bei dem das Umfüllen in den eigenen Tankstutzen allerdings schwieriger ist.

An den öffentlichen Zapfstellen bekommen Sie durchweg Trinkwasser, dessen Qualität von uns natürlich nicht analysiert werden kann, dafür entkeimen wir ziemlich regelmäßig mit *Micropur*, einem geruchs- und geschmacklosen Mittelchen auf der Basis von Silberionen, frei von Chlor und Jod, das auch der Veralgung Ihrer WOMO-Wasserleitungen vorbeugen soll.

Unfall

Über unseren eigenen Unfall berichte ich in der Neuauflage des Toskanaführers (WOMO-Reiseführer Band 8), da bei Redaktionsschluss vorliegenden Buches die Schadenregulierung gerade erst angelaufen war.

Schadenshöhe: 15.000 Euro

Wenn das Schicksal Sie ereilt, sollten Sie als Erstes daran denken, dass Sie auf sich selbst gestellt sind. So Sie einen Unfallgegner haben, fotografieren Sie sofort dessen Kennzeichen und notieren Sie unbedingt seine Versicherungsgesellschaft sowie die Versicherungsnummer. Machen Sie möglichst eine Vielzahl von Fotos von Kennzeichen und den Unfallendständen, den Verkehrszeichen, Spuren und der Gesamtsituation. Die Polizei kommt nur bei schweren Sachschäden oder wenn Personen verletzt wurden. Falls der Unfallgegner keine Polizei möchte und Sie eindeutig schuld sind (die Verkehrsregeln sind im Wesentlichen die gleichen wie bei uns), falls niemand schwer verletzt worden ist, können Sie auch mit Ihrem Kontrahenten Formalitäten austauschen, ohne die Polizei zu rufen. Dann ersparen Sie sich nämlich mit hoher Wahrscheinlichkeit ein nicht geringes Bußgeld oder gar eine Kautionszahlung. Ihr **Haftpflichtversicherer** wird den Schaden auch regulieren, wenn Sie ohne Zuhilfenahme der Polizei über den Unfall wahrheitsgemäß berichten. Nur unverzüglich, das heißt so schnell Sie können, also spätestens am nächsten Tag, sollten Sie die Haftpflichtversicherung telefonisch informieren und Weisungen zu weiteren Verhaltensmaßnahmen entgegennehmen. Einzelheiten können Sie meistens in der Heimat nach Rückkehr aus dem Urlaub nachreichen. Unterschreiben Sie nichts, was Sie nicht verstehen und lassen Sie sich nicht von gegnerischen Mitfahrern oder von Passanten beeinflussen.

Seit einiger Zeit hat der EU-Gesetzgeber die **Regulierung von Unfallschäden** deutlich leichter gemacht: Wenn sich der Unfall in einem EU-Staat ereignet hat oder wenn der Unfallgegner aus der EU stammt, kann der Schaden von zu Hause aus in deutscher Sprache reguliert werden. Beim Zentralruf der Autoversicherer erfahren Sie in Deutschland (unsere Leser aus Österreich und der Schweiz bitten wir um Nachsicht, dass wir die Einzelheiten nicht recherchieren konnten) unter 0800-2502600 (Anrufer aus dem Ausland erreichen den Zentralruf unter +49 40 300 330 300), falls Sie das Kfz-Kennzeichen und möglichst auch die Versicherung des Unfallverursachers angegeben haben, einen Regulierungsbeauftragten, meist ein anderes Versicherungsunternehmen. Wenn Sie die Versicherung nicht kennen, ermittelt der Zentralruf zunächst auch diese und den sogenannten Schadensrepräsentanten. Dort melden Sie Ihre Ansprüche an. Es gilt aber das Schadensrecht des Unfallortes (also die dortigen Verkehrsregeln und auch die dortige Gesetzgebung über Schadensersatz, Schmerzensgeld, Rentenansprüche etc.). Wenn Sie in Deutschland mit Ihrer Kaskoversicherung einen sogenannten **Auslandsschadensschutz** abgeschlossen haben, bekommen Sie dort die Ansprüche ersetzt, die Ihnen nach deutschem Recht zustehen würden. Informationen finden Sie unter www.adac.de/Auslandsunfall. Inzwischen können deutsche Bürger Schadensersatzansprüche aus einem in Italien von einem Italiener verursachten Verkehrsunfall auch in Deutschland vor deutschen Gerichten, aber nach italienischem Recht, einklagen. Das ist wesentlich besser als früher, aber immer noch so kompliziert, dass ich Ihnen weiterhin eine **Rechtsschutzversicherung** dringend empfehle. Dass Sie für Ihr Wohnmobil eine Vollkaskoversicherung abschließen sollten, muss ich nicht gesondert erwähnen.

Sie haben ein Wohnmobil **gemietet**? Fragen Sie Ihren Vermieter *vor* Abschluss des Mietvertrages, ob das Fahrzeug auch vollkaskoversichert ist. Fragen Sie Ihren Vermieter nach der Rechtsschutzversicherung. Falls er keine unterhält, Sie sich aber selbst rechtsschutzversichert haben, beispielsweise für Ihr normales Auto, genießen Sie Rechtsschutzversicherungsschutz auch als Fahrer eines fremden Autos, sofern Ihre eigenen Rechte betroffen sind. Dieses gilt für den gesamten strafrechtlichen Bereich, also für Geldstrafen, Freiheitsstrafen und auch für die Durchsetzung Ihrer eigenen Schadensersatzansprüche, wenn Sie einen Körperschaden erlitten haben. Achten Sie darauf, dass Ihre Familienmitglieder in dieser Rechtsschutzversicherung mitversichert sind. Wir können Sie, um dieses unheilvolle Kapitel zu beschließen, nicht eindringlich genug bitten, alle diese Dinge nicht auf die leichte Schulter zu nehmen.

Schließen Sie nach einem Unfall sofort das **Gasflaschenventil**. Weitere Tipps geben wir Ihnen oben unter dem Stichwort *Notfälle* und zur **Schlauchbruchsicherung** an der Gasflasche unter *Gas*.

Zuletzt verweisen wir auf das Stichwort *Notfälle*. Sowie darauf, dass unsere versicherungsrechtlichen Ratschläge nur für Deutschland überprüft sind.

Verkehr / Straßen / Umweltzonen / Tankstellen

Dem miserablen **Zustand** vieler Straßen sieht man die schlechte Lage der italienischen Staatsfinanzen zunehmend an. Es besteht eindeutig ein Nord-Süd-Gefälle. Selbst Schnellstraßen weisen teilweise tiefe Schlaglöcher und brutale Spurrinnen auf und verrotten von Jahr zu Jahr mehr. Zuletzt waren nur noch die Autobahnen einigermaßen schadensfrei. Der Italienurlaub gerät durch den Zustand der Straßen allerdings nicht in Gefahr. Landeinwärts werden manche **Straßen sehr schmal**. Aber alle von mir erwähnten Strecken können nach meiner Beurteilung von Wohnmobilen normaler Größe befahren werden. Dazu zähle ich Fahrzeuge mit einer Breite bis 2,30 Meter, mit 3 Meter Höhe und 7 bis 8 Meter Länge (wahrscheinlich kommen Sie auch noch mit 2,35 Meter Breite zurecht, was ich aber nicht beurteilen kann, da ich früher selbst nur mit einem 2,30 Meter breiten WOMO unterwegs war – alle Breitenmaße in diesem Buch sind ohne Spiegel gemeint). Wer ein größeres Wohnmobil besitzt, kann vermutlich selbst am besten einschätzen, wo er durchfahren kann.

Die Straßen im Hinterland sind bisweilen nicht so breit, dass an allen Stellen zwei Fahrzeuge im Begegnungsverkehr aneinander vorbei passen, nicht einmal zwei Kastenwagen. Das klingt schlimmer, als es ist, wenn Sie vor unübersichtlichen Kurven hupen – das macht jeder italienische Busfahrer auch – und entsprechend langsam fahren. Und wenn Sie nicht die Nerven verlieren, falls Ihnen ein ähnlich breites Fahrzeug auf einer zu engen Straße entgegenkommt. Der Verkehr auf diesen Straßen ist nach meinen Erfahrungen auch an Wochenenden schwach. Solche Begegnungen kom-

men selten vor und lassen sich erstaunlich einfach schadensfrei lösen. Meist ist der Entgegenkommende ein Einheimischer, der sein Fahrzeug durch langjährige Übung und dadurch gewonnene Sicherheit rückwärts zur nächsten Ausweichstelle lenkt. Rangieren Sie selbst in solchen Situationen mit äußerster Vorsicht und mithilfe des Beifahrers, achten Sie auf Hindernisse über dem Auto und auf ein ausschwenkendes Heck. Lassen Sie, wo das möglich ist, die Einheimischen die Hauptrangierarbeit leisten, bleiben Sie im Zweifel erst mal stehen.

Meiden Sie die schmalen Straßen, wenn Sie sich unsicher fühlen. Falls Sie sich zu den routinierten Fahrern zählen, dürfen Sie sich nach meinen Erfahrungen – wir waren früher ausschließlich mit einem 2,30 Meter breiten WOMO unterwegs – die schmalen Straßen zutrauen. Ich weise bei den Tourenbeschreibungen darauf hin, wenn Straßen schmal sind.

Auf zahlreichen Straßen muss man bis ins Frühjahr (beispielsweise vom 15.11. bis zum 15.4.) **Schneeketten** mitführen oder auf Winterreifen rollen – nicht jeder tut das (wir jedenfalls nicht). Absurderweise war beispielsweise Ende März auf der Adriaautobahn auf jeder riesigen Leuchttafel über der Fahrbahn jene Schneekettenpflicht angezeigt – bei strahlender Sonne, 20 Grad und einem ortsfesten Hoch. Die sich in diesem Zusammenhang aufdrängende Diskussion über Rechtstreue und Rechtsempfinden der Bevölkerung angesichts solcher Vorschriften führen wir hier allerdings nicht.

Das gilt auch für den **Reservekanister**. Der ist nämlich verboten. Aber Sie wären vermutlich der erste Leser, der kurz vor der Grenze die 5 l in den Fahrzeugtank umfüllt (wir besitzen übrigens keinen Kanister, sondern tanken rechtzeitig, was mit Kreditkarte rund um die Uhr möglich ist).

Ein Bußgeld riskieren Sie, wenn Sie keine **Warntafel** an Ihrem überstehenden Heckgepäckträger angebracht haben, selbst wenn dieser hochgeklappt ist. Der sogenannte *Panello* muss aus Alu sein, die früher gebräuchliche Plastiktafel ist bei Einheimischen noch häufig im Einsatz, sie wurde aber schon vor Jahren verboten. Und es hört sich nicht an wie ein Gerücht, wenn gemunkelt wird, die Warntafelindustrie habe Dankesschreiben an die Bürokratie geschickt.

Die Empfänger solcher Post sind dieselben, denen die Warnwestenindustrie die Füße küsst, muss doch in Italien und Österreich, wie längst auch in Deutschland und der Schweiz, jeder, der pannen- oder unfallbedingt sein Auto verlässt, eine **Warnweste** tragen, also auch die Beifahrer. Sie müssen diese also griffbereit aufbewahren.

Die Glühlampenindustrie wird sich über verstärkten Birnenverbrauch freuen und ebenfalls Danke sagen: Seit dem Jahr 2003 ist in Italien außerorts auch tagsüber auf allen Straßen **Abblendlicht** oder **Tagfahrlicht** vorgeschrieben (was auf Landstraßen nur etwa jeder Dritte befolgt). Österreich hat die Lichtpflicht wieder abgeschafft, dafür wurde sie in der Schweiz eingeführt.

Die Strafen sind saftig: 200 Euro, wenn der *Panello* fehlt. 1.000 Euro und der Führerschein sind nach einer Geschwindigkeitsüberschreitung von mehr als 40 km/h in den Händen der Polizei. Für Geschwindigkeitsüberschreitung unter 40 km/h können zwischen 100 und 400 Euro fällig werden. Selbst wer nur bis zu 10 km/h zu schnell ist, zahlt zwischen 25 und 100 Euro. Kurvenschneiden oder das Befahren des Seitenstreifens der Autobahn bringen ebenfalls den Führerschein in Gefahr.

Dafür werden **stationäre Blitzer** durch Verkehrsschilder deutlich angezeigt. Man zahlt also für seine Unaufmerksamkeit.

Wenn die Parkplatzmarkierungen aus **blauen Linien** bestehen, ist der Parkscheinautomat nicht weit, das Parken kostet nämlich Geld. Gerade auf kommunalen Stellplätzen kommt immer mehr blaue Farbe zum Einsatz. **Gelbe Linien** bedeuten Parkverbot.

Zebrastreifen sind für deutsche Fußgänger gefährlich, weil italienische Autos nicht anhalten – und für deutsche Autos, wenn sie anhalten. Damit rechnet kein italienischer Hintermann. Beides hat sich allerdings in den letzten Jahren gebessert.

Auf den Autobahnen ist an den **Mautstellen** größte Vorsicht geboten. Wer sich auf der falschen Spur eingeordnet hat, weil er zum Beispiel die **gelbe** Spur für den *Telepass* mit der **blauen** Spur für die *VIAcard* verwechselt hat und dann rückwärtsfährt, muss sich einen Ersatzfahrer suchen, falls die Polizei zuschaut. Die zieht nämlich dann den Führerschein ein, weil man auf der Autobahn bekanntlich nicht rückwärtsfahren darf. Wenn Sie also in die falsche Spur gelangt sind, bleiben Sie stur stehen und warten Sie, bis Ihnen das Personal zu Hilfe kommt. Nehmen Sie dennoch auf **italienischen Autobahnen** die mit ***VIAcard*** (oder *CARTE*) gekennzeichnete **blaue Spur** und stecken Sie Ihre Kreditkarte (*Visa* und *Eurocard* funktionieren, aber nicht die sogenannte *ec-Karte = girocard*) in den Schlitz, und ziehen Sie die Karte erst raus, wenn ein grünes Licht leuchtet! Viele italienischen Wohnmobilisten und deutsche Vielfahrer besitzen einen *Telepass*, ein kleines elektronisches Gerät, das man hinter die Windschutzscheibe legt. Die Maut wird dann vom Konto eingezogen (www.tolltickets.com/country/italy/telepass.aspx)

Ab **1,5 Promille Blutalkohol** wlrd Ihr WOMO vom Itallenlschen Staat oingozogon und vorotoigort. Sio bokommon vom Erloc abor koinon Cont ab!

Zur Schonung Ihrer Urlaubskasse nachfolgend eine Tabelle über die erlaubten Höchstgeschwindigkeiten (km/h) für Fahrzeuge bis 3,5 t zulässiges Gesamtgewicht. Fahranfänger dürfen in Italien in den ersten drei Jahren auf Autobahnen nur 100 km/h fahren; WOMOs über 3,5 t müssen außerorts, auf Schnellstraßen bei 80 km/h und auf Autobahnen bei 100 km/h vom Gas gehen:

	Autobahn	**Landstraße**	**Ortschaft**
Schweiz	120	80	50
Österreich	130	100	50
Italien	130	90	50

Eine **grüne Versicherungskarte** ist für Italien wie auch für die Transitländer nicht erforderlich, sie wird aber allgemein empfohlen. Wir empfehlen Ihnen ferner dringend eine **Vollkaskoversicherung** und einen **Schutzbrief**, beides halten wir genauso wie die **Rechts-**

schutzversicherung für eine Selbstverständlichkeit wie auch die Auslandskrankenversicherung.

Bei Drucklegung gab es im Zielgebiet zwar verschiedene **Umweltzonen** oder **Fahrverbotszonen**, aber keine hat uns erwähnenswert beeinträchtigt. Eine Fahrverbotszone heißt *,zona traffico limitato'* oder *,ZTL'*. Solche Zonen werden automatisch kameraüberwacht, die Kennzeichen werden fotografiert. Die Strafe für verbotenes Einfahren beginnt bei 85 Euro.

Bei den **Umweltzonen** werden Dieselfahrzeuge als Euro 0 bezeichnet, die unterhalb der Schadstoffklasse Euro 1 liegen. Auf den Einfahrtverbotsschildern stehen häufig nicht einfach die Euro-Klassen, sondern (allein oder zusätzlich) die Kürzel der EU-Verordnungen, die die Euro Klassen definieren. Demnach fallen beispielsweise Fahrzeuge in die Klasse Euro 1, wenn in der Zulassungsbescheinigung die Kürzel 91/441, 91/542 oder 93/59 erscheinen usw. Mit anderen Worten: Sie müssen die Eintragung in der Zulassungsbescheinigung (ich weiß nicht, wie dieses Papier in Österreich und in der Schweiz heißt – ein Leser könnte das mal übersetzen) mit dem Verkehrsschild vergleichen.

Das **Tankstellennetz** ist in Italien dicht. Man tankt fast nur noch an **Selbstbedienungssäulen** und bezahlt mit Scheinen oder der Kreditkarte. Manchmal klappt der Vorgang nicht auf Anhieb, meistens hat man dann den Zapfhahn zu früh an der Säule abgehängt, bevor der Automat die Säule freigegeben hat. Aber unsere Visa-Karte hat seit Jahren ausnahmslos funktioniert.

Wanderungen

Ligurien, namentlich die Cinque Terre und der Golf von La Spezia, werden von vielen gerade wegen der hervorragenden Wanderreviere besucht. Die Wege zwischen den fünf Dörfern gehören zu den renommiertesten Wanderstrecken Europas. Sie können unter mehreren Wanderführern wählen.

Bei Tellaro - Tour 9

Wir lieben die Anleitungen aus dem **Bergverlag Rother** (Rother Wanderführer): ***Italienische Riviera, Ligurien West*** (Sanremo – Genua) und ***Cinque Terre, Ligurien Ost*** – beide von Martin Locher (Letzterer mit wertvollem Busfahrplan, weil sich die Gegend nicht unbedingt für Rundwanderwege eignet und nicht überall der Zug fährt). Die Bücher sind aus unserem Wanderleben nicht wegzudenken und haben mich auch bei einigen meiner Vorschläge geleitet. Perfekt sind die sogenannten ***Guides***. Das sind Apps, mit denen alle Touren eines Buches digital – und zwar offline – zur Verfügung stehen, also nach der Karte perfekt nachgewandert werden können. Bei Redaktionsschluss für unseren Reiseführer gab es diese App nur für das Buch über den Ostteil für 9,99 Euro (sie müssen dann nicht das Buch zusätzlich kaufen – siehe auch weiter unten bei den Apps).

Im Verlag **Michael Müller** haben Sabine Becht, Florian Fritz und Sven Talaron unter dem Titel *Ligurien* 35 sauber recherchierte Touren zusammengestellt.

Schließlich ist auch die »Bibel« von C. Hennig aus dem **Oase-Verlag** (siehe bei *Literatur*) ein vollwertiger Wanderführer für die Cinque Terre und den Bereich zwischen Genua und Portovenere.

Unter den Wanderkarten sind die **Kompass-Wanderkarten** im Maßstab 1:50.000 am weitesten verbreitet, die Sie in Italien und von zu Hause aus zur ligurischen Küste erwerben können, die aber teilweise etwas unübersichtlich und auch nicht ohne Fehler sind. Vertrieben werden die Karten Nr. 640 (Nizza – Monaco – Sanremo), 641 (Alassio – Imperia), 642 (Costa Ligure) und 644 (Cinque Terre).

Bei Tavole (Tour 2)

Die beste Lösung ist das **Gold-Abo** von **Rother**, bei dem Sie für 29,99 € pro Jahr alle *Guides* laden können und zahlreiche Wanderungen dazu bekommen sowie gute Karten mit den meisten markierten Wanderwegen. Denn früher oder später werden Sie sich mit einer **Karten-App** auf dem Smartphone anfreunden. Dabei sollte man in das Kartenprogramm eine Karte laden können, auf der Wanderwege eingezeichnet sind. Dann sieht man nämlich auf dem Smartphone stets, ob man noch auf dem richtigen Weg ist. Digitale Karten ohne eingezeichnete Wanderwege sind daher nach unseren Erfahrungen weniger sinnvoll. Wir haben sehr gute Erfahrungen mit der ***ape@map*** gemacht, die nur in der Pro-Version sinnvoll ist, weil man damit Karten offline benutzen kann (29,90 €). Für unser Gebiet ist die ***Kompass-Wanderkarte Toskana*** enthalten, mit der die gesamte östliche Wanderregion ab Sestri Levante abgedeckt ist, also auch die Cinque Terre. Das hat im östlichen Bereich dieses Führers sehr gut funktioniert, wenngleich die Kompass-Karten und damit auch die App nicht ganz fehlerfrei sind und inzwischen von den Karten des Rother Gold-Abos übertroffen werden. Zusätzlich können Sie für dieses Gebiet die Karten verwenden, die Ihnen auch für die Regionen weiter westlich, also für ganz Ligurien, zur Verfügung stehen und die von *ape@map* mit der Software

Portofino (Wanderung bei Tour 6)

ohne Aufpreis mitgeliefert werden. Hier sind wir mit den Wanderwegen auf einer *MTB Map* gut zurechtgekommen. Ich bin sehr an Ihren Erfahrungen interessiert, weil insoweit die Entwicklung noch nicht zu Ende ist. Achtung: Merken Sie sich unbedingt die Lizenznummern Ihrer ape@map Käufe, weil es vorkommen kann, dass das Programm die Lizenz nicht mehr findet. Ich habe die Nummern inzwischen auch auf meinem Smartphone hinterlegt. *ape@map* hat eine sehr schnelle und freundliche Hotline, bei Rother gibt es eine gute Internetanleitung (https://www.rother.de/helpcenter).

Infrage kommen auch Karten des **Instituto Geografico Centrale (IGC)**. Sie decken im Maßstab 1:50.000 (was bedeutet, dass 1 cm auf der Karte 500 m in der Natur entspricht, die Karten also schon deshalb zwangsläufig ungenau sind) das gesamte Gebiet unseres Führers ab und sind vor Ort in Zeitschriften- oder Buchläden erhältlich. Fragen Sie in Italien nach der *Carta dei sentieri* (Wanderkarte). Die Karten sind etwas gewöhnungsbedürftig. Längst nicht alle dort eingezeichneten Wanderwege sind in der Natur auch markiert (sowie umgekehrt), aber man kommt damit zurecht. Besser bestellen Sie die Karten schon zu Hause. In Deutschland können Sie alle Karten, wenn Sie es wünschen, nach kompetenter Beratung, beim Reisebuchladen Heidelberg/Karlsruhe bestellen (www.reisebuchladen-heidelberg.de). Das habe ich getestet, und überhaupt ist diese Adresse eine erste Adresse für Reiseliteratur. Hier werden Sie auch darüber beraten, was es überhaupt noch aktuell an Karten gibt.

Wir kontrollieren gelegentlich auch mit den Karten von **maps.me**, die man offline (!) auf allen Smartphones benutzen kann (siehe oben bei *Karten*).

Ich könnte mir vorstellen, dass Sie ohne Karte jede Wanderung dieses Buches ohne größere Irritationen zu Ende bringen und glaube, dass der Besitz von Wanderkarten in Ligurien eher eine Glaubensfrage ist, zumal an erstaunlich vielen Stellen Wanderwege auf Schautafeln dargestellt sind. Die heutige Digitalfotografie ermöglicht Ihnen damit sozusagen die Wanderkarte auf dem eigenen Display.

Ansonsten gehören natürlich die üblichen Ausrüstungsgegenstände zur Wanderung: feste, möglichst halbhohe Schuhe (die wir bei allen Wanderungen voraussetzen), ausreichende Wassermengen (im Sommer bis zu 2 l pro Person), Stöcke, Regenschutz, Pflaster, Taschenmesser usw.

Nachfolgend fasse ich die in diesem Buch abgewanderten 17 Strecken zur besseren Übersicht noch einmal zusammen:

Von Baiardo zum Monte Bignone (Tour 1)
Von Perinaldo nach Dolceacqua (Tour 1)
Von Dolcedo nach Tavole (Tour 2)
Von Cervo zum Monte Cervo (Tour 3)
Von Alassio zum Monte Bignone (Tour 3)
Von Albenga nach Alassio (Tour 4)
Von Zuccarello nach Castelvecchio (Tour 4)
Von Finalborgo zum Pian Marino (Tour 4)
Von Varigotti über Noli nach Spotorno (Tour 4)
Von San Rocco nach San Fruttuoso und nach Portofino (Tour 6)
Von Sestri Levante zur Punta Marana (Tour 7)
Von Camping *Sant'Anna* zur Rocche di S.Anna u. Ponti Romani (Tour 7)
Von Levanto nach Monterosso al Mare (Tour 8)
Von Monterosso nach Riomaggiore (Tour 8)
Von Manarola über Volastra nach Corniglia (Tour 8)
Von Riomaggiore nach Portovenere (Tour 8)
Von Lerici nach Ameglia (Tour 9)
Von Tellaro nach Bocca di Magra (Tour 9)

Wein

Ich habe oben unter Verkehrsregeln schon auf die Promillegrenze und die Folgen einer Trunkenheitsfahrt hingewiesen.

Ausnahmsweise werden Ihnen am Ende dieses Reiseführers keine Weingüter empfohlen. Die Weinanbaugebiete von Ligurien sind nämlich sehr übersichtlich: Es ist das Gebiet der Cinque Terre, und die Produktionszone *Colli di Luni* am südöstlichsten Zipfel von Ligurien, in der Nähe von Sarzana. Es wäre vermessen zu behaupten, Sie würden dort keinen Wein finden, den nach Hause mitzunehmen sich lohnt. Für eine solche Aussage fehlen mir ausreichende Erfahrungen. Vor Ort trinke ich aus diesem Gebiet gerne den weißen *Vermentino* (das ist eine Traubensorte).

Mit dem Cinque-Terre-Wein habe ich mich auf Tour 8 näher beschäftigt und beschließe nun diesen Reiseführer mit dem Versprechen an alle Saft-, Sprudel- und Milchtrinker, mir eines Tages doch noch ein Stichwort mit den Anfangsbuchstaben X, Y oder Z auszudenken, um endlich einmal gesundheitlich korrekt und ohne die Abbildung zechender Mitreisenden oder von Entkorkungsvorgängen zum *Stichwortverzeichnis* überzugehen.

Stichwortverzeichnis

Dolcedo (Tour 2)

Bildnachweise

Autorenfoto, S. 46 unten, 62 oben, 78 unten, 91 oben, 136, 137, 186 oben, 192 oben, 261 oben, 269: ©Reinhard Korn;
S 53 ©wikimedia commons/Sailko/ Ludovico_e_antonio_brea,1483-88,_01.jpg; S. 113: ©shutterstock.com/Guillaume Destombes; S. 124 unten: ©iStock.com/Manakin; S. 143 unten: ©AdobeStock/ sergioboccardo; S 172/173 ©shutterstock.com/Andrea Berg; S. 173 unten: ©wikimedia commons/Terensky/Deiva Marina panoramio(1).jpg; S. 184: ©AdobeStock/ LianeM; S. 192 unten: ©Regine Staudt; S. 228: ©AdobeStock/.bonotto.

Bei allen vorstehenden Fotos wurde der Bildinhalt nicht verändert.

Alle anderen Fotos: ©Ralf Gréus

Der WOMO® Online-Service

Nutzen Sie auch das Angebot unseres Online-Shops!
Unter **www.womo.de** finden Sie nicht nur alle Reiseführer, sondern weitere wertvolle Anregungen und Zusatzinformationen – von der Gesamtübersicht aller Touren eines WOMO-Reiseführers bis zu weiterführendem Material.
Dazu gehören:

- die **besten Autokarten**, die garantiert die komplette Reiseroute abdecken
- und die **passenden Rother-Wanderführer** mit den schönsten Wanderregionen Ihres Reiselandes.

Einfach sicher unterwegs.

Sichern Sie Ihr Wohnmobil ab: mit unserer **exklusiven**, universellen und **sofort sichtbaren** Einbruchssperre. Sie wird **ganz einfach** in die beiden Tür-Armlehnen eingehängt, zusammengeschoben und abgeschlossen.

Der WOMO® Knackerschreck

- Passend für Ducato, Peugeot, Renault Master, MB Sprinter bis 2018 und VW (alle Typen)
- Krallen aus **10 mm massivem**, einbrennlackiertem, also nahezu unverwüstlichem Stahl

und nur bei **www.womo.de**

Alle WOMO® Reiseführer auf einen Blick

Albanien, Ulrike und Frank Staub
Allgäu, Heiner Newe
Andalusien, Christina und Christian Winkler
Auvergne, Esther Vergenz
Baden-Württemberg, Heiner Newe
Baltikum, Stefanie Holtkamp und Andrea Bergmann
Bayern Der Nordosten, Heiner Newe
Bayern Der Südosten, Christina und Christian Winkler
Bayern Der Nordwesten, Heiner Newe
Belgien/Luxemburg, Ulrike und Frank Staub
Bretagne, Anette Scharla-Dey und Franz Peter Tschauner Neu 2023
Burgund, Ralf Gréus
Dänemark, Anke Globi
Elsass, Ralf Gréus
England Der Süden, Christina und Christian Winkler
England Der Norden, Christina und Christian Winkler
Finnland, Uwe und Annegret Rohland
Französische Alpen, Heiner Newe Neu 2023
Französische Atlantikküste Der Norden, Esther Vergenz
Französischer Jura, Heiner Newe
Griechenland, Waltraud Roth-Schulz und Reinhard Schulz Neu 2023
Harz, Heiner Newe
Hessen Der Norden, Anette Scharla-Dey und Franz Peter Tschauner
Hessen Mitte und Süden, Anette Scharla-Dey und Franz Peter Tschauner
Hunsrück/Mosel/Eifel, Anette Scharla-Dey und Franz Peter Tschauner
Irland, Uwe und Annegret Rohland
Island, Jutta und Alexander Ramin Neu 2023
Korsika, Waltraud Roth-Schulz und Reinhard Schulz
Kroatien, Silvia Sussmann und Peter Simm
Languedoc-Roussillon, Ralf Gréus
Ligurien, Ralf Gréus Neu 2023
Lothringen, Friedrich Riehl
Lüneburger Heide, Heiner Newe
Marokko, Ulrike und Frank Staub
Mecklenburg-Vorpommern Teil 1, Stefanie Holtkamp und Andrea Bergmann
Mecklenburg-Vorpommern Teil 2, Stefanie Holtkamp und Andrea Bergmann
Mittel-Italien, Friedrich Riehl
Münsterland, Regina Stockmann
Namibia, Ute Nast-Linke und Frank Linke
Neuseeland Der Norden, Andrea Lossen und Dieter Giesen
Neuseeland Der Süden, Andrea Lossen und Dieter Giesen
Niederlande, Friedrich Riehl
Normandie, Anette Scharla-Dey und Franz Peter Tschauner
Norwegen Der Süden, Waltraud Roth-Schulz und Reinhard Schulz
Norwegen Der Norden, Waltraud Roth-Schulz und Reinhard Schulz
Österreich Der Osten, Christina und Christian Winkler
Österreich Der Westen, Christina und Christian Winkler

Weitere Infos unter **www.womo.de**

Ostfriesland, Heiner Newe
Pfalz, Ralf Gréus
Piemont und Aostatal, Ralf Gréus
Peloponnes, Waltraud Roth-Schulz und Reinhard Schulz
Polen Der Norden, Nicola Kluftinger
Portugal Der Norden, Stephanie Seufert
Portugal Der Süden, Stephanie Seufert
Provence Der Westen, Ralf Gréus
Provence Der Osten, Ralf Gréus
Pyrenäen, Stefanie Holtkamp und Andrea Bergmann Neu 2023
Rumänien, Christina und Christian Winkler
Sachsen, Anette Scharla-Dey und Franz Peter Tschauner
Sardinien, Waltraud Roth-Schulz und Reinhard Schulz
Schleswig-Holstein und Hamburg, Heiner Newe
Schottland, Uwe und Annegret Rohland
Schwarzwald, Ralf Gréus
Schweden Der Norden, Uwe und Annegret Rohland Neu 2023
Schweden Der Süden, Waltraud Roth-Schulz und Reinhard Schulz
Schweiz Der Osten, Stefanie Holtkamp und Andrea Bergmann
Schweiz Der Westen, Stefanie Holtkamp und Andrea Bergmann
Sizilien, Christina und Christian Winkler
Slowakei, Ulrike und Frank Staub
Slowenien, Silvia Sussmann und Peter Simm
Spanien Der Norden, Waltraud Roth-Schulz und Reinhard Schulz Neu 2023
Spanien Der Osten, Waltraud Roth-Schulz und Reinhard Schulz
Süditalien Der Osten, Waltraud Roth-Schulz und Reinhard Schulz
Süditalien Der Westen, Waltraud Roth-Schulz und Reinhard Schulz
Südafrika Krügernationalpark, Ute Nast-Linke und Frank Linke
Südwestfrankreich, Stefanie Holtkamp und Andrea Bergmann
Südtirol, Waltraud Roth-Schulz und Reinhard Schulz
Tal der Loire und Paris, Anette Scharla-Dey und Franz Peter Tschauner Neu 2023
Thüringen, Katja Eisenschmidt
Toskana und Elba, Ralf Gréus Neu 2023
Trentino, Silvia Sussmann und Peter Simm
Tschechien, Eva und Steffen Peuker
Umbrien und Marken, Ralf Gréus Neu 2023
Ungarn, Silvia Sussmann und Peter Simm
Venetien und Friaul, Christina und Christian Winkler Neu 2023
Wales, Christina und Christian Winkler
Zentralspanien Der Osten, Ulrike und Frank Staub Neu 2023
Zentralspanien Der Westen, Ulrike und Frank Staub Neu 2023

Außerdem im Programm:
Die gordische Lüge – Reiseroman, Ralf Gréus
Allgemeines Wohnmobil Handbuch, Reinhard Schulz
Allgemeines Wohnmobil Kochbuch, Waltraud Roth-Schulz
Heitere Wohnmobil Geschichten, Silvia Sussmann und Peter Simm

Ihr WOMO® Stellplatz-Dienst

Wir führen Sie zu den **schönsten Orten**, die unsere erfahrenen Autoren **selbst besucht und getestet** haben. Die GPS-Daten ihrer Stell- und Campingplatz-Empfehlungen finden Sie im Online-Shop unter **www.womo.de**

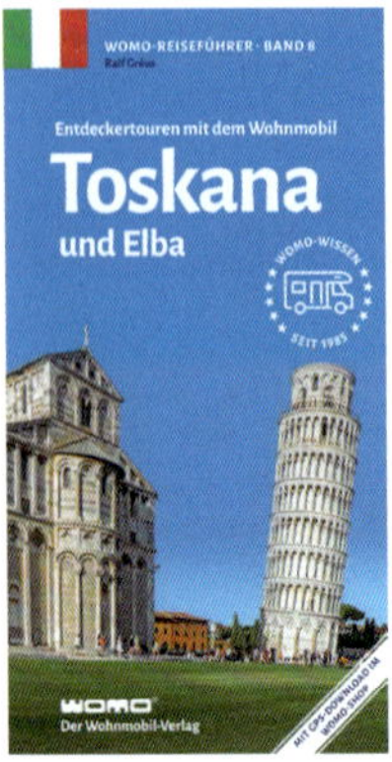

Mehr erfahren. Mehr erleben.

womo.de ist der **Spezialist** für Ihren entspannten **Erlebnisurlaub auf vier Rädern**. Profitieren Sie für Ihre Reisevorbereitung und -planung von unserer **jahrzehntelangen Erfahrung**.
Seit 2022 arbeiten wir daran, Bewährtes noch besser zu machen: Dazu gehört die **moderne Optik** unserer neu gestalteten und **neu aufgelegten** Reiseführer.

Selbstverständlich werden unsere WOMO-Reiseführer permanent auf einen **aktuellen inhaltlichen Stand** gebracht. Jeder einzelne bietet eine Fülle an Ideen, Inspiration und Information **für Ihren Erlebnisurlaub**.

Wenn Sie persönliche Anregungen oder **konkrete Fragen zu Ihrer Reiseplanung haben**, dann schreiben Sie uns gern unter: **verlag@womo.de**

Den kostenlosen Download-Link für die **GPS-Daten** zu diesem WOMO-Reiseführer finden Sie im Shop unter: **www.womo.de**
Ihr Passwort lautet: **Li4hzM**

WOMO®
Der Wohnmobil-Verlag
An der Liethe 4
36452 Kaltennordheim
Telefon: 036946 20691
www.womo.de